왜 학생들은 학교를 좋아하지 않을까?

Why don't students like school?

WHY DON'T STUDENTS LIKE SCHOOL?
Copyright © 2009 by John Wiley & Sons, Inc.
All rights reserved.

Korean translation copyright © 2011 by Bookie Publishing House, Inc.
Korean translation rights arranged with John Wiley & Sons International Rights, Inc.
through EYA(Eric Yang Agency).

이 책의 한국어판 저작권은 EYA(Eric Yang Agency)를 통해
John Wiley & Sons International Rights, Inc.와 독점 계약한 부키(주)에 있습니다.
저작권법에 의하여 한국 내에서 보호를 받는 저작물이므로
무단전재와 복제를 금합니다.

왜
학생들은 학교를
좋아하지 않을까?

대니얼 T. 윌링햄 지음 | 문희경 옮김

학교수업이 즐거워지는 9가지 인지과학 처방

지은이 대니얼 T. 윌링햄은 듀크대학교에서 심리학을 전공하고 하버드대학교에서 인지심리학 박사학위를 받았다. 현재 버지니아대학교에서 심리학 교수로서 학생들을 가르치고 있다. 2000년까지는 뇌의 학습과 기억에 관해 연구했으며, 이후부터는 인지심리학을 K-12교육(유치원부터 고등학교 교육)에 적용하는 연구와 작업을 맡아 하고 있다. 『미국의 교육자(American Educator)』에 '인지과학자에게 물어보기' 라는 칼럼을 연재하고 있다. (http://www.danielwillingham.com)

옮긴이 문희경은 서강대학교 사학과를 졸업하고 가톨릭대학교 대학원에서 심리학을 전공했다. 옮긴 책으로 『우리는 왜 빠져드는가』 『공감의 뿌리』 『멀쩡한 기업의 위기』 『유혹하는 심리학』 『침묵으로 가르치기』 『빅 브레인』 『왕실미스터리 세계사』와 '어른들이 꼭 알아야 할 우리 아이 정신건강 클리닉' 시리즈 등이 있다.

2011년 7월 22일 초판 1쇄 펴냄
2024년 7월 1일 초판 6쇄 펴냄

지은이 대니얼 T.윌링햄
옮긴이 문희경
펴낸곳 부키 (주)
펴낸이 박윤우
등록일 2012년 9월 27일 등록번호 제312-2012-000045호
주소 서울시 마포구 양화로 125 경남관광빌딩 7층
전화 02) 325-0846
팩스 02) 325-0841
홈페이지 www.bookie.co.kr
이메일 webmaster@bookie.co.kr
제작진행 올인피앤비 bobys1@nate.com
ISBN 978-89-6051-172-9 03370

책값은 뒤표지에 있습니다.
잘못된 책은 바꿔 드립니다.

감사의 말

내 에이전트인 에스몬드 함스워스는 처음 이 책을 구상하는 단계부터 진행하는 내내 큰 힘이 되어 주었다. 레슬리 투라와 에이미 리드를 비롯해 조시 배스 출판사 여러 분이 이 책의 편집과 제작에, 앤 칼라일 린제이는 디자인 작업에 힘써 주었다. 더불어 원고를 처음부터 끝까지 다 읽고 값진 조언을 해 준 익명의 검토자 두 분께 특별히 감사의 뜻을 전한다. 끝으로 학생과 교육에 관해 자신의 생각과 의견을 아낌없이 나눠 주고 많은 것을 가르쳐 준 친구와 동료들에게 감사드린다. 특히 주디 드로치, 제이슨 다우너, 브리짓 함레, 리사 핸젤, 버캄 자스월, 앤젤 릴라드, 앤디 매쉬번, 수전 민츠, 밥 피안타, 루스 바텐버그, 트리샤 톰슨 윌링햄에게 고마운 마음을 전한다.

이 책을 트리샤에게 바칩니다.

차례

감사의 말 7

서론 11

1장 왜 학생들은 학교를 좋아하지 않을까? 15

뇌는 생각하는 용도로 설계되지 않았다 18 | 사람은 타고난 호기심은 많아도 호기심을 오래 유지하지는 못한다 25 | 생각은 어떻게 일어나는가? 30 | 학교 수업에 주는 함의 37

2장 시험에 꼭 필요한 기술, 학생들에게 어떻게 가르칠 수 있을까? 45

배경지식은 독해의 필수 요소다 52 | 배경지식은 사고력 향상에 꼭 필요하다 62 | 사실적 지식은 기억을 강화한다 68 | 학교 수업에 주는 함의 74

3장 왜 학생들은 텔레비전에서 본 건 다 기억하면서 교사가 한 말은 다 잊어버릴까? 81

기억의 중요성 84 | 좋은 교사들의 공통점 96 | 이야기의 힘 99 | 이야기 구조를 활용하라 103 | 의미 없는 자료는 어떻게 할까? 110 | 학교 수업에 주는 함의 114

4장 왜 학생들은 추상적 개념을 어려워할까? 125

이해는 기억의 또 다른 이름이다 128 | 지식이 얕은 이유는 무엇일까? 134 | 지식이 전이되지 않는 이유는 무엇일까? 138 | 학교 수업에 주는 함의 145

5장 반복 훈련과 연습은 유용한 학습 방법인가? 149

연습으로 학습의 깊이를 더할 수 있다 153 | 연습은 기억을 오래 지속시킨다 162 | 연습은 지식의 전이를 향상시킨다 167 | 학교 수업에 주는 함의 172

6장 학생들이 과학자, 수학자, 역사가처럼 생각하도록 가르치는 비법은 무엇일까? 175

과학자나 수학자, 그리고 다른 전문가들은 어떻게 할까? 178 | 전문가의 머릿속에는 무엇이 들어 있을까? 183 | 전문가처럼 생각하도록 가르치려면 어떻게 해야 할까? 188 | 학교 수업에 주는 함의 192

7장 학생들 각각에 따라 교수법을 어떻게 조절해야 할까? 199

학습 양식과 학습 능력 202 | 인지 양식 205 | 시각, 청각, 운동 학습자 208 | 능력과 다중지능 215 | 학교 수업에 주는 함의 222

8장 학습부진아는 어떻게 가르쳐야 할까?   227

무엇이 사람을 똑똑하게 만드는가? 234 | 학생 스스로 지능을 어떻게 생각하는지가 중요할까? 241 | 학교 수업에 주는 함의 245

9장 학교 수업을 맡아 하는 교사는 어떠해야 할까?   253

인지 기술로서의 교수법 257 | 연습의 중요성 258 | 평가를 주고받는 방법 261 | 발전하기 위한 의식적 노력: 자기 관리 269 | 작은 발걸음 271

결론   275

주 283
참고 문헌 287
그림 출처 297
색인 301

서론

　　우주 제일의 불가사의는 바로 1.4킬로그램 짜리 세포 덩어리 안에 존재하며, 그 세포 덩어리는 밀도가 거의 오트밀과 같고 우리의 두개골 안에 살고 있다. 뇌는 매우 복잡한 구조로 되어 있어서 인간이 세상 모든 것을 알아내더라도 정작 자신을 똑똑하게 만들어 준 뇌의 신비는 끝내 풀지 못할 것이라는 말이 있다. 이 말은 뇌가 스스로를 이해하지 못할 만큼 어리석은 구조로 교묘하게 설계되어 있다는 뜻이기도 하다. 하지만 오늘날 우리는 이런 믿음이 잘못된 것이라는 사실을 잘 알고 있다. 집요한 과학 연구 끝에 인간 정신도 결국 그 정체를 드러낼 것이다. 실제로 지난 25년 동안 우리는 이전의 2500년 동안보다 인간 정신의 작용에 관해 더 많은 사실을 밝혀냈다.

　　인간 정신에 관한 지식이 쌓일수록 교육에도 큰 혜택이 돌아가기 마련이다. 교육은 본래 학생의 정신을 변화시키는 과정이므로 학생의 인지 능력을 이해할수록 학생들을 효과적으로, 그리고 수월하게 가르치는 방법도 찾을 수 있다. 그러나 내 주변의 교사들은 이른바 '인지 혁명'이라는 심리학적 성과에서 별다른 혜택을 보지 못했다고 말한다. 신문에서 학습이나 문제해결에 관한 획기적인 연구 결과를 읽어도 당장 월요일 아침에 교실에 들어서면 무슨 방법을 적용해야 할지 모르겠다고 말한다.

연구와 교육 현장 사이의 거리는 이해가 간다. 연구자는 원활한 연구 수행을 위해 정신 과정(학습이나 주의력)을 따로 떼어서 실험한다. 하지만 실제 교실에서는 정신 과정이 분리되지 않는다. 모든 정신 과정이 한꺼번에 나타나고 예측하기 어려운 방식으로 상호 작용한다. 실험실 연구에서 반복 학습이 유용하다는 결과가 나왔다고 해서 교실에서도 그대로 적용하기는 어렵다. 예를 들어 수학 시간에 장제법(긴 나눗셈) 문제를 여러 번 풀어 준다고 해서 모든 학생들이 그 원리를 터득하지는 못한다. 반복이 학습에 도움이 되긴 하지만 학생들에게서 학습 동기까지 끌어내지는 못한다. 자꾸 반복할수록 학습 동기가 떨어지고, 학생들이 참여하지 않으면 학습도 이루어지지 않는다. 요컨대 교실에서는 실험실에서 얻은 결과가 그대로 나타나지 않는다.

이 책 『왜 학생들은 학교를 좋아하지 않을까?』의 각 장은 9가지 인지 원칙 중 하나로 시작되는데, 이 원칙들은 정신 작용에 아주 기본적인 것이어서 실험실뿐 아니라 교실에서도 통용되므로* 수업 시간에 안심하고 시도할 수 있다. 이 원칙들 중 대부분은 독자들에게도 낯설지 않을 것이다. 사실적 지식이 중요하고 연습이 꼭 필요하다는 정도의 상식적인 이야기이기 때문이다. 하지만 이 원칙들이 학습에 미치는 함의는 새로울 것이다.

주장컨대 인간이 타고난 인지 능력에 비해 생각하는 능력이 뛰어나지 않다는 사실을 이해하면 학생들을 가르치는 데 효과적이다. 이 책에서 우리는 그 이유를 알아볼 것이다. 알다시피 작가들은 보통 자신들이 하고 싶은 말의 일부만 글로 쓰는데, 그것은 학생들이 사실적 지식을 습득해서 그 빈틈을 메워야 한다는 것을 의미한다. 우리가 애쓰지 않아도 〈스타워즈(Star Wars)〉 줄거리를 기억하는 이유를 알아보고 이것을 수업에 어떻게 적용할지 이야기할 것이다. 미국 드라마 〈하우스(House)〉에 나오는 하우스 박사가 명석한 두뇌로 병의 원인을 캐내는 과정을 살펴보고 학생들에게 과학자처럼 생각하도록 강요하지 말아야 하는 이유도 알아볼 것이다. 심리학에서는 메리 케이트 올슨과 애슐리 올슨 같은 쌍생아 연구를 통해 아이가 부모로부터 지능을 물려받는다는 상식적인 주장을 확인해 왔지만 결국 이 주장이 사실이 아니라고 밝혀지는 과정을 살펴보고, 학생들에게 그 결과를 알려 주는 것이 왜 중요한지 알아볼 것이다.

이 책은 여러 가지 주제를 다루면서 명료하지만 결코 단순하지 않은 2가지 목표를 추구한다. 하나는 교실에서 학생의 정신 작용이 어떻게 이루어지는지 알아보는 것이고, 다음으로는 그에 관한 지식을 좋은 교사가 되는 데 어떻게 이용할지 명확히 하는 것이다.

• 사실은 3가지 기준이 더 있었다. 첫 번째, 어떤 원칙을 활용하느냐 마느냐에 따라 학생들의 학습에 미치는 영향이 크게 달라져야 한다. 두 번째, 단 몇 편이 아니라 방대한 연구에서 입증한 원칙이어야 한다. 세 번째, 교사들이 아직 모르지만 교실에 적용 가능한 방법을 제안하는 원칙이어야 한다. 이것이 똑 떨어지는 10가지가 아니라 9가지 원칙이 된 근거이다. 요약하면 내가 9가지밖에 몰라서다.

왜 학생들은
학교를 좋아하지 않을까?

Q 인지과학자에게 묻다

내 주변에는 어릴 때부터 학교를 좋아해서 선생님이 된 사람들이 많다. 그들은 자신들이 가르치는 학생들도 공부에 재미를 느끼고 열심히 노력하기를 바란다. 하지만 학교를 별로 좋아하지 않는 학생이 있고 그런 학생에게는 공부에 대한 열의를 심어 주기가 쉽지 않다. 교사로서는 상심이 클 수밖에 없는 일인데, 그렇다면 학교가 학생들에게 즐거운 공간이 되지 못하는 이유는 무엇일까?

답하다 A

사람들이 흔히 생각하는 것과 달리 우리의 뇌는 생각하는 용도로 설계되어 있지 않다. 오히려 뇌는 생각하는 수고를 덜어 주도록 설계되어 있다.

뇌는 본래 생각을 잘하지 못한다. 생각은 느리고 미덥지 못한 과정이다. 그래도 우리는 생각이 술술 풀리기만 한다면 생각을 즐긴다. 하지만 풀리지 않는 문제에는 매달리려고 하지 않는다. 따라서 학교 공부가 어렵기만 하다면 학생들이 학교를 좋아하지 않는 것은 당연하다. 이 장의 중요한 인지 원칙은 이렇다.

> 인간은 본래 호기심은 많지만 생각하는 재주는 뛰어나지 않다. 적절한 인지적 조건이 마련되어 있지 않으면 생각하길 싫어한다.

교사는 학생들이 생각하도록 하기 위해 어떻게 용기를 북돋울지 다시 고민해야 한다. 그리고 학생들이 성공적인 생각에 뒤따르는 짜릿한 쾌감을 최대한 느끼게 해 줄 방법을 찾아야 한다.

뇌는 생각하는 용도로 설계되지 않았다

인간다움이란 무엇일까? 인간은 다른 동물과 어떻게 다를까? 인간은 생각하는 존재라고 답하는 사람이 많을 것이다. 새는 날고 물고기는 헤엄치고 사람은 생각한다.(여기서 '생각'이란 문제를 해결하거나 추론하거나 복잡한 글을 읽거나 어느 정도 노력을 요하는 정신 활동을 뜻한다.) 셰익스피어는 『햄릿(Hamlet)』에서 인간의 인지 능력에 대해 이렇게 감탄했다. "인간은 얼마나 위대한 작품인가! 생각하는 인간은 얼마나 고귀한가!" 그러나 300여 년 뒤에 헨리 포드는 다소 씁쓸한 어조로 이렇게 말했다. "생각만큼 어려운 일도 없다. 그래서 생각하는 인간이 그토록 드문 모양이다."• 둘 다 일리 있는 말이다. 사실 인간은 다른 동물에 비해 몇 가지 유형의 추론을 잘하기는 하지만 그런 뛰어난 재능을 자주 보여 주지는 않는다. 그런데 인지과학자라면 아마도 다른 설명을 덧붙일 것이다. 인간의 뇌는 생각하기 위해서가 아니라 생각하기를 회피하는 용도로 설계되어 있기 때문에 사람들이 자주 생각하지 않는 것이라고 말이다. 포드가 지적했듯 생각은 어려울 뿐 아니라 속도도 느리고 믿을 만하지 못한 작업이다.

뇌의 여러 가지 기능 가운데 생각이 가장 뛰어난 기능은 아니다. 예를 들어 뇌는 시각과 운동 기능도 관장하는데, 그 기능들은 생각하는 기능보다 훨씬 효율적이고 믿을 만한 방식으로 작동한다. 뇌의 실제적인 영역 가운데 대부분이 보고 움직이는 활동에 간여하는 것도 우

• 18세기 영국 화가 조슈아 레이놀즈(Joshua Reynolds) 경이 남긴 더 생생한 표현이 있다. "인간이 생각하는 수고를 피하기 위해 강구하지 못할 방법은 없다."

연이 아니다. 보는 것은 체스를 두거나 미적분을 푸는 것보다 훨씬 어렵기 때문에 더 많은 지적 능력을 요한다.

인간을 컴퓨터와 비교하면 시각 기능이 얼마나 대단한 능력인지 알 수 있다. 수학과 과학처럼 전통적인 의미의 생각과 관련된 분야에서는 인간이 기계를 당해 내지 못한다. 도저히 상대가 안 된다. 5달러를 주고 계산기를 사기만 하면 웬만한 문제는 직접 계산할 때보다 훨씬 빠르고 정확하게 풀 수 있다. 또 50달러만 주면 세계 인구의 99퍼센트 이상을 이기는 체스 소프트웨어를 살 수 있다. 그러나 세계 최강의 성능을 자랑하는 컴퓨터로도 트럭을 운전하지는 못한다. 컴퓨터에는 시각 기능이 없기 때문이다. 특히 운전할 때 만나는 복잡하고 변화무쌍한 환경에서 컴퓨터는 아무것도 보지 못한다. 로봇 역시 움직임에 한계가 있다. 하지만 인간은 주어진 과제에 맞게 자유자재로 자세를 바꿀 수 있다. 가령 몸을 비튼 다음 팔을 꺾어서 선반 위의 책에 앉은 먼지를 떨어내는 별난 자세도 취할 수 있다. 반면에 로봇은 낯선 동작

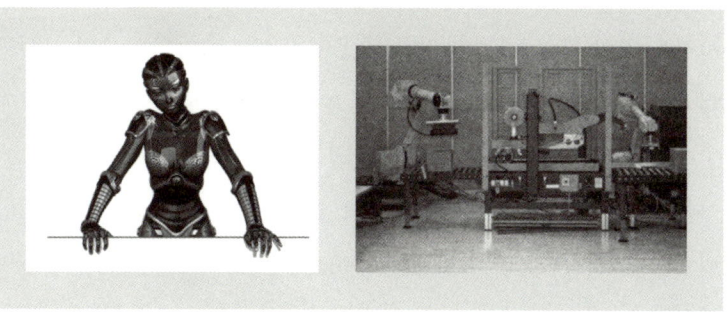

그림 1-1 | 할리우드 영화에 등장하는 로봇(왼쪽)은 사람처럼 복잡한 환경에서도 자유자재로 움직일 수 있다. 하지만 그것은 영화에서나 가능한 일이다. 실제 로봇(오른쪽)은 예측 가능한 환경에서만 움직인다. 대상을 보고 몸을 움직일 수 있는 인간의 능력은 인지적으로 대단한 재능이다.

을 파악하는 능력이 훨씬 떨어지기 때문에 자동차 부품을 스프레이로 도색하는 작업처럼 똑같은 동작을 반복하는 노동만 할 수 있다. 인간이 별생각 없이 하는 동작, 가령 울퉁불퉁한 자갈밭을 걷는 행위는 고수급 체스를 두는 것보다 훨씬 어렵다. 컴퓨터로는 흉내조차 못 내는 동작이다.〔그림 1-1〕

생각은 시각과 운동 능력에 비해 느리고 수고스럽고 불확실하다. 무슨 뜻인지는 다음 문제를 풀어 보면 알 수 있을 것이다.

빈방에 초 한 자루, 성냥 몇 개비, 압정 한 상자가 놓여 있다. 촛불을 켜서 바닥에서 약 1.5미터 떨어진 위치에 두어야 한다. 초 밑동을 녹여 벽에 붙여 보았지만 잘 붙지 않는다. 어떻게 하면 손으로 초를 들지 않고 바닥에서 1.5미터 떨어진 위치에 촛불을 켜 둘 수 있을까?[1]

20분 동안 이 문제를 풀라고 했을 때 제한 시간 안에 답을 알아내는 사람은 거의 없다. 하지만 정답을 들으면 별로 어려운 문제가 아니구나 싶다. 정답은 상자에 든 압정을 쏟은 다음 압정으로 상자를 벽에 고정시키고 그 위에 초를 올려놓는 것이다.

이 문제는 생각의 3가지 특징을 잘 보여 준다. 첫 번째, 생각은 느리다. 시각 기관은 복잡한 장면을 단번에 지각한다. 친구네 집 뒤뜰에 들어가서 '흠, 뭐가 푸른 것들이 보이는군. 아마 잔디겠지. 어쩌면 다른 지피식물일 수도 있어. 저기 삐죽 튀어나온 투박한 갈색 물체는 뭐지? 울타리인가?'라고 생각할 사람은 없다. 잔디, 울타리, 꽃밭, 정자까지 전체 풍경을 한눈에 지각한다. 시각 기관이 풍경을 한눈에 지각하는 것과 달리 생각 기관은 문제의 답을 단박에 알아채지 못한다. 두 번째, 생각은 수고스럽다. 시각 기관은 보려고 애쓰지 않아도 볼 수 있지만 생각할 때는 정신을 집중해야 한다. 사물을 볼 때는 다른 일도 할 수 있지만 문제를 풀 때는 다른 일에 신경을 쓰지 못한다. 세 번째, 생각은 불확실하다. 시각 기관은 거의 실수를 하지 않을 뿐 아니라 실수를 하더라도 대상과 비슷하게 본다. 정답은 아니어도 얼추 비슷하게 맞추는 셈이다. 그러나 생각 기관은 정답 근처에도 가지 못할 수 있다. 기껏 찾아낸 답이 정답과 거리가 멀 수 있다. 앞에서 언급한 촛불 켜기 문제를 풀지 못할 때처럼 아무리 고민해도 끝내 답을 찾아내지 못하기도 한다.

사람이 제대로 생각하지 못한다면 어떻게 하루하루를 무사히 보낼 수 있을까? 직장은 어떻게 찾아가고 식료품점에선 어떻게 값싼 물건을 찾아낼까? 교사는 어떻게 하루에도 수백 가지 결정을 내릴 수 있을까? 그러한 일이 가능한 이유는 사람은 잘하는 일을 할 때 생각 대신 기억에 의존하기 때문이다. 우리가 자주 접하는 문제는 언젠가 풀어 본 문제이므로 예전 방식대로 다시 풀면 되는 것이다.

다음 주에 친구가 다시 촛불 켜기 문제를 낸다면 어떨까? 두 번 생각할 것도 없이 이렇게 답할 것이다. "응, 알아. 전에 들어 본 문제야. 압정으로 상자를 벽에 붙이면 되잖아." 시각 기관이 눈에 들어오는 장면을 단번에 지각하고 별다른 노력 없이 주변에 있는 것들을 알려 주듯이 기억 기관도 예전에 들은 문제라는 걸 알아채고 정답을 알려 준다. 물론 사람에 따라 기억력이 좋지 않을 수도 있다. 또 기억 기관이 시각

그림 1-2 | 기억 기관은 아무 일 없다는 듯이 순식간에 작동하기 때문에 우리는 기억이 작동하는지조차 알아채기 어렵다. 예를 들어 기억에는 사물의 모양(힐러리 클린턴의 얼굴), 물건을 조작하는 방법(더운물을 틀 때는 왼쪽 수도꼭지, 찬물을 틀 때는 오른쪽 수도꼭지), 전에 해결한 문제를 풀기 위한 전략(끓어 넘치는 냄비 처리)이 저장되어 있다.

이나 운동 기관에 비해 탄탄하지 않은 것도 사실이다. 누구나 잘 잊어버리기도 하고 기억하지 못하면서 알고 있다고 착각하기도 한다. 그래도 생각 기관보다는 기억 기관이 훨씬 믿을 만해서 정답을 쉽게 알려 준다.

기억은 개인적인 사건(결혼식에 관한 기억)이나 객관적인 사실(조지 워싱턴이 미국의 초대 대통령이란 사실)을 저장하는 작업이다. 또 행동 전략을 저장하는 작업이기도 하다. 운전해서 집에 갈 때 어디서 회전해야 할지, 쉬는 시간에 아이들이 다툴 때 어떻게 해결할지, 가스레인지에서 냄비 속 음식물이 끓어 넘치면 어떻게 할지(그림 1-2) 등 각각의 상황에 맞는 전략을 저장한다. 우리는 끊임없이 수많은 결정을 내리면서 어떻게 행동할지 생각하고, 그렇게 해야 하는 이유를 찾고, 가능한 결과를 예상한다. 예를 들어 저녁에 스파게티를 만들어 먹을 때는 요리책을 들여다보면서 맛과 영양, 준비 과정과 재료 가격, 모양을 기준으로 요리법을 판단하지 않는다. 늘 해 먹던 대로 스파게티 소스를 만든다.

심리학자들은 "우리는 일상적으로 하는 일을 하면서 대부분의 시간을 보낸다."라고 말한다.² 학교에서 집으로 운전할 때처럼 비교적 복잡한 일을 하면서도 자동조종장치 앞에 앉아 있는 기분이 드는 이유는 기억에 의지하기 때문이다. 기억에 의지할 때는 집중하지 않아도 되기 때문에 빨간불에서 멈추고, 옆 차를 추월하고, 보행자를 살피는 동시에 마음껏 공상의 나래를 펴기도 한다.

물론 모든 행동을 신중하게 고민하고 결정할 수도 있다. "상자 밖에서 생각하라."는 말은 자동조종장치에 의지하지 말고 평소처럼 행동하지 말라는 뜻이다. 그런데 매번 상자 밖에서 생각하려고 하면 어떻게 될까? 모든 문제를 새로운 방식으로 해결하려 하고, 모든 가능성을 하나도 빠트리지 않으려 하고, 양파를 썰거나 사무실에 들어가거나 점심시간에 음료수를 사는 일상적인 일에 대해서도 새로운 눈으로 보려 한다면 어떻게 될까? 한동안은 새롭고 재미있을지도 모른다. 하지만 얼마 못 가서 지치고 말 것이다.

여행할 때, 특히 현지 언어를 모르는 국가에 갔을 때 비슷한 경험을 하게 된다. 모든 것이 낯설고 작은 행동조차 많은 생각을 요한다. 길에서 음료수를 사 마실 때도 이국적인 포장을 보면서 무슨 맛인지 추정하고, 상인과 의사소통하려고 애쓰고, 동전이나 지폐는 어떤 걸 낼지 판단해야 한다. 그래서 여행이 피곤한 것이다. 평소에는 습관처럼 하는 작은 행동도 여행지에서는 정신을 집중해서 해야 한다.

지금까지 생각하는 수고를 덜도록 설계된 뇌의 2가지 측면을 설명했다. 첫 번째, 시각이나 운동 같은 몇몇 중요한 기능을 수행할 때는 생각할 필요가 없다. 사물을 볼 때는 추론하지 않고 보이는 그대로 지각하면 된다. 두 번째, 우리는 생각보다 기억에 의존해서 행동하는 경향이 있다. 하지만 뇌는 여기서 더 나아가 생각하는 수고를 줄이는 방향으로 계속 변화될 수 있다. 처음에는 생각을 요하는 일이었다 해도 여러 번 반복하면 습관으로 굳어지고 나중에는 뇌도 변화되어 생각하지 않고 할 수 있는 일이 된다.

뇌의 이러한 특성에 관해서는 5장에서 자세히 설명하겠지만 잠시 이해를 돕기 위해 흔히 경험하는 예를 들어 보자. 누구나 처음 운전을 배울 때는 정신적 노력이 많이 들어간다. 나 역시 액셀러레이터는 어느 정도로 세게 밟고, 빨간불이 가까워지면 언제 어떻게 브레이크를 밟고, 회전하려면 어디서부터 핸들을 돌려야 하고, 백미러는 언제 확인해야 할지 일일이 신경 썼다. 운전할 때는 산만해질까 봐 라디오도 틀지 않았다. 하지만 오랜 연습 끝에 운전이 습관이 되었고, 지금은 어떻게 걸을지 생각하지 않듯이 운전하면서도 자잘한 부분은 신경 쓰지 않는다. 운전하면서 옆 사람과 떠들기도 하고, 한 손으로 운전대를 잡고 다른 한 손으로 감자튀김을 집어 먹기도 한다. 바람직한 운전 습관은 아니지만 인지적으로는 놀라운 재능이 아닐 수 없다. 처음에는 많이 생각해야 했던 작업도 연습만 하면 거의 혹은 전혀 생각할 필요가 없어진다.

그런데 이 이야기를 교육과 연결하면 조금 불길하다. 인간이 생각을 잘 하지도 않고 생각을 회피하려 한다면 과연 학생들이 학교를 어떻게 생각하겠는가? 다행히 인간이 생각하지 않으려고 버틴다는 데서 이야기가 끝나지는 않는다. 인간은 비록 생각하는 재주가 뛰어나지는 않지만 생각하기를 좋아한다. 본래 호기심이 많고 어떤 생각에 빠져들 기회를 찾아다닌다. 하지만 생각하기는 매우 까다로운 작업이어서 호기심을 끌어낼 만한 조건이 갖춰지지 않으면 곧바로 중단되기도 한다. 지금부터 생각하고 싶을 때는 언제인지, 생각하고 싶지 않을 때는 언제인지 살펴보자.

사람은 타고난 호기심은 많아도 호기심을 오래 유지하지는 못한다

뇌가 효율적으로 생각하도록 설계되지는 않았지만 우리가 정신 활동을 즐기는 상황이 있다. 사람들은 재미 삼아 글자맞추기를 하거나 지도를 본다. 정보가 가득한 다큐멘터리도 본다. 경쟁이 심한 직업보다는 보수는 적어도 정신적으로 어려운 도전을 할 수 있는 교직과 같은 직업을 구한다. 사람들은 생각하길 좋아할 뿐 아니라 생각해야 하는 상황을 애써 찾아다니기도 한다.

문제를 해결하면 기분이 좋아진다. 이 책에서 '문제해결'이란 성공적인 인지 작업을 뜻한다. 책을 보다가 어려운 단락을 이해할 수도 있고, 정원 손질 계획을 세울 수도 있고, 투자 기회를 포착할 수도 있다. 이런 성공적인 생각 뒤에는 만족감과 성취감이 따르기 마련이다. 지난 10년 동안 신경과학에서는 학습에 중요한 역할을 하는 뇌 영역과 화학물질이 뇌의 보상기제에서 중요한 뇌 영역 및 화학물질과 일치한다는 사실을 발견했다. 두 기제가 서로 관련된다고 보는 신경과학자들이 많다. 미로 속의 쥐는 치즈로 보상해 줄 때 학습 능력이 향상된다. 문제를 해결하면 쾌락을 느끼는 데 중요한 화학물질인 도파민이 뇌에서 소량 분비될 수 있다. 신경과학에서는 도파민이 학습과 쾌락 모두에 중요하다고 가정하지만 아직 둘 사이의 뚜렷한 관계를 찾지는 못했다. 신경화학 기제를 모두 확인하지는 못했지만 사람이 문제를 해결하면서 쾌락을 얻는다는 사실은 부정하기 어렵다.

쾌락이 문제를 해결하는 데서 나온다는 사실도 중요하다. 진척이 없으면 문제를 푸는 동안 즐겁지 않다. 오히려 초조해질 뿐이다. 게다가 정답을 미리 알면 큰 즐거움을 맛보지 못한다. 앞에서 촛불 문제의 답을 들었을 때 즐거움을 얻었는가? 직접 답을 알아냈다면 훨씬 기분 좋지 않았을까? 그랬다면 더욱 기발한 문제라고 생각했을 것이다. 농담도 단박에 알아들어야 재밌지, 구구절절한 설명을 듣다 보면 재미가 반감되지 않는가. 답을 알려 주지 않는다 해도 힌트가 많으면 문제를 푸는 보람도 없고 나중에 정답을 알아도 시큰둥해진다.

정신 작업은 일단 원하는 답을 찾으면 기분이 좋아지기 때문에 매력적이다. 하지만 모든 생각이 다 매력적인 것은 아니다. 사람들은 글자맞추기는 일부러 찾아서 하면서도 수학 문제는 풀려고 하지 않는다. 또 록밴드 U2의 리드싱어 보노(Bono)의 전기가 시인 키츠(Keats)의 전기보다 잘 팔린다. 그렇다면 사람들이 기꺼이 찾아서 하는 정신 활동에는 어떤 특징이 있는 걸까?〔그림 1-3〕

아마도 대부분의 사람들이 "글자맞추기는 재미있고 보노는 멋지지만 수학은 따분하고 키츠 역시 지루하다."라고 할 것이다. 말하자면 내용이 중요하다는 뜻이다. 사람들이 좋아하는 일이 있는가 하면 조금도 흥미를 느끼지 못하는 일이 있다. 취미에 대해서도 마찬가지다. 사람들은 "저는 우표를 수집해요."라고 하거나 "저는 중세 교향악에

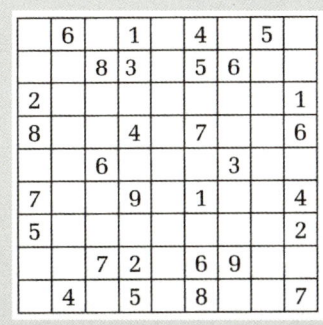
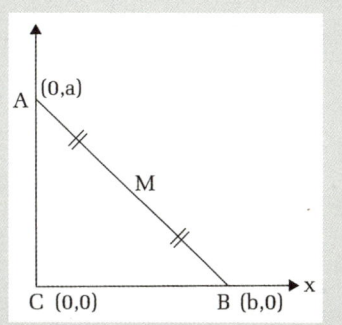

9×9 표에서 3×3 상자마다 1부터 9까지 들어가도록 숫자를 채워라.

직각 삼각형에서 빗면의 중심이 삼각형의 세 꼭짓점에서 같은 거리에 위치한다는 사실을 증명하라.

그림 1-3 | 왜 왼쪽과 같은 문제는 좋아하는 사람이 많아도 오른쪽과 같은 문제를 풀고 싶어 하는 사람은 드물까?

빠져 있어요."라고 말한다. 그러나 흥미로운 내용이라고 해서 무조건 관심을 끌어내는 것은 아니다. 원래 관심이 없었지만 우연히 강의를 듣거나 텔레비전을 보다가 자기도 모르게 관심을 갖기도 한다. 반대로 평소에 좋아하던 일이 금세 지루해지기도 한다. 중학교 시절 나는 선생님이 섹스 이야기를 해 주기로 약속한 날을 기다리며 흥분을 주체하지 못했던 기억이 있다. 1970년대 한적한 교외에 살던 10대 소년은 언제 어디서나 섹스 이야기를 듣고 싶어 안달했다. 하지만 막상 그날이 되자 나와 친구들은 따분해서 맥이 탁 풀렸다. 선생님이 꽃과 수분에 관해 지루한 설명만 늘어놓은 것은 아니었다. 인간의 성을 이야기하긴 했다. 하지만 왜 그런지 지루하기만 했다. 도대체 그날 선생님이 우리에게 어떻게 한 건지 지금도 알고 싶다. 섹스라는 말만 들어도 호르몬이 분출하던 10대 아이들을 앉혀 놓고 따분하게 만드는 재주도 보통 재주는 아니지 않은가.

언젠가 나는 교사들에게 동기와 인지에 관해 강의하던 중 이 부분을 지적한 일이 있었다. 강의하면서 약 5분 동안 그림 1-4의 동기 모형 슬라이드를 보여 주었다. 사전에 아무런 설명도 없이 불쑥 슬라이드를 보여 주고 설명을 시작했다. 15초 정도 지나서 슬라이드를 멈추고 "조금 전에 제 말을 들은 분은 손들어 보세요."라고 말했다. 그러자 한 사람만 손을 들었다. 나머지 59명도 자발적으로 그 강의에 참여한 사람들이었는데 말이다. 강의 주제도 그들이 관심 있어 하던 내용이었고, 더욱이 그때는 본격적인 이야기를 막 시작했을 때였다. 하지만 15초 동안 그들의 마음은 다른 곳을 배회하고 있었다. 섹스를 다루든, 동기를 다루든 내용이 관심을 끌어내더라도 호기심을 계속 유지하기는 어려운 모양이다.

내용만으로 관심을 유지하지 못한다면 어떻게 해야 호기심을 지속할 수 있을까? 답은 문제의 난이도에 있다. 문제를 해결해도 기쁘지 않다면 그 정도로 쉬운 문제는 풀 필요가 없다. 시시한 문제라는 생각이 들면 문제를 풀어도 기쁘지 않다. 마찬가지로 문제가 너무 어려우면 풀지 못할 거라는 생각 때문에 문제를 풀면서도 만족감을 느끼지 못한다. 예를 들어 글자맞추기가 너무 쉬우면 머리를 쓸 필요가 없다는 생각이 든다. 아무 생각 없이 빈칸을 채우고 정답을 다 맞혀도 기쁘지 않다. 반대로 문제가 너무 어려워도 오래 붙들지 못한다. 정답을 몇 개 맞히지 못할 거라는 생각에 좌절해 버린다. 그림 1-4의 슬라이드는 너무 구체적이어서 교사들이 귀를 기울이지 못했다. 슬라이드를 보고 압도당한 나머지 내 말이 아예 들리지 않은 것이다.

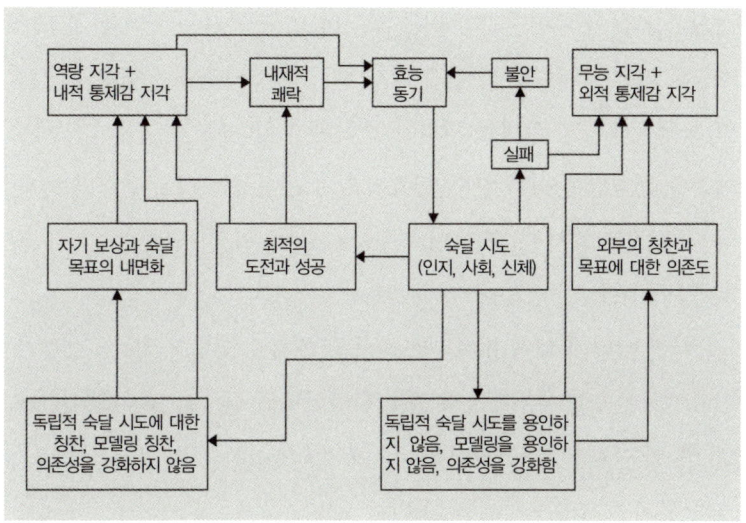

그림 1-4 | 적절히 소개하지 않으면 사람들을 지루하게 만드는 난해한 도표.

요컨대 생각은 느리고 수고스럽고 불확실하다. 그래도 사람들은 생각하길 좋아한다. 정확히 말하면 문제를 해결했을 때 맛보는 쾌락을 정신 작업에 대한 보상이라고 여기기 때문에 생각하길 좋아한다. 그래서 인간은 생각하길 싫어한다는 주장과 인간은 본래 호기심이 강한 존재라는 상반된 주장이 공존하는 것이다. 일반적으로 사람들은 호기심이 일면 새로운 생각과 문제를 탐색하기 시작하고, 문제를 해결하기까지 얼마나 많은 정신 작업이 필요한지 곧바로 판단한다. 이때 정신 작업의 강도가 지나치게 강하거나 반대로 지나치게 약하면 문제를 해결하려는 노력을 중단하고 싶어 한다.

사람들이 원하는 과제와 회피하는 과제를 분석해 보면 왜 학생들이 학교를 좋아하지 않는지 알 수 있다. 난이도가 적당한 문제를 풀 때는 정신적 보상이 주어지지만 너무 쉽거나 너무 어려운 문제를 풀 때는 조금도 기쁘지 않다. 어른들은 여러 가지 문제 가운데 선택할 수 있지만 학생들에게는 선택의 기회가 주어지지 않는다. 학교에서 날마다 어려운 문제만 풀어야 한다면 학교 가기 싫어하는 건 당연한 일이다. 나 역시 일요일자 『뉴욕타임스(New York Times)』의 글자맞추기를 몇 시간씩 풀고 싶지는 않다.

그러면 어떻게 해야 할까? 조금 쉬운 과제를 내주면 될까? 그럴 수 있다. 다만 금방 지루해지지 않도록 난이도를 신중히 조절해야 한다. 학생들의 능력을 조금 끌어올려야 하지 않을까? 쉬운 과제를 내주기보다 쉽게 생각하는 방법을 알려 줄 수는 없을까?

생각은 어떻게 일어나는가?

생각이 어떻게 일어나는지 파악하면 무엇이 생각하는 것을 어렵게 만드는지 알 수 있다. 그리고 쉽게 생각하는 방법을 찾아서 학생들이 재미있게 학교에 다니도록 지도할 수도 있다.

우선 그림 1-5 단순한 마음 모형부터 살펴보자. 왼쪽의 '환경(environment)'에는 보고 들을 대상과 해결할 문제가 가득하다. 오른쪽에는 '작업기억(working memory)'이라는 마음의 구성 요소가 있다. 일단 작업기억을 의식과 동의어라고 생각하자. 이를테면 생각하는 내용을 저장하는 공간이다. 환경에서 작업기억으로 향하는 화살표는 작업기억이 환경을 지각하는 마음의 한 부분이라는 것을 나타낸다. 먼지 앉은 탁자 위에 쏟아지는 한 줄기 빛, 멀리서 들리는 개 짖는 소리 같은 것을 지각하는 부분이다. 물론 지금 환경에 존재하지 않는 대상을 지각할 수도 있다. 가령 엄마가 방에 없어도(혹은 살아 계시지 않아도) 엄마 목소리를 떠올릴 수 있다.

한편 '장기기억(long-term memory)'은 세계에 관한 사실적 지식을 보관하는 방대한 저장소다. 무당벌레에겐 점이 있고 내가 가장 좋아하는 아이스크림은 초콜릿 맛이며 어제 세 살짜리 아이가 금귤이라고 말해서 놀랐던 기억이 장기기억에 저장된다. 사실적 지식은 추상적일 수 있다. 예컨대 삼각형이 세 변으로 둘러싸여 있다는 사실이나 개의 일반적인 생김새 같은 개념도 사실적 지식이 될 수 있다.

장기기억에 저장된 모든 정보는 의식 너머에 있다. 조용히 있다가 필요한 순간에 작업기억으로 올라와서 의식에 자각된다. 예를 들어 "북극곰은 무슨 색입니까?"라는 질문을 받으면 곧바로 '흰색'이라는 답이 떠오른다. 30초 전만 해도 장기기억에 보관된 채 의식되지 않았지만 질문을 받자 주어진 질문 내용과 연관되면서 작업기억으로 올라온 것이다.

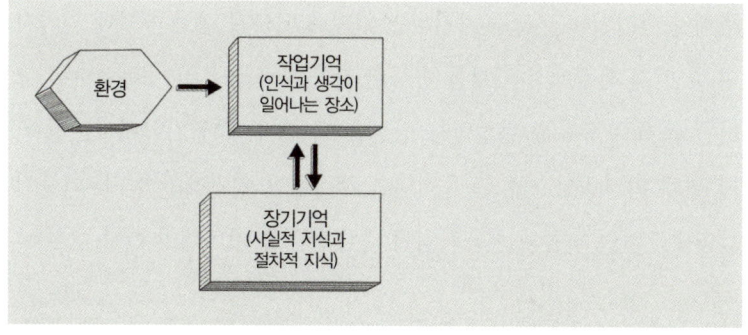

그림 1-5 | 가장 단순한 마음 모형.

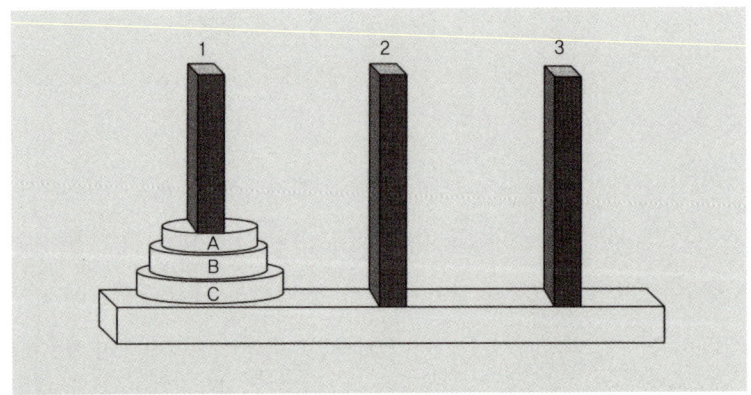

그림 1-6 | 3개의 말뚝이 박혀 있는 게임판의 모습이다. 왼쪽 끝의 말뚝에는 크기가 점점 작아지는 고리가 3개 걸려 있다. 왼쪽 끝의 말뚝에 걸려 있는 고리를 모두 오른쪽 끝의 말뚝으로 옮기는 것이 문제다. 고리를 옮기는 데는 2가지 규칙이 있다. 한 번에 하나만 옮길 수 있고 큰 고리를 작은 것 위에 놓을 수 없다.

환경이나 장기기억에서 입력된 정보를 새롭게 결합하는 과정에서 생각이 일어난다. 정보를 결합하는 과정은 작업기억에서 일어난다. 어떤 과정인지 알아보려면 그림 1-6의 문제를 읽고 풀어 보라.(문제를 푸는 게 중요한 것이 아니라 생각과 작업기억이 무엇인지 경험하는 데 의의가 있다.)

조금만 노력하면 이 문제를 풀 수도 있다.* 하지만 여기서는 주어진 문제가 작업기억을 모두 차지하면 어떻게 되는지 경험하는 데 의의가 있다. 먼저 환경에서 정보를 습득한 다음(게임의 규칙과 구성을 익힌다.) 고리를 옮겨서 목표를 달성하는 상상을 해 본다. 작업기억에서는 고리의 현재 위치에서 가능한 움직임을 생각하고 평가해야 한다. 더불어 그림 1-7처럼 허용되는 움직임에 관한 규칙을 기억해야 한다.

• 문제를 풀지 못했으면 여기서 정답을 확인하라. 그림에서 고리에는 A, B, C라고 적혀 있고 말뚝에는 1, 2, 3이라고 적혀 있다. 정답은 A3, B2, A2, C3, A1, B3, A3이다.

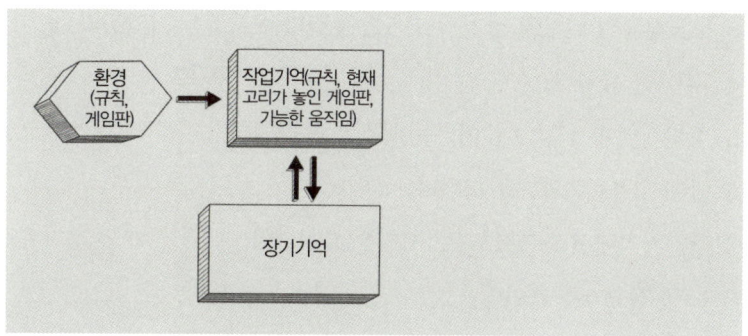

그림 1-7 | 그림 1-6의 문제를 풀 때 머릿속에서 일어나는 과정.

작업기억에서 생각이 결합하고 배열되는 과정을 알아야 생각을 잘 할 수 있다. 예를 들어 고리와 말뚝 문제에서 고리를 어디로 옮길지 어떻게 알 수 있을까? 처음 푸는 문제라면 짐작만 할 뿐이다. 그림 1-7처럼 장기기억에는 아무런 정보도 들어 있지 않다. 하지만 이런 유형의 문제를 풀어 본 적이 있다면 문제를 푸는 방법에 관한 정보가 흐릿하게라도 장기기억에 들어 있을 수 있다. 예를 들어 수학 문제 하나를 풀어 보자.

$$18 \times 7$$

이 문제를 어떻게 풀지 우리는 잘 알고 있다. 머릿속에서 아래와 같은 순서로 정신 작업이 일어날 것이다.

1 8과 7을 곱한다.
2 장기기억에서 $8 \times 7 = 56$이라는 사실을 불러낸다.

3 6은 정답의 일부로 남겨 두고 5를 올린다는 사실을 기억한다.
4 7과 1을 곱한다.
5 장기기억에서 7×1=7이라는 사실을 불러낸다.
6 앞에서 올린 5와 7을 더한다.
7 장기기억에서 5+7=12라는 사실을 불러낸다.
8 12를 적고 6을 붙인다.
9 정답은 126이다.

장기기억에는 북극곰의 색깔과 8×7의 값 같은 사실적 지식뿐 아니라 과제를 수행하는 데 필요한 정신적 절차에 관한 절차적 지식(procedural knowledge)이 들어 있다. 생각이 작업기억에서 정보를 결합하는 과정이라면 절차적 지식은 어떤 정보를 언제 결합할지 알려 주는 목록이다. 요리할 때 필요한 조리법처럼 특정 유형의 생각을 끌어내는 방법이다. 예를 들어 우리 머릿속에는 삼각형의 각도를 계산하는 절차나 윈도즈에서 컴퓨터 파일을 복사하는 절차, 집에서 회사까지 운전해 가는 절차가 들어 있다.

필요한 절차가 장기기억에 저장되어 있으면 생각할 때 도움이 된다. 그래서 앞의 수학 문제는 쉽게 풀 수 있지만 고리와 말뚝 문제는 풀기 어려운 것이다. 그렇다면 사실적 지식은 어떨까? 사실적 지식도 생각하는 데 도움이 될까? 몇 가지 면에서 도움이 되는데 이 문제는 2장에서 설명할 것이다. 여기서는 수학 문제를 풀려면 8×7=56과 같은 사실적 정보를 불러내야 한다는 정도만 알아 두자. 생각할 때는 작업기억에서 정보를 결합한다고 설명했다. 그런데 환경에서 주어진 정보만으로는 문제를 풀지 못하기 때문에 장기기억에 들어 있는 정보를 보충해야 할 때가 많은 것이다.

생각하는 데는 마지막으로 꼭 필요한 요소가 있다. 이 요소는 예를 들어 설명하면 이해하기 쉽다. 아래 문제를 살펴보자.

> 히말라야 어느 마을 여관에서는 엄숙한 다도 의식을 치른다. 의식에는 주인 1명과 손님 2명이 꼭 참여해야 한다. 손님들이 도착해 자리에 앉으면 주인이 3가지 의식을 거행한다. 의식은 히말라야에서 정한 고귀함의 순서를 따른다. 불을 지핀 후 부채질을 해서 불꽃을 살리고 차를 따른다. 의식을 진행하는 동안 그 자리에 있는 사람은 누구나 다른 사람에게 이렇게 물을 수 있다. "선생님, 번거로운 일을 제가 해 드릴까요?" 다만 상대가 수행하는 의식에서 가장 서열이 낮은 일만 요청할 수 있다. 게다가 어떤 의식을 행하고 있다면 자기가 이미 수행한 의식 중에서 서열이 가장 낮은 의식보다 고귀한 의식을 요청해서는 안 된다. 관례에 따라 다도 의식이 끝날 무렵에는 모든 의식이 주인에게서 손님 중 연장자에게로 넘어가 있어야 한다. 어떻게 해야 할까?[3]

이 문제를 다 읽으면 먼저 "에?"라는 반응이 나올 것이다. 문제를 풀기는커녕 이해하는 데만도 몇 번을 다시 읽어야 할 것이다. 문제를 작업기억에 다 담지 못한 채 압도당하고 만다. 용량에 한계가 있기 때문에 작업기억이 가득 차면 생각하기가 어려워진다.

다도 문제는 사실 그림 1-6의 고리와 말뚝 문제와 동일하다. 주인과 손님 둘은 3개의 말뚝에 해당하고, 그림 1-8과 같이 3개의 말뚝에서 고

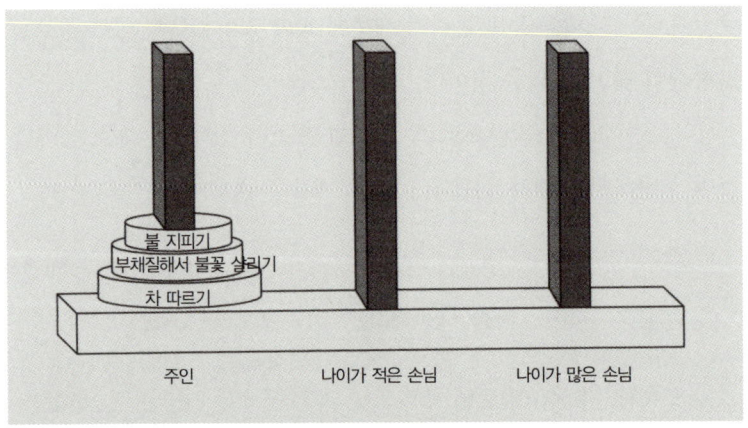

그림 1-8 | 다도 문제를 고리와 말뚝 문제에 비유한 그림.

리 3개를 옮기는 문제다.(두 문제가 같은 문제라는 걸 알아채는 사람은 극히 드물다. 가르칠 때 두 문제의 유사성을 아는 것이 중요하다는 점에 관해서는 4장에서 설명하겠다.)

다도 문제는 고리와 말뚝 문제보다 훨씬 어렵게 느껴진다. 그림 1-6 문제에서 표시한 몇 가지 요소를 머릿속에서 새로운 언어로 바꿔야 하기 때문이다. 예를 들어 그림 1-6에서는 말뚝 그림을 보면서 머릿속으로 계속 고리를 옮기는 상상을 할 수 있다. 그러나 다도 문제에서는 문제의 규칙이 작업기억의 공간을 너무 많이 차지하기 때문에 정답을 찾으려면 어떻게 조작해야 할지 생각하기가 어렵다.

요컨대 효과적으로 생각하려면 4가지 요소가 필요하다. 환경에서 정보를 얻고, 장기기억에서 사실을 불러내고, 장기기억에서 절차를 불러내고, 작업기억 안에 공간을 확보해야 한다. 이 4가지 중 하나만 부족해도 생각에 실패할 수 있다.

이 장의 내용을 요약해 보자. 인간의 마음은 생각하는 데 적합하지 않은 편이다. 생각은 느리고 수고스럽고 불확실하기 때문이다. 그래서 사람들은 대개 신중하게 생각하면서 행동하지 않는다. 생각하기보다는 기억에 의지해서 과거의 행동을 답습한다. 그러면서도 '성공적인' 생각에서 즐거움을 찾는다. 문제를 해결하고 새로운 개념을 이해하고 싶어 한다. 그래서 생각할 기회를 찾으면서도 신중히 선택한다. 조금 어렵지만 풀 수 있는 난이도의 문제를 선택한다. 그래야 쾌락과 만족을 얻을 수 있기 때문이다. 어떠한 문제를 해결하려면 환경에서 필요한 정보를 얻고, 작업기억에 공간을 마련하고, 장기기억에서 필요한 사실과 절차를 불러내야 한다.

학교 수업에 주는 함의

이 장의 제목에서 던진 질문을 다시 한 번 생각해 보자. 왜 학생들은 학교를 좋아하지 않을까? 정확히 말해서 왜 더 많은 학생들이 학교를 좋아하지 않을까? 교사는 학생들이 학교를 좋아하거나 좋아하지 않는 데 여러 가지 이유가 있다는 것을 잘 알고 있다.(내 아내는 학교를 매우 좋아했는데 아마도 친구들을 만날 수 있어서였던 듯하다.) 인지적 측면에서는 학생들이 학교에 다니면서 문제를 해결하고 즐거움을 얻는지가 무엇보다 중요하다. 교사가 어떻게 해야 학생들 각자가 학교생활을 즐겁게 할 수 있을까?

해결할 수 있는 문제를 제시하라

여기서 '문제'란 교사가 던지는 질문이나 수학 문제가 아니다. 시를 감상하거나 재활용 물품 활용 방법을 생각해 내는 것처럼 적당히 어려운 인지 과제를 의미한다. 학교 교육에서는 인지 과제가 중요한 주제다. 교사는 학생들이 생각하길 바란다. 하지만 각별히 신경 쓰지 않으면 수업 시간에 교사 혼자만 떠들고 학생들에게는 문제를 해결할 기회를 주지 못할 수도 있다. 따라서 수업 계획을 철저히 검토해서 학생들이 해결할 수 있는 인지 과제를 넣어야 한다.

인지 과제가 얼마나 자주 제시되는가? 학생들이 생각하는 중간에 머리를 쉴 시간이 있는가? 부정적 결과도 허용하는가? 이를테면 학생들이 어떻게 할지 모른다던가, 문제를 풀지 못한다던가, 교사의 기대를 그저 추측하는 정도여도 되는가? 이와 같은 문제를 고려해야 한다.

학생들의 인지적 한계를 존중하라

효과적인 인지 과제를 개발할 때는 이 장에서 설명한 인지적 한계를 고려해야 한다. 예를 들어 역사 수업을 시작하면서 이렇게 묻는다고 치자. "다들 보스턴 차 사건은 들어 봤지요? 식민주의자들이 인디언처럼 꾸미고 보스턴 항구에 차를 투척한 이유가 뭘까요?" 이때 질문의 답을 찾는 데 필요한 배경지식이 학생들의 장기기억에 들어 있는가? 학생들이 1773년 식민지와 영국 왕실의 관계에 대해 얼마나 아는가? 차의 사회적, 경제적 의미를 아는가? 합리적 대안을 찾을 수 있는가? 만약 학생들이 이런 배경지식을 갖고 있지 않다면 교사의 질문을 따분하다고 느낄 것이다. 흥미를 느낄 만한 배경지식이 없다면 지식이 쌓일 때까지 기다려야 한다.

작업기억의 한계 또한 중요하다. 많은 정보를 한꺼번에 담을 수는 없다. 고리와 말뚝 문제를 변형한 다도 문제를 읽으면서 알아챘을 것이다. 작업기억 용량을 초과하는 이유는 지시 사항이 여러 단계이거나, 서로 관련 없는 사실이 나열되거나, 논리가 두세 단계 이상 연결되거나, 방금 배운 (그다지 단순하지 않은) 개념을 새로운 자료에 적용해야 하기 때문이다. 작업기억 용량이 초과할 때 해결책은 간단하다. 속도를 늦추고 기억 보조장치를 활용해야 한다. 예를 들면 문제를 칠판에 적어서 학생들이 작업기억에 지나치게 많은 정보를 담지 않도록 도와줄 수 있다.

문제를 명확히 제시하라

문제를 흥미롭게 제시하려면 어떻게 해야 할까? 학생과 관련 있는 내용으로 제시하는 방법이 있다. 그런데 이 방법이 통하지 않을 때도 있다. 더욱이 교실에는 축구 팬과 인형 수집가, 내스카(NASCAR, 미국 개조 자동차 경기 연맹) 열성 팬, 승마 선수가 모두 모여 있다. 이 말이 무슨 뜻인지 아마도 교사들은 잘 알 것이다. 역사 시간에 대중가수 얘기를 꺼내면 어떨까? 재미는 있을지 몰라도 그 이상의 의미는 없다. 앞서 강조했듯이 사람들은 자신이 풀 수 있는 문제라는 판단이 설 때 비로소 호기심을 느낀다. 그렇다면 학생들의 호기심을 자극하여 답을 알고 싶어 하게 만들기 위해 어떻게 질문해야 할까?

학교 공부를 '정답'의 연속으로 보는 사람들이 있다. 교사들은 보일의 법칙이나 미국 독립전쟁의 3가지 원인, 에드거 앨런 포의 까마귀들이 "다시는 그러지 마."라고 울부짖는 이유 등을 아이들에게 가르친다. 그런데 시간을 충분히 들여서 질문을 만들지 않고 성급히 답만 알려 주려고 한다. 그러면 학생들의 순수한 지적 호기심을 해치고 마는데 말이다. 정답만 알면 무슨 소용인가? 따라서 이 책은 인지심리학 원칙이 아니라 교사들이 흥미로워할 만한 질문을 중심으로 전개할 것이다.

수업 계획을 세울 때는 궁극적으로 무엇을 가르치려 하는지 그 내용부터 파악해야 한다. 다음으로 그 수업에서 핵심 질문이 무엇인지 생각해 보고 학생들의 관심을 끌면서도 그들의 인지적 한계를 고려한 수준의 질문을 준비해야 한다.

언제 혼란에 빠트릴지 고민하라

교사는 학생들이 관심 있어 할 질문을 던지거나(예를 들어 "학교에 다녀야 한다는 법은 왜 존재하는 걸까?"라고 질문하면서 법안이 통과되는 절차를 설명할 수 있다.) 학생들이 흥미로워할 과학 현상을 실험으로 보여 주면서 수업에 끌어들이려 한다. 어떤 방법이든 학생들을 혼란에 빠트려 호기심을 불러일으키는 데 목적이 있다. 유용한 기술이긴 하지만 이런 전략이 수업 초반뿐 아니라 기본 개념을 설명한 이후에도 사용할 만한지 고민해야 한다.

예를 들면 고전적인 과학 실험 가운데 종이를 태워서 우윳병에 집어넣은 뒤 삶은 달걀을 병 입구에 올려놓는 실험이 있다. 종이가 다 타면 달걀이 병 속으로 빨려 들어가는데, 학생들은 당연히 이 결과를 보고 놀랄 것이다. 하지만 어떤 원리로 그런 현상이 일어나는지 학생들이 이해하지 못한다면 그저 한순간의 오락거리로 전락하고 학생들의 호기심도 오래가지 않을 것이다. 또 다른 전략은 따뜻한 공기는 팽창하고 차가운 공기는 수축하면서 병 속이 진공 상태가 된다는 원리를 설명한 다음에 실험을 실시하는 것이다.

이처럼 배경지식이 없으면 이해하기 힘든 사실이나 실험이 있다. 이런 사실이나 실험은 모두 학생들에게 잠시 혼란을 일으켰다가 문제 해결의 기쁨을 안겨 줄 수 있다. 그러므로 교사는 병 속의 달걀과 같은 흥미로운 실험을 수업 중 언제 끼워 넣을지 고민해야 한다.

학생마다 준비 수준이 다르다는 사실을 인정하고 적절한 조치를 취하라

8장에서 다루겠지만, 머리가 좋지 않다는 이유만으로 학생을 열등반에 보내야 한다는 주장은 옳지 않다. 반대로 모든 학생이 똑같이 준비해서 뛰어난 능력을 갖추고 학교에 들어온다는 주장도 고지식한 생각이다. 학생마다 준비 수준이 다르고 가정에서 지원해 주는 정도가 다르기 때문에 학습 능력도 제각각이다. 따라서 모든 학생에게 같은 과제를 내주는 방법은 바람직하지 않다. 뒤처지는 학생은 과제를 어렵다고 생각해서 공부를 점점 멀리할 위험이 있다. 가급적이면 각자의 능력에 맞게 과제를 내주어야 한다. 교사는 일부 학생이 스스로 남보다 뒤떨어진다고 자책하지 않도록 세심한 노력을 기울여야 한다. 남보다 뒤처지는 학생이 존재하는 것은 사실이므로 이들에게 능력을 넘어선 과제를 내주면 따라잡기는커녕 오히려 더 뒤처지고 만다.

변화를 주어라

학생들은 주의가 쉽게 흐트러진다. 앞서 설명했듯이 학생들은 생각하는 과정에서 혼란에 빠지면 금세 흥미를 잃고 수업에서 마음이 떠난다. 다행인즉슨 학생들의 주의를 다시 끌어들이기도 쉽다. 변화를 주면 관심을 끌 수 있다. 예를 들어 밖에서 펑 소리가 들리면 모두 창문 쪽을 바라본다. 주제를 바꾸거나 새로운 활동을 시작하는 등 어떤 식으로든 변화를 예고하면 다시 학생들의 주목을 끌 수 있다. 따라서 변화를 계획하면서 교실 분위기에 따라 그것을 더 자주 사용할지, 덜 사용할지 알아내야 한다.

기록으로 남겨라

지금까지 설명한 내용을 간단히 정리하면, 사람들은 문제를 해결하면서 기쁨을 느끼는데 그러려면 문제가 풀 수 있으면서도 정신적 노력을 해야 할 만큼 적당히 어려워야 한다는 것이다. 적당한 난이도를 찾기는 쉽지 않다. 교실에서 실제로 적용해 봐야 알 수 있다. 효과가 있으면 다시 활용하고 효과가 없으면 버려야 한다. 다만 1년 뒤에도 기억날 것이라고 기대해서는 안 된다. 효과를 거두었든, 효과가 없어서 폐기했든 간에 결코 잊지 않을 것 같아도 결국 망각의 힘에 굴복하고 만다. 따라서 반드시 기록으로 남겨야 한다. 포스트잇에 낙서하듯 적더라도 적당한 난이도를 찾을 때마다 기록하는 습관을 들여야 한다.

　효과적으로 생각하기 위해 필요한 요소 중 하나는 장기기억에 들어 있는 정보의 양과 질이다. 2장에서는 배경지식의 중요성을 자세히 다루면서 효과적으로 생각하기 위해 배경지식이 풍부해야 하는 이유를 설명하겠다.

시험에 꼭 필요한 기술,
학생들에게 어떻게 가르칠 수 있을까?

Q 인지과학자에게 묻다

'사실 학습'을 다루는 글은 많지만 논조가 대체로 부정적이다. 깐깐한 교장 선생이 학생들에게 무슨 뜻인지도 모르는 사실을 앵무새처럼 외우게 하는 광경은 우리가 흔히 접하는 미국 교육의 한 장면이다. 이런 광경은 새로울 것도 없고 미국만의 것도 아니다. 찰스 디킨스(Charles Dickens)도 1854년 『고난의 연대(Hard Times)』에서 비슷한 장면을 묘사했다. 지난 10년간 교육계에서 책임을 중시하는 분위기가 고조되면서 표준화된 시험제도가 도입되었고, 이에 따라 사실 학습에 관한 우려도 커졌다. 아닌 게 아니라 표준화된 시험에서는 분석하거나 통합하거나 비판할 기회를 주지 않고 단편적인 사실만 토해 내게 한다. 교사 역시 학생들을 시험에 대비시키느라 나름의 교수법을 적용할 시간이 부족하다. 그렇다면 사실 학습은 얼마나 유용할까? 아니면 얼마나 불필요할까?

 답하다

무미건조한 사실만 달달 외우게 하면 풍부한 교육 경험을 제공하지 못한다는 주장에는 이의가 없다. 하지만(자주 거론되지는 않지만) 사실적 지식이 부족한 학생들에게 분석하거나 통합하는 기술을 가르치는 것도 불가능하다. 인지과학 연구에 의하면, 학생들이 풍부한 사실적 지식을 갖추고 있을 때 분석하고 비판적으로 생각하는 방법을 가르칠 수 있다. 이 장의 중요한 인지 원칙은 이렇다.

 **사실적 지식이 기술보다 앞선다.**

이 원칙을 풀어 보면 사실을 가르치되 이상적으로는 기술을 가르치기 위한 사실을 가르쳐야 하고, 이왕이면 유치원이나 그 이전부터 가르쳐야 한다는 뜻이다.

 오늘날 큰 위험이 도사리고 있다.
과학 교육이 단편적인 사실과 공식을 외우는 시간으로
전락해서 이해력은 기르지 않고 기억 공간만 차지하고 있다.
_ J. D. 에버렛(J. D. Everett), 1873년에 쓴 글[1]

대학 신입생 시절 기숙사 내 옆방에는 위대한 물리학자 아인슈타인이 머리를 산발한 모습의 포스터가 붙어 있었다. 거기엔 그가 한 말이 적혀 있었다. "상상력이 지식보다 중요하다." 왠지 심오한 의미가 담겨 있는 말 같았다. 아마도 성적이 좋지 않을 때 부모님께 이렇게 변명하고 싶었을 것이다. "그래요, C를 받았어요. 그래도 제겐 상상력이 있다고요! 아인슈타인이 말하기를……."

30여 년이 지난 지금 교사들은 다른 이유에서 지식을 경계한다. 국가 교육 분야에서 '학생 성적 책임'이라는 표어를 내걸고 있고, 이 말은 다시 '전국 고사'로 풀이되고 있다. 각 지역에서 치르는 시험은 다지선다형 문제의 비중이 높을 뿐 아니라 대부분 사실적 지식을 떠올려야 풀 수 있는 문제다. 다음 두 예는 내가 살던 버지니아 주의 중학교 2학년 과학 시험과 역사 시험 문제에서 하나씩 고른 것이다.

다음 중 가장 많은 특징을 공유하는 유기체를 포함하는 분류 항목은 무엇인가?
A. 계(界)   B. 문(門)   C. 강(綱)   D. 종(種)

다음 중 19세기 후반에 아메리카로 이주해서 철도 건설에 일조한 이민자들은 누구인가?
A. 독일인   B. 중국인   C. 폴란드인   D. 아이티인

교사든, 부모든, 학생이든 이런 문제를 잘 맞힌다고 해서 과학이나 역사를 아는 것은 아니라고 목소리를 높이는 이유가 있다. 학생들이

외우지만 말고 생각하기를 바라기 때문이다. 비판적으로 사고하는 듯한 사람을 보면 흔히들 똑똑하고 교양 있는 사람이라고 여긴다. 반면에 앞뒤 맥락도 없이 불쑥 사실만 말하는 사람은 따분하고 잘난 체하는 이로 비친다.

그러나 사실적 지식이 필요하다는 주장에 고개가 끄덕여질 때도 있다. 예를 들어 누군가 처음 듣는 어휘를 넣어서 말하면 무슨 말을 하는지 잘 알아들을 수 없다. 어떤 친구가 우리 딸이 어느 yegg를 만나고 다니는 것 같다고 이메일을 보내왔다면 분명 나는 yegg가 무슨 뜻인지 알고 싶을 것이다.〔그림 2-1〕 마찬가지로 다 아는 단어지만 단어를 조합해서 이해하는 데 필요한 맥락적 지식이 부족할 때도 있다. 학술 저널 『사이언스(Science)』 최근 호에 「해양 유기탄소의 붕괴와 보존을 위한 물리적 모형」이라는 논문이 실렸다. 제목에서 모르는 단어는 하나도 없지만 유기탄소에 관한 배경지식이 부족하기 때문에 유기탄소의 붕괴나 보존이 왜 중요한지, 모형을 만드는 이유가 무엇인지에 대해 알지 못한다.

이해하려면 배경지식이 필요하다. 적어도 지금까지의 설명에 따르

그림 2-1 | 누군가 우리 딸이 yegg와 만나고 다닌다고 하면 이 단어가 '잘생긴 청년'을 뜻하는지, '지저분한 녀석'을 뜻하는지, '강도'를 뜻하는지 알고 싶을 것이다.

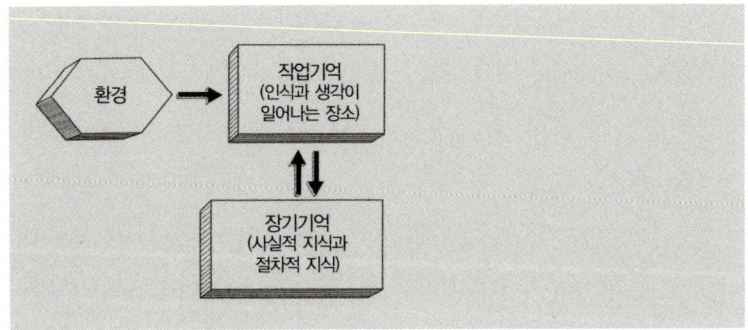

그림 2-2 | 가장 단순한 마음 모형.

면 그렇다. '생각하다'는 타동사다. 생각하려면 대상이 필요하다. 하지만 구체적인 정보는 기억할 필요가 없다고 생각하는 사람도 있다. 모르는 정보가 나올 때마다 찾아보면 된다는 것이다. 그러면 다시 한번 1장에서 소개한 마음 모형(그림 2-2)을 살펴보자.

앞에서 '생각'은 정보를 새로운 방식으로 결합하는 작업이라고 정의했다. 정보는 한번 암기한 장기기억에서 올라올 수도 있고 환경에서 들어올 수도 있다. 요즘 같은 세상에 정보를 암기할 필요가 있을까? 정보가 궁금하면 인터넷에서 몇 초 만에 검색할 수 있다. yegg의 정의도 인터넷에서 찾아보면 된다. 게다가 세상이 너무 빨리 변해서 기억한 정보의 절반은 5년도 안 돼서 쓸모없어진다는 주장도 있다. 어쩌면 사실을 학습하기보다는 비판적으로 생각하는 연습에 매진하고, 정보를 암기하기보다는 인터넷에서 정보를 찾아 평가하는 연습을 하는 편이 나을지도 모른다.

그러나 이 장은 그러한 주장에 대해 반박하고 있다. 지난 30여 년의 과학 연구는 확실한 결론에 도달했다. 생각을 잘하려면 사실을 알아야 하고, 사실을 알아야 하는 이유는 단지 생각거리가 필요해서만은 아니다. 교사가 가장 중시하는 추론이나 문제해결과 같은 비판적 사고 과정은 (환경에서 들어오는 정보만이 아니라) 장기기억에 저장된 사실적 지식과 긴밀히 연결된다.

사고 과정과 지식이 연결된다는 말을 이해하기는 쉽지 않다. 흔히 사고 과정을 계산기 기능에 비유한다. 계산기에는 숫자를 조작하는 절차(덧셈, 곱셈 등)가 들어 있고, 이들 절차는 '모든 숫자 집합'에 적용된다. 자료(숫자)와 자료를 조작하는 연산은 별개의 개념이다. 따라서 새로운 사고 방법(예를 들어 사료를 비판적으로 분석하는 방법)을 배우면 모든 역사 문헌에 적용할 수 있어야 한다. 사인(sine: 예각의 대변과 빗변과의 비를 그 각에 대하여 이르는 말)을 계산해 주는 최신형 계산기로 모든 숫자 집합을 계산할 수 있는 것처럼 말이다.

하지만 인간의 마음은 계산기처럼 작동하지 않는다. 제2차 세계대전 발발을 비판적으로 생각하는 방법을 배운다고 해서 체스 게임이나 중동의 현재 상황, 나아가 미국 독립전쟁 발발에 관해서도 비판적으로 생각할 수 있는 것은 아니다. 비판적으로 사고하려면 배경지식이 있어야 한다.(6장에서 설명하겠지만, 어느 정도 경험이 쌓이면 배경지식이 적어도 된다.) 인지과학에서 도달한 결론은 명쾌하다. 학생들은 배경지식을 배우는 동시에 비판적 사고 기술도 함께 익혀야 한다.

이 장에서는 인지과학이 사고 기술과 지식의 연관성을 밝히는 과정을 설명하겠다.

배경지식은 독해의 필수 요소다

배경지식은 말과 글을 이해하는 데 유용하다. 앞에서 소개한 2가지 사례에서 알 수 있듯이 장기기억에 어휘(예: yegg)나 개념(예: 해양 유기탄소)이 저장되어 있지 않으면 우리는 혼란에 빠질 수밖에 없다. 배경지식은 또한 정의보다 더 중요하다. 한 문장에 A와 B라는 개념이 들어 있을 때 어휘를 알고 두 개념을 이해한다고 해도 문장을 이해하려면 배경지식이 있어야 한다. 예를 들어 소설을 읽다가 아래 문장을 만났다고 치자.

"저녁 식사 자리에 상사가 참석하는 바람에 새로 산 바비큐를 쓰지 못했어!" 마크가 불평을 터트렸다.

이 문장에서 A는 마크가 새로 장만한 바비큐 그릴을 사용하는 것이고, B는 상사가 참석하면 그릴을 쓰지 못하는 것이라고 볼 수 있다. 문장을 이해하려면 A와 B의 관계를 알아야 하는데, 여기서는 A와 B를 연결하는 데 필요한 2가지 정보가 빠져 있다. 사람은 새로 산 기구를 처음 사용할 때 실수하기 쉽다는 사실과, 마크는 상사에게 잘 보이고 싶어 한다는 사실이다. 두 정보를 넣어서 정리하면, 마크는 바비큐 그릴을 처음 사용했다가 음식을 망칠까 걱정하고 있으며 그런 음식을 상사에게 대접하고 싶어 하지 않는다.

글을 읽을 때는 개념을 하나씩 이해하는 것이 아니라 문단 안에서 이해하는 것이 가장 중요하다. 글에는 듬성듬성 틈이 있다. 논리적 흐름을 이해하는 데 필요한 정보를 글쓴이가 생략해서 생기는 간극이다. 글쓴이는 독자가 틈을 메울 수 있을 만큼 충분히 지식을 갖추고 있다고 가정한다. 앞의 예에서도 글쓴이는 독자가 새로운 조리 기구와 상사에 관한 개념을 안다고 전제했다.

글쓴이가 글에 틈을 남기는 이유는 무엇일까? 독자가 정확한 배경지식을 몰라서 혼란에 빠질 수도 있는데 말이다. 하지만 위험하다고 해서 정보를 세세하게 다 쓸 수는 없다. 그러면 글이 장황하고 지루해진다. 예를 들어 이런 문장을 읽는다고 생각해 보라.

"저녁 식사 자리에 상사가 참석하는 바람에 새로 산 바비큐를 쓰지 못했어!" 마크가 불평을 터트렸다. 그리고 이렇게 덧붙였다. "정확히 말해서, 여기서 '상사'란 내 직속상관을 뜻하지. 우리 회사 사장도 아니고 중간 관리자도 아니야. 그리고 '저녁 식사'는 일반적인 의미의 저녁 식사를 뜻해. 미국 일부 지역에서 말하는 오찬이 아니야. '바비큐'도 사실 정확한 표현은 아니야. 난 그릴을 말하려는 것이고, 게다가 바비큐는 보통 서서히 굽는 요리인데 난 높은 온도로 요리할 생각이거든. 어쨌든 나는 바비큐 그릴을 써 본 경험이 없어서 음식이 맛없으면 어쩌나 걱정스럽고, 또 상사에게 잘 보이고 싶어."

주변에 이런 사람이 한둘은 있을 테지만(그리고 이런 사람을 피하려 하겠지만) 그리 많지는 않을 것이다. 대부분 글을 쓰든, 말로 하든 과감히 생략하는 정보가 있기 마련이다.

그림 2-3 | 사진 속 여자에게 "지금 뭐 하세요?"라고 물으면 뭐라고 답할까? 누가 묻는지에 따라 대답도 달라진다.

그러면 글 쓰는 사람(말하는 사람)은 무엇을 생략할지 어떻게 정할까? 생략하는 정보는 읽는 사람(듣는 사람)이 누구냐에 따라 달라진다. 그림 2-3을 보자. 사진 속 여자에게 무얼 하고 있는지 물으면 뭐라고 대답할까?

두 살짜리 아이가 물으면 아마도 "컴퓨터 자판을 두드린단다."라고 말해 줄 것이다. 하지만 성인한테 이렇게 대답하면 우스꽝스러운 답변이 된다. 왜 그럴까? 어른이라면 여자가 자판을 두드린다는 것쯤은 이미 알고 있다. 그러니 "서식에 맞추어 글을 쓰고 있어요."라고 답할 수도 있다.

결국 우리는 상대가 아는 정도에 따라 정보를 많이 주거나 적게 주기도 하고, 생략해도 되는 정보와 부연설명을 해야 하는 정보를 결정하면서 대답을 조율한다.

- 친한 친구와 나누는 즐거운 경험 중 하나가 두 사람만 아는 농담을 주고받는 것이다. 사진 속 여자에게 친한 친구가 뭐 하고 있냐고 물으면 "자갈길을 그리고 있다."라고 대답할 수도 있다. 두 사람이 오랫동안 뚜렷한 목적 없이 함께한 경험에서 나온 둘만의 암호다. 듣는 이가 정보를 안다고 가정하는 극단적인 예다.

그런데 독자에게 배경지식이 없으면 어떻게 될까? 다음 문장을 살펴보자.

만조 때 물이 집에서 10여 미터 앞까지 찬다고 말하기 전까지 나는 그가 호숫가에 집이 있다고 한 말을 믿었다.

나 같은 사람이라면 이 문장이 무슨 뜻인지 모를 것이다. 훗날 비슷한 글을 읽는데 장모님이 호수에는 눈에 띄는 조수의 차이가 없다고 말해 주어서 나는 그 의미를 알게 되었다. 내게는 글쓴이가 기대한 수준의 배경지식이 없어서 이 문장을 이해하지 못했던 것이다.

따라서 어휘에 관한 지식은 하나의 개념(A)을 이해하는 데 필요할 뿐 아니라 두 개념(A와 B)의 관계를 이해하는 데도 필요하다. 한편 저자가 A, B, C, D, E, F와 같은 여러 가지 개념을 동시에 제시하고 독자가 일관성 있는 전체로 엮기를 바라는 글도 있다. 『모비딕(Moby-Dick)』 35장에 나오는 아래 문장을 살펴보자.

이제, 슬리트 선장이 돛대 꼭대기에 있는 망대의 편리한 점을 일일이 설명하는 것은 그저 자기가 좋아서 한 일임이 분명해졌다. 선장은 망대의 온갖 장점을 부풀리고 그 안에서의 실험이 얼마나 과학적인지 강조하면서 모든 나침함(函)에 발생하는 '국소 인력' 현상으로 생기는 오차를 줄일 요량으로 작은 나침반을 들고 다녔다. 오차는 뱃전 널빤지 쇠붙이의 수평적 근접성 때문에 발생하고, '글레이셔'호의 경우에는 선원들 가운데 완전히 망가진 대장장이가 많아서 발생했다. 슬리트 선장은 이 점에 관해서 아주 신중하고 과학적인 데다가 '나침함 편차'와 '방위 나침 관측'과 '근사오차' 따위를 배웠지만 심오한 자석의 명상에 깊이 빠져들지 않았는데, 망대의 한쪽에, 손을 뻗으면 쉽게 닿을 만한 곳에 아주 잘 숨겨 둔, 술이 가득 든 작은 술병에 끌리지 않은 적이 거의 없다는 것을 잘 알기 때문이다.

이 문단을 이해하기 힘든 이유는 무엇일까? 머릿속에 공간이 부족하기 때문이다. 여러 가지 개념이 나와서 독자가 모든 개념을 머릿속에 담고 서로 연결시켜야 한다. 하지만 너무 많아서 한 번에 다 기억하지 못한다. 1장에서 소개한 용어를 빌리자면 작업기억에 공간이 부족하기 때문인데, 이런 문제를 해결하는 데도 배경지식이 도움이 된다.

정말 그러한지 확인하기 위해 실험을 해 보자. 아래의 글자를 한 번 보고 책을 덮었다가 몇 개나 기억하는지 알아보자.

XCN

NPH

DFB

ICI

ANC

AAX

자, 몇 개나 기억나는가? 보통 사람은 7개를 기억한다. 이번에는 아래 글자를 외워 보자.

X
CNN
PHD
FBI
CIA
NCAA
X

이번에는 더 많이 기억할 것이다. 평소에 자주 보던 머리글자 조합이라 외우기 쉽다. 혹시 첫 번째와 두 번째가 같은 목록인 줄 알아챘는가? 두 번째 목록에서는 줄바꿈을 달리해서 알아보기 쉬운 머리글자 조합을 만들었다.

작업기억에서 일어나는 작업이 이런 것이다. 1장에서 작업기억은 정보를 결합하고 조작하는 마음의 한 부분으로 의식과 유사하다고 소개했다. 작업기억은 용량이 정해져 있어서 첫 번째 목록에서는 모든 글자를 저장하지 못한다. 하지만 두 번째 목록에서는 가능하다. 왜 그럴까? 작업기억 용량은 글자 수가 아니라 의미 있는 대상의 수에 따라 정해지기 때문이다. 글자를 7개 기억할 수 있다면 의미 있는 머리글자 조합이나 단어도 7개(혹은 7개 정도)를 기억할 수 있다. 가령 F, B, I라는 글자를 붙여 쓰면 의미 있는 하나의 대상으로 처리된다.

환경에서 입력된 다양한 정보를 연결하는 작업을 '의미 덩이 짓기

(chunking)'라고 한다. 의미 덩이의 장점은 따로 설명할 필요가 없을 것이다. 의미 덩이로 묶으면 더 많은 정보를 작업기억에 저장할 수 있다. 하지만 의미 덩이를 만들려면 장기기억에 관련 지식이 들어 있어야 한다. CNN을 의미 있는 정보로 이해하려면 먼저 CNN이 무엇인지 알고 있어야 한다. 첫 번째 목록에는 세 글자 묶음으로 ICI가 있다. 아마도 프랑스어를 아는 사람이라면 이 묶음을 의미 덩이로 받아들였을 것이다. ici는 프랑스어로 '여기'라는 뜻이다. 작업기억에서 배경 지식을 바탕으로 정보를 묶는 작업은 글자를 처리하는 데만 효과적인 것이 아니다. 누구나 어디에든 적용할 수 있다. 브리지 도박사는 카드에, 전문 춤꾼은 춤동작에 적용할 수 있다.

요컨대 장기기억에 저장된 사실적 지식을 바탕으로 의미 덩이를 묶을 수 있고 의미 덩이를 묶으면 작업기억 공간이 넓어진다. 의미 덩이를 묶는 능력과 독해력은 무슨 상관일까? 앞서 설명했듯이 A, B, C, D, E, F라는 개념을 읽고 서로 연결해야 의미를 이해할 수 있다. 작업기억에 저장할 정보가 많지만 A에서 E까지 하나의 개념으로 묶는다면 어떨까? 이해하기가 훨씬 쉬울 것이다. 아래 문단을 살펴보자.

애쉬번이 유격수 월츠 쪽으로 땅볼을 치자 월츠는 공을 2루수 다크에게 던졌다. 다크는 베이스를 밟은 채 1루에서 달려오는 크레민을 포스아웃시키고 공을 1루수 앤더슨에게 던졌다. 애쉬번은 진루에 실패했다.

나 같은 사람에겐 요령부득인 문단이다. 개별 동작이 많고 서로 연결하기 어렵다. 하지만 야구를 아는 사람에게는 CNN처럼 익숙하다. 위 문단은 야구의 더블 플레이를 설명하고 있다.

주어진 주제에 관한 배경지식이 있으면 글을 훨씬 쉽게 이해할 수 있다는 점을 밝혀 주는 연구가 많다. 이해하기 쉬운 이유 중 하나를 의미 덩이 짓기에서 찾을 수 있는데, 중학생을 대상으로 실시한 독창적인 연구를 하나 살펴보자.[2]

표준 독해 시험 결과를 기준으로 피험자 절반을 독해 능력이 뛰어난 학생으로 분류하고, 나머지 절반을 독해 능력이 부족한 학생으로 분류했다. 피험자는 우선 야구 경기 한 회의 절반을 기술하는 글을 읽었다. 일정한 간격을 두고 읽기를 멈춘 뒤 야구장과 선수 모형을 이용해서 상황을 설명해야 했다. 흥미롭게도 이 실험에는 야구를 잘 아는 학생과 조금밖에 모르는 학생이 섞여 있었다.(연구자들은 모두에게 야구의 개별 동작을 설명해 주었다. 가령 선수가 2루타를 치면 어떻게 되는지를 알려 주었다.) 그런데 그림 2-4처럼 야구에 관한 배경지식이 글에 대한 이해력을 결정한다는 흥미로운 결과가 나왔다. 반면에 독해 능력이 뛰어난 학생인지, 부족한 학생인지는 배경지식만큼 중요한 영향을 미치지 않았다. 말하자면 배경지식이 있어야 의미 덩이를 만들 수 있고, 의미 덩이를 만들어야 작업기억에 공간이 생겨서 개념을 쉽게 연결하고 글을 잘 이해할 수 있다.

배경지식은 또한 모호하고 혼란스러울 수 있는 정보들을 명확히 제시해 준다. 한 실험[3]에서 피험자에게 이런 문단을 보여 주었다.

절차는 꽤 단순하다. 첫 번째, 항목을 여러 단위로 묶는다. 물론 일

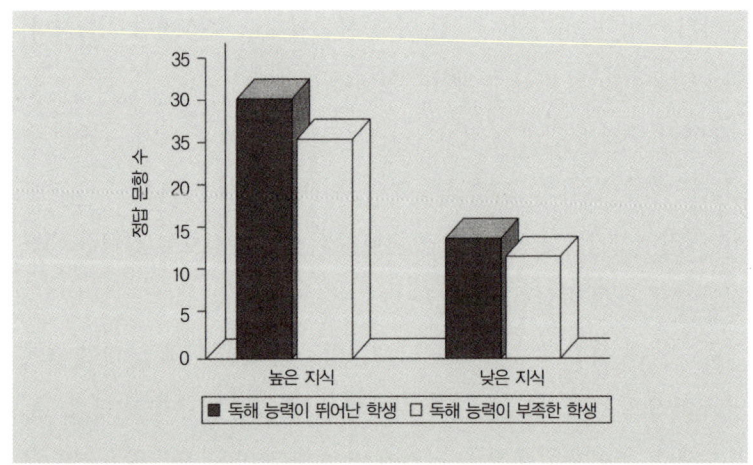

그림 2-4 | 읽기 연구 결과, 예상대로 독해 능력이 뛰어난 학생(진한 막대)이 독해 능력이 부족한 학생(투명 막대)보다 이해력이 높았지만 배경지식이 미치는 영향에 비하면 그 차이는 미미한 수준이었다. 야구를 잘 아는 학생(맨 왼쪽 막대)이 야구를 모르는 학생보다 글을 훨씬 잘 이해했다. 표준 읽기 시험으로 측정한 독해 능력 수준은 중요한 영향을 미치지 않았다.

의 양에 따라 한 묶음만으로 충분할 수도 있다. 설비가 부족해서 다른 곳으로 옮겨야 한다면 두 번째 할 일은 장소를 바꾸는 일이다. 그렇지 않다면 준비를 마친 셈이다. 한꺼번에 일을 너무 많이 해서는 안 된다. 다시 말해서 한 번에 너무 많이 하기보다는 조금씩 여러 번 하는 편이 낫다.

모호하고 종잡을 수 없는 방향으로 흘러가서 무슨 말인지 이해하기 어려운 문단이다. 어휘를 몰라서가 아니다. 어휘는 다 알아도 내용이 모호하다. 나중에 무슨 내용인지 질문을 받으면 당연히 대부분 기억하지 못할 것이다. 그러나 읽기 전에 제목이 '세탁'이라고 알려 주자 모두가 훨씬 잘 기억했다. 그러면 제목을 '세탁'이라고 생각하고 위

문단을 다시 읽어 보자. 제목이 배경지식을 제시하기 때문에 모호한 내용이 명확해진다. 예를 들어 "항목을 여러 단위로 묶는다."라는 문장은 짙은 색 옷, 밝은색 옷, 흰옷을 분류한다는 뜻이다. 이 실험은 정보가 전혀 없으면 새로운 정보를 받아들이지 못한다는 가설을 입증한다. 우리는 우리가 아는 정보를 바탕으로 새로운 정보를 해석한다. 여기서는 '세탁'이라는 제목이 글을 이해하기 위한 배경지식을 제공한다. 우리가 평소에 읽는 글은 그다지 모호하지 않고 우리는 독자로서 어떤 배경지식을 동원해야 할지 잘 안다. 따라서 모호한 문장이 나와도 그러한 사실조차 깨닫지 못하고 곧바로 배경지식을 끌어와서 해석한다.

지금까지 독해에서 배경지식이 중요한 4가지 이유를 소개했다. 첫째, 배경지식은 어휘를 제공한다. 둘째, 배경지식은 저자가 생략한 논리적 틈을 메워 준다. 셋째, 배경지식을 바탕으로 의미 덩이를 만들어 작업기억의 공간을 늘리고 개념을 쉽게 연결할 수 있다. 넷째, 배경지식이 있으면 모호한 문장을 명확히 해석할 수 있다. 그 밖에도 배경지식이 독해에 도움이 되는 이유는 다양하게 들 수 있지만, 이 4가지가 특히 주목할 만하다.

한편 배경지식이 풍부할수록 독해력이 향상되는 현상을 '초등학교 4학년 슬럼프(Fourth-Grade Slump)'가 생기는 요인으로 보는 시각도 있다. 초등학교 4학년 슬럼프란 가정 형편이 좋지 않은 아이들이 3학년까지는 제 학년에 맞는 독해력을 보이다가 4학년이 되면서 갑자기 남보다 뒤처지고 학년이 올라갈수록 더 뒤떨어지는 현상을 가리킨다. 3학년까지는 글자를 보고 단어를 발음하는 방법을 알아내는 글자 해독 능력을 길러 주고 독해 시험도 여기에 초점을 맞춘다. 그런데 4학년에 올라가면 누구나 글자를 읽을 수 있기 때문에 이해력을 평가하는 시험문제가 출제된다. 지금까지 설명했듯이 배경지식이 이해력을 좌우하기 때문에 가정 형편이 좋은 아이들이 앞서기 마련이다. 이 아이들은 입학할 때부터 가정 형편이 열악한 아이들보다 세상에 관해 아는 어휘도 많고 배경지식도 풍부하다. 배경지식이 풍부할수록 새로운 정보를 쉽게 받아들이고 학습할 수 있으므로(이 문제에 관해서는 바로 뒤에서 설명한다.) 형편이 좋은 집 아이와 그렇지 않은 아이의 격차는 점점 더 벌어진다.

배경지식은 사고력 향상에 꼭 필요하다

배경지식이 있으면 독해력은 물론 사고력도 향상된다. 배경지식이 없으면 비판적이고 논리적인 사고를 하기 어렵다.

논리적으로 생각하는 동안에는 주로 기억을 검색한다. 1장에서 설명했듯이 기억은 우리가 맨 먼저 찾게 되는 인지 과정이다. 문제가 나오면 먼저 기억을 검색해서 답을 찾아보고 그것이 나오면 이용한다. 이런 방법은 매우 쉽고 효과적이다. 어떤 해답이 기억에 저장되어 있다는 말은 그것이 전에도 잘 통한 답이라는 뜻이다. 그림 2-5처럼 관련 지식이 없는 문제를 풀어 보면 이 말이 무슨 뜻인지 알 수 있다.[4]

그림 2-5의 문제는 보기보다 상당히 어렵다. 대학생들도 15~20퍼센트만 풀 수 있는 문제다. 정답은 A 카드와 3 카드를 뒤집는 것인데, 처음에는 대부분 A 카드를 뒤집는다. 뒷면에 짝수가 나오지 않으면

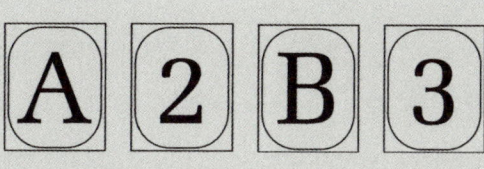

그림 2-5 | 카드마다 앞면에는 글자가 찍혀 있고 뒷면에는 숫자가 찍혀 있다. 규칙이 하나 있다. "한 면이 모음이면 뒷면에 짝수가 나와야 한다." 네 장의 카드에 이 규칙이 적용되는지 확인하라. 단, 카드를 최대한 적게 뒤집어야 한다. 어떤 카드를 뒤집어야 할까?

규칙이 깨지기 때문이다. 그런데 다음으로 2 카드를 뒤집어야 한다고 잘못 생각하는 사람이 많다. 규칙에는 짝수 카드 뒷면에는 무엇이 나와야 한다고 명시되어 있지 않은데 말이다. 반면에 3 카드는 반드시 뒤집어야 한다. 반대 면에 모음이 나오면 규칙이 깨지기 때문이다.

그럼 이번에는 그림 2-6의 문제를 풀어 보자.[5] 대부분 이 문제는 비교적 쉽게 이해한다. 여기서는 Beer 카드(스물한 살 이상인지 확인하기 위해)를 뒤집고 17 카드(맥주를 마시지 않는 나이인지 확인하기 위해)를 뒤집으면 된다. 하지만 논리적으로 볼 때 17 카드는 앞 문제에서 3 카드와 같은

그림 2-6 | 잠시 술집 경비원이 되어 보자. 카드는 단골손님의 것이다. 한 면에는 나이가 적혀 있고 뒷면에는 음료가 적혀 있다. 여기서 적용되는 규칙은 이렇다. "맥주를 마시려면 스물한 살이 넘어야 한다." 이 규칙이 네 사람에게 적용되는지 확인해야 한다. 단, 카드를 최대한 적게 뒤집어야 한다. 어떤 카드를 뒤집어야 할까?

역할을 하고, 3 카드는 앞에서 많은 이들이 맞히지 못한 카드다. 그런데 이 문제가 더 쉽게 느껴지는 이유는 무엇일까? 우선 흔히 접하는 주제이기 때문이다. 많은 이들이 음주 연령에 관한 배경지식을 갖고 있고 규칙이 어떻게 시행되는지 알고 있다. 그래서 굳이 논리적으로 추론할 필요가 없다. 유사한 경험이 있기 때문에 추론하지 않고 기억을 더듬으면 된다.

살면서 기억을 더듬어 문제를 해결할 때가 생각보다 많다. 예를 들어 세계 최고의 체스 선수들 사이의 실력 차이는 경기를 논리적으로 생각하고 체스판의 말을 어떻게 옮길지 구상하는 능력에서 비롯되는 것이 아니다. 그보다는 체스판을 기억하는 능력이 중요하다. 이와 같은 결론에 이르는 중요한 연구를 살펴보자.

체스 경기는 제한 시간이 있어서 한 선수가 1시간 안에 말을 모두 움직여야 한다. 이른바 블리츠 토너먼트에서는 5분 안에 말을 모두 움직여야 한다.〔그림 2-7〕블리츠 토너먼트에서는 선수들이 제 기량을 발휘하지 못할 수밖에 없다. 하지만 놀랍게도 챔피언은 여전히 챔피언이고 2등은 여전히 2등이다.• 그러니까 최고의 선수는 블리츠 토너먼트에서도 최고의 기량을 발휘하고 선수가 가진 강점이 무엇이든 시간은 오래 걸리지 않는다. 시간이 오래 걸리는 일이었다면 블리츠 토너먼트에서는 강점이 드러나지 않았을 것이다. 따라서 최상급 선수들 사이에서 우열을 가르는 요인은 기억력인 듯하다.

토너먼트에 참가할 정도의 선수는 말을 움직이면서 경기 전체를 한

• 토너먼트에 참가할 정도의 실력을 갖춘 체스 선수에게는 순위가 매겨진다. 순위는 누구에게 이기고 누구에게 패했는지를 기준으로 기술의 수준을 나타낸다.

눈에 파악하고, 체스판에서 어느 쪽이 가장 위험하며 자기 진영과 상대 진영에서 가장 허술한 지점이 어디인지 파악할 수 있다. 비슷한 말의 위치를 기억하는 것이 관건이고, 기억에서 답을 찾기 때문에 시간을 크게 절약할 수 있다. 단 몇 초도 걸리지 않을 때도 있다. 기억을 근거로 평가하면 말을 움직일 수 있는 방향이 크게 줄어든다. 이때부터는 여유 있게 생각하면서 몇 가지 방법 중에서 최선의 위치를 선택할 수 있다. 그래서 최고의 선수가 블리츠 토너먼트에서도 좋은 기량을 발휘하는 것이다. 중요한 움직임은 주로 기억에서 나오므로 시간이 거의 소요되지 않는다. 심리학에서는 이러한 연구들을 근거로 최고의 체스 선수는 장기기억에 5만 가지에 달하는 체스판을 저장한다고 추정한다. 논리력을 겨루는 전형적인 장으로 여겨지던 체스판에서조차 배경지식이 결정적인 역할을 하는 셈이다.

   그렇다고 모든 문제를 과거의 경험에 빗대어 풀 수 있다는 말은 아

그림 2-7 | 체스 경기에서 시간을 재는 장치. 검은 바늘은 몇 분 남았는지 가리킨다. 선수가 말을 옮기고 시계 위 단추를 누르면 바늘이 멈추고 상대편 시계가 돌아가기 시작한다. 선수들은 각자의 시계에 같은 양의 시간(블리츠 토너먼트에서 주어지는 5분), 곧 한 선수가 말을 모두 움직이는 데 걸리는 전체 시간을 정한다. 12시 근처에 붙어 있는 깃발은 검은 바늘이 12에 가까워지면서 옆으로 밀려난다. 깃발이 떨어지면 주어진 시간을 초과한 것이므로 탈락된다.

니다. 논리적으로 사고하기도 하지만 그럴 때에도 배경지식의 도움을 받는다는 뜻이다. 의미 덩이 짓기에서는 각 항목을 한 단위로 묶어서 (가령 C, N, N을 CNN으로) 작업기억의 공간을 늘린다. 글을 읽으면서 의미 덩이를 만들면 작업기억에 공간이 생겨서 문장의 의미를 서로 연결할 수 있다. 공간이 늘어나면 추론하는 데도 도움이 된다.

예를 하나 들어 보자. 아무 부엌에나 들어가서 거기 있는 재료만 가지고도 뚝딱하고 근사한 상차림을 할 수 있는 사람이 있다. 이런 사람은 찬장을 열고 음식 재료가 아니라 조리법을 본다. 음식과 요리에 관한 방대한 배경지식을 끌어내기 때문이다. 요리 전문가는 풍부한 배경지식을 바탕으로 여러 가지 조리법을 떠올린다. 흑미와 크랜베리로 속을 채운 요리나 살사 소스를 곁들인 치킨 파스타 같은 요리를 생각해 낸다. 전문가는 작업기억에서 필요한 재료를 의미 덩이로 묶기 때문에 만들려는 요리뿐 아니라 다른 것도 추가로 생각할 수 있으며 미리 요리 단계를 계획하기도 한다.

의미 덩이 짓기는 수업에도 적용된다. 대수를 공부하는 두 학생을 예로 들어 보자. 한 학생은 아직도 분배법칙을 혼동하는 데 반해 다른 학생은 완전히 이해했다. 첫 번째 학생은 문제를 풀 때 $a(b+c)$가 나오면 $ab+c$인지, $b+ac$인지, $ab+ac$인지 헷갈린다. 그래서 매번 문제 풀이를 중단하고 $a(b+c)$에 작은 숫자를 대입해 자신이 올바로 이해했는지 확인한다. 두 번째 학생은 $a(b+c)$를 하나의 의미 덩이로 인식하기 때문에 문제를 풀다 말고 자잘한 부분에 작업기억을 할애하지 않는다. 보나 마나 두 번째 학생이 문제를 잘 풀 것이다.

배경지식과 사고력에 관해 마지막으로 짚고 넘어갈 부분이 있다.

전문가가 전공 분야에서 하는 일은 대부분 배경지식이 있어야 가능한 일이다. 다만 그렇게 표현하지 않을 뿐이다. 과학을 예로 들어 보자. 학생들에게 과학자의 사고 방법을 가르쳐 주면 몇 가지는 기억할 수 있다. 가령 과학자들은 실험 결과를 해석할 때 특이한(예상치 못한) 결과에 주목한다고 가르쳐 준다. 예상치 못한 결과라는 말은 기존의 지식이 완전히 정립되지 않은 상태에서 실험을 해 보니 새로운 지식의 씨앗이 나타났다는 뜻이다. 그런데 예상치 못한 결과가 나오려면 먼저 예상했어야 한다. 또 결과를 예상하려면 해당 분야에 대해 잘 알고 있어야 한다. 학생들에게 가르치는 과학적 사고는 대개 적절한 배경지식이 없으면 무용지물이다.〔그림 2-8 참조〕

역사나 언어, 음악도 마찬가지다. 이런 과목에서 일반적으로 생각

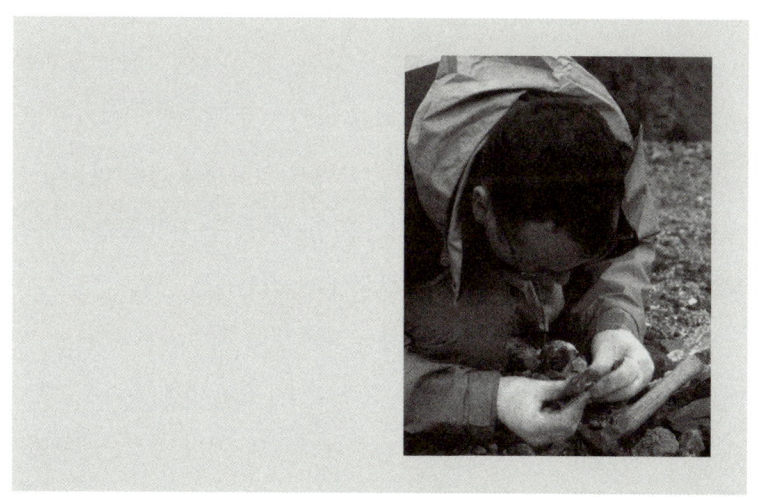

그림 2-8 | 과학자들은 '과학자처럼 생각하기'를 잘하지만 그렇게 하려면 과학적 사고를 배우고 연습해야 할 뿐 아니라 사고 전략을 활용하기 위한 배경지식도 쌓아야 한다. 그래서 유명한 지질학자 H. H. 리드(H. H. Read)가 이렇게 말한 모양이다. "최고의 지질학자는 돌을 제일 많이 본 사람이다."

하고 추론하는 방법을 보면 배경지식이 없어도 될 것 같지만 실제로 적용하려면 배경지식이 필요하다.

사실적 지식은 기억을 강화한다

지식은 많이 알수록 많이 쌓인다. 배경지식이 기억에 미치는 효과를 동일한 방법론으로 검증한 연구가 많다. 연구자들은 한 분야(축구나 춤이나 전기회로)에서 전문 지식을 쌓은 사람과 전문 지식이 없는 사람을 실험실로 불러서 이야기나 짧은 기사를 읽게 했다. 읽기 자료는 전문 지식이 없어도 무리 없이 이해할 수 있는 수준이었다. 다음 날 기억 검사를 실시해 보니 배경지식이 있는 사람은 그렇지 못한 사람보다 훨씬 많은 정보를 기억해 냈다.

이러한 결과는 집중력의 차이를 그 원인으로 볼 수도 있다. 농구를 좋아하는 사람은 농구 관련 자료에 흥미를 갖고 집중해서 읽지만 관심이 없으면 따분해하기 마련이다. 그래서 직접 전문가를 만들어서 실험한 연구도 있다. 이 실험에서는 피험자들을 두 집단으로 나누고 낯선 주제(예: 브로드웨이 뮤지컬)에 관해서 한 집단에는 정보를 많이 주고 다른 집단에는 적게 알려 주었다. 그런 다음 해당 주제에 관한 새로운 읽기 자료를 나눠 주었더니, 결과적으로 전문가(해당 주제에 관해 많이 배운 집단)가 초보자(해당 주제에 관해 적게 배운 집단)보다 새로운 정보를 쉽고 빠르게 학습했다.[6]

배경지식이 있을 때 자료를 더 쉽게 기억하는 이유는 무엇일까? 앞에서도 언급했듯이 특정 주제에 관해 많이 알수록 새로운 정보를 쉽게 이해한다. 야구를 아는 사람은 문외한보다 야구 이야기를 잘 이해한다. 그리고 의미를 담은 정보가 더 잘 기억된다. 이 문제에 관해서는 다음 장에서 자세히 다루겠지만, 여기서 잠시 짧은 문단 두 개를 읽어 보자.

> 운동 학습이란 환경에서 행동 목표를 성취하는 정교한 운동을 수행하는 능력의 변화를 의미한다. 신경과학계에서 해결되지 않은 근본적인 문제는 학습된 순차 운동 반응을 관장하는 신경계가 따로 존재하느냐는 것이다. 뇌 영상과 기타 장비를 이용해서 해당 신경계를 정의하려면 주어진 배열 과제에서 특별히 학습하는 내용을 신중히 설명해야 한다.
>
> 시폰케이크는 케이크를 만들 때 일반적으로 넣는 버터 대신 기름을 쓴다. 제빵업계에서 해결되지 않은 근본적인 문제는 버터케이크는 언제 만들고 시폰케이크는 언제 만드느냐는 것이다. 전문 맛 감별단과 기타 여러 가지 방법으로 이 질문에 답하려면 어떤 성질의 케이크를 원하는지 신중히 파악해야 한다.

왼쪽은 학술 논문에서 발췌한 문단이다.[7] 모든 문장을 이해할 수 있을 뿐 아니라 시간을 들여 천천히 읽어 보면 문장들이 서로 어떻게 연결되는지도 알 수 있다. 이를테면 첫 번째 문장은 개념을 정의하고, 두 번째 문장은 문제를 제기하며, 세 번째 문장은 연구 대상(기술)을 설명해야 문제를 해결할 수 있다고 명시하고 있다. 오른쪽 글 역시 왼쪽 글과 같은 형식으로 작성한 글이다. 그런데 내일이 되면 어느 쪽 글이 더 잘 기억날까?

오른쪽 글을 이해하고 기억하기 쉬운 이유는 이미 아는 내용과 연결할 수 있기 때문이다. 경험상 좋은 케이크는 버터 맛이 나지 기름 맛이 나지 않으므로 기름으로 만든 케이크도 있다는 말은 흥미를 불러일으킨다. 마찬가지로 마지막 문장의 "어떤 케이크를 원하는지"라는 부분에서는 폭신폭신함이나 촉촉함과 같은 감촉을 쉽게 떠올릴 수 있다. 오른쪽 글이 기억에 잘 남는 이유는 이해력과 상관이 없다. 사실 배경지식이 부족해도 왼쪽 글 역시 잘 이해할 수 있다. 하지만 왼쪽 글을 이해할 때는 풍부하고 깊이 있는 감정이 결여된다. 배경지식이 있으면 자기도 모르게 새로 읽는 글을 원래 알던 지식과 연결해서 이해한다.

이런 연결 덕분에 다음 날에도 잘 기억할 수 있다. 기억을 잘하려면 기억을 끌어내는 단서가 있어야 한다. 우리는 기억하려는 정보와 연관된 정보를 떠올리면서 기억을 뒤진다. "어제 읽은 글을 떠올려 보라."라는 질문을 받으면 '좋아, 케이크에 관한 글이었지.'라고 생각하고 자동으로(아마도 의식 너머에서) 케이크에 관한 정보가 의식을 뚫고 튀어나오기 시작한다. '케이크는 굽는 거야. ……설탕을 입히지. ……생일날 먹어. ……밀가루와 달걀과 버터로 만들지.'라는 생각이 이어지고 이런 배경지식은 전날 읽은 글을 떠올리기 위한 발판이 된다. 그러다가 '맞다, 버터 대신 기름으로 만든 케이크에 관한 글이었어.'라는 생각에 이른다. 전날 읽은 글에서 기억나는 문장과 기존의 배경지식이 결합해서 쉽고 정확하게 기억을 떠올리게 되는 것이다. 반면에 운동 기술에 관해서는 배경지식이 없기 때문에 시간이 지나면 좀처럼 기억하기 힘들다.

여기서 잠시 배경지식의 마지막 효과, 곧 장기기억에 사실적 지식이 들어 있으면 더 많은 사실적 지식을 습득할 수 있는 현상을 살펴보자. 다시 말해서 우리가 기억하는 정보의 양은 이미 축적된 지식의 양에 따라 달라진다. 여러분이 나보다 많이 알고 있다면 나보다 많이 기억하고 학습할 수 있다. 예를 들어 여러분의 기억에 1만 가지 사실이 들어 있고 내 기억에는 9000가지가 들어 있다고 해 보자. 우리 각자가 기억하는 새로운 사실이 각자가 이미 기억하고 있는 것의 몇 퍼센트인지 말해 보자. 여러분은 새로 들은 정보의 10퍼센트를 기억하지만 나는 장기기억에 든 지식이 적기 때문에 9퍼센트만 기억한다. 표 2-1은 여러분과 내가 10개월에 걸쳐 장기기억에 저장한 정보의 수를 나타낸다. 우리 둘 다 한 달에 새로운 정보 500가지를 접한다고 하자.

개월	여러분 기억에 든 사실(개)	여러분이 기억하는 새로운 사실(%)	내 기억에 든 사실(개)	내가 기억하는 새로운 사실(%)
1	10,000	10.000	9,000	9.000
2	10,050	10.050	9,045	9.045
3	10,100	10.100	9,090	9.090
4	10,151	10.151	9,135	9.135
5	10,202	10.202	9,181	9.181
6	10,253	10.253	9,227	9.227
7	10,304	10.304	9,273	9.273
8	10,356	10.356	9,319	9.319
9	10,408	10.408	9,366	9.366
10	10,460	10.460	9,413	9.413

표 2-1 | 정보에서 부익부 빈익빈 현상을 보여 주는 예.

10개월이 지난 후 우리의 차이는 1000개에서 1047개로 늘어난다. 장기기억에 정보가 많이 들어 있으면 새로운 정보를 더 쉽게 배우기 때문에 격차가 점점 벌어진다. 내가 여러분을 따라잡을 수 있는 방법은 정보를 더 많이 접하는 것뿐이다. 마찬가지로 학교에서도 뒤처지는 학생이 다른 학생들을 따라잡을 수 있는 방법은 있지만 다른 학생들이 더 빠르게 앞서 나가기 때문에 그러기가 매우 어렵다.

표 2-1에서 예로 든 숫자는 모두 지어낸 것이지만 기본 원리는 같다. 부익부 빈익빈이라 할 수 있다. 새로운 어휘와 생각을 접하고 싶으면 책이나 잡지나 신문을 읽어야 한다. 학생들이 자주 보는 텔레비전이나 비디오 게임, 인터넷 자료(예: 소셜네트워킹 사이트나 음악 사이트 등)는 큰 도움이 되지 않는다. 학생들의 여가 활동을 분석한 연구 결과, 새로운 개념과 어휘를 접하는 데는 책과 신문과 잡지만 한 매체가 없었다.

이 장을 시작하면서 "상상력이 지식보다 중요하다."라는 아인슈타인의 말을 인용했다. 지금쯤 독자 모두 아인슈타인이 틀렸다고 생각하길 바란다. 지식이 더 중요하다. 상상력에는, 특히 문제를 해결하고 의사를 결정하고 창조성을 끌어내는 상상력에는 지식이 바탕을 이루고 있어야 한다.

표 2-2는 지식의 중요성을 폄하하는 위인들의 말을 정리한 것이다. 그들이 왜 학교의 역할을 깎아내리면서 학교를 쓸모없는 암기 공장으로 폄하했는지 그 이유는 나도 모른다. 자기네는 학교에서 방대한 지식을 쌓았으면서 말이다. 그들의 말을 역설로 이해하거나 적어도 흥미로운 지적으로 받아들여야겠지만, 개인적으로 나는 아무리 명석하

교육은 학습한 내용을 다 잊어버리고 남는 것이다.	심리학자 스키너(B. F. Skinner)
학교가 나의 교육을 방해하도록 방관하지 않았다.	작가 마크 트웨인(Mark Twain)
교육에서 죽은 사실의 형태로 축적되는 무지의 양만큼 놀라운 것은 없다.	작가 헨리 브룩스 애덤스 (Henry Brooks Adams)
교과서를 버리고 공책을 태우고 시험공부로 외운 자잘한 지식을 모두 잊기 전까지 학습은 전혀 쓸모없다.	철학자 알프레드 노스 화이트헤드 (Alfred North Whitehead)
우리는 학교와 대학 강의실에 갇혀 10년이나 15년을 보내다 결국 말만 많고 제대로 아는 것 하나 없는 상태로 나온다.	시인 랠프 왈도 에머슨 (Ralph Waldo Emerson)

표 2-2 | 사실적 지식의 중요성을 폄하하는 위인들의 말.

고 유능한 사람이라 해도 지식을 쌓는 일이 어리석은 일이라고 말하는 사람을 좋아하지 않는다. 이 장에서 설명했듯이 논리적 사고나 문제해결 같은 최고의 인지 과정은 지식과 떼려야 뗄 수 없는 관계다. 정보를 써먹을 수 있는 사고 기술이 없다면 정보가 아무 소용이 없는 것과 마찬가지로 사실적 지식을 갖추지 못하면 사고 기술을 제대로 써먹을 수 없다.

표 2-2에서 소개한 위인들이 남긴 말 대신에 경험과 (추론컨대) 지식의 중요성을 강조하는 스페인 속담을 인용해 보겠다. "Mas sabe El Diablo por viejo que por Diablo." 대충 번역하자면 이런 뜻이다. "악마가 현명하지 않은 이유는 악마이기 때문이다. 악마가 현명한 이유는 나이 들었기 때문이다."

학교 수업에 주는 함의

사실적 지식이 있어야 인지 과정이 제대로 작동한다면 학생들에게 지식을 많이 가르쳐야 한다. 어떻게 해야 할까?

무엇을 가르쳐야 할까?

"학생들에게 무엇을 가르쳐야 할까?" 이 질문은 정치적 함의를 띨 수밖에 없다. 무엇을 가르치고 무엇을 생략할지 정하면서 정보의 중요도에 따라 등급을 매기기 때문이다. 교과 내용에 역사적 사건과 인물, 극작가, 과학적 성과 등을 넣거나 뺄 때는 문화적 편향이 작용한다. 인지과학자라면 같은 질문을 다르게 이해한다. "학생들에게 무엇을 가르쳐야 할까?"라는 질문을 듣고 '어떤 지식이 중요한가?'가 아니라 '어떤 지식이 더 큰 인지적 이득을 끌어낼까?'를 생각한다. 이 질문에는 다음의 2가지 답을 제시할 수 있다.

우선 학생들이 책을 읽으려면 저자가 당연히 누구나 안다고 판단해서 생략한 정보를 알아야 한다. 학생들이 읽는 책의 종류에 따라 필요한 지식도 다르지만, 누구나 타당하다고 생각되는 최소의 목표는 일간 신문을 읽는 것이다. 그리고 일반인을 대상으로 과학과 정치 같은 진지한 주제에 관해 쓴 책을 읽는 것이다. 그런데 저자들이 독자의 기본적인 이해 수준으로 가정하는 지식은 대개 과거에 백인 남성들이 이뤄 놓은 문화에 기준을 두고 있다. 그러니까 인지과학자는 『워싱턴

포스트(Washington Post)』, 『시카고 트리뷴(Chicago Tribune)』 등에 글을 쓰는 저자와 편집자를 설득해서 독자에게 다른 지식을 기대하게 만드는 수밖에 없다. 변화는 결코 쉽게 일어나지 않는다. 문화 전체가 변해야 가능한 일이다. 그런 날이 올 때까지는 학생들에게 기존 지식을 가르쳐야 한다. 그러한 지식을 배우지 못하면 자기보다 아는 것이 많은 친구들이 쉽게 읽는 글을 아예 읽지 못하거나 내용을 깊이 이해하지 못하게 되는 것은 자명한 사실이다.

두 번째 답은 과목의 핵심 주제와 관련이 있다. "과학에서 무엇을 알아야 할까? 역사에서 무엇을 알아야 할까? 수학에서 무엇을 알아야 할까?" 이 질문들이 첫 번째 답과 다른 이유는 각 과목에서 지식을 활용하는 방법이 일반적인 독서에서 지식을 활용하는 방법과 다르기 때문이다. 평소에 책을 읽을 때는 비교적 얕은 지식만 갖추면 된다. 예를 들어 신문기사에 성운(星雲)이라는 단어가 나온다고 해서 천문학에 관한 지식을 풍부하게 갖출 필요는 없다. 하지만 천체물리학을 배울 때 이 단어가 나온다면 깊이 알고 있어야 이해할 수 있다.

세상 모든 것을 가르칠 수는 없다. 그렇다면 무엇을 가르쳐야 할까? 인지과학에서는 여러 번 등장하는 개념, 곧 한 과목에서 통일된 개념을 가르쳐야 한다고 강조한다. 교육학에서는 몇 가지 중요한 개념을 깊이 있게 가르치자고 주장하기도 한다. 이를테면 저학년부터 시작해서 몇 해에 걸쳐 교과 과정에 주요 개념을 넣고, 여러 가지 주제를 하나 이상의 개념 틀로 바라보고 이해하도록 가르쳐야 한다는 것이다. 인지과학적 관점에서도 일리가 있는 제안이다.

비판적 사고를 하려면 배경지식이 있어야 한다

단순히 학생들 머릿속에 지식을 많이 집어넣는 것이 교육의 목표는 아니다. 효과적으로 사고하는 데 필요한 지식을 가르치는 것이 목표다. 이 장에서 강조했듯이 비판적으로 사고하려면 배경지식이 필요하다. 배경지식 없이 사고 기술만 연습한다고 해서 비판적으로 생각할 수 있게 되는 것이 아니다. 따라서 교사는 학생들에게 비판적 사고 과제를 제시할 때 그들이 적절한 배경지식을 가지고 있는지 확인해야 한다.

언젠가 4학년 교실에서 교사가 열대우림에 살면 어떨지 생각해 보라고 지시했다. 학생들은 이틀에 걸쳐서 열대우림에 관해 토론했지만 배경지식이 없는 탓에 "비가 많이 오겠죠."라는 정도의 피상적인 대답밖에 내놓지 못했다. 그러나 한 단원이 끝날 무렵 같은 질문을 다시 하자 이번에는 다양한 대답들이 나왔다. 열대우림에서 살고 싶지 않다고 단언한 학생도 있었는데, 토질이 나쁘고 흐린 날만 이어지는 곳이라 채식주의자인 자신도 하는 수 없이 고기를 먹어야 한다는 이유를 들었다.

조금 아는 것이 전혀 모르는 것보다 낫다

사실적 지식이 진가를 발휘하려면 깊이 있는 지식이어야 한다. 의미 덩이로 묶을 수 있을 만큼 자세히 알아야 하는 것이다. 하지만 얕은 지식으로도 효과를 볼 수 있다. 앞서 말했듯이 글을 읽을 때 꼭 개념을 구체적으로 알아야 의미를 파악할 수 있는 건 아니다. 예를 들어 나는 야구를 잘 모르지만 야구에 관한 일반적인 글을 읽을 때 특별히 어려움을 느끼지 않는다. '두 팀으로 나뉘어서 방망이와 공으로 하는 스포츠'라는 정도의 간단한 정의만 알면 되기 때문이다. 물론 많이 알수록 좋다. 그러나 모든 분야에 해박할 수는 없으므로 조금이라도 아는 것이 전혀 모르는 것보다 낫다.

책을 읽히기 위해 모든 방법을 동원하라

이 장에서 설명한 지식의 효과는 독서가 얼마나 중요한지 일깨워 준다. 책은 그 어떤 활동보다 풍부한 사실과 어휘를 제공한다. 믿을 만한 연구에 의하면 사람들은 여가 시간에 책을 읽는 활동을 통해 평생 동안 인지적 혜택을 누린다고 한다.

독서라고 해서 아무 책이나 다 좋은 것은 아니다. 물론 독서를 싫어하는 아이라면 어떤 책이든 집어 들기만 해도 반가운 일이다. 하지만 일단 한 고비 넘기면 독서 수준에 알맞은 책을 권해야 한다. 자신의 독서 수준보다 몇 단계 아래인 책을 읽으면 충분히 배울 수 없다. 많은 아이들이 책을 재미로 읽는다는 사실은 인정한다. 그래도 재미있고 흥미로우면서도 각자의 독서 수준에 맞는 책이 얼마든지 있으니 아이들 나이에 맞는 책을 권해 주는 것이 좋다. 마찬가지로 아이의 수준에 비해 지나치게 어려운 책도 바람직하지 않다. 내용을 이해하지 못하고 좌절감만 느낄 뿐이다.

학교 도서관의 사서 교사는 학생들이 독서를 좋아하도록 이끌어 줄 수 있는 중요한 지원자이자 동맹자다. 독서에 관해서는 사서가 제일 중요한 인물인 셈이다.

지식은 우연히 습득하기도 한다

사실적 지식은 우연히 학습되기도 한다. 집중해서 공부하거나 암기하지 않고 단순한 노출로도 학습이 일어난다. 우리는 여가 시간에 책이나 잡지를 읽고 다큐멘터리와 뉴스를 보면서 많은 지식을 얻는다. 또 친구와 대화하면서도 그렇다.

학교에서도 얼마든지 이런 기회가 생긴다. 수학 문제를 풀거나 문법 시간에 나오는 예문을 보기도 하고 학급 반장을 뽑을 때 사용하는 어휘를 통해서 새로운 정보를 학습할 수 있다. 교사는 학생들이 모르는 내용을 많이 알고 있다. 교사의 풍부한 지식을 학교 수업에 끼워 넣을 기회는 얼마든지 있다.

일찍 시작하라

학교에 입학할 때 또래에 비해 지식이 부족한 학생은 적절한 개입이 없으면 더 뒤처지기 마련이다. 성적이 떨어지는 데는 분명 이런 이유가 작용한다. 학생마다 가정환경이 다르다. 부모가 어떤 어휘를 사용하는가? 부모가 아이에게 물어봐 주고 대답을 들어 주는가? 아이를 데리고 박물관이나 수족관에 다니는가? 아이에게 책을 사 주는가? 아이에게 책 읽는 모습을 보여 주는가? 이런 모든 행동이 아이들이 학교에 들어온 첫날 이미 머릿속에 담고 있는 지식을 결정한다. 다시 말해서 어떤 학생은 교사를 처음으로 만나기 전부터 옆자리 친구보다 공부를 못할 수 있다. 그러므로 학생들 사이의 개인차를 줄이는 일은 교사가 넘어야 할 험난한 산이다. 가정에서 배우지 못한 지식을 늘리는 데는 지름길도 없고 대안도 없다.

의미 있는 지식을 가르쳐라

지식이 중요하다고 해서 학생에게 가르칠 사실 목록(대략적 사실이든, 구체적 사실이든)을 만들 필요는 없다. 그렇게 해서 효과를 볼 수도 있지만 별로 크지 않다. 지식은 그것이 개념을 담고 있고 다른 사실과 서로 관련을 맺을 때 의미 있는 것이지 단순히 사실만 나열해서는 아무런 의미가 없다. 더욱이 교사라면 누구나 알겠지만, 수업 시간에 사실만 나열하면 학생들은 괴로워하면서 학교는 새로운 것을 발견하는 신나는 곳이 아니라 지루하고 따분한 곳이라고 생각하게 된다. 또 서로 관련 없는 사실들은 학습하기 어렵다는 것도 교사들은 잘 알고 있다.

하지만 사실적 지식이 중요하다는 것을 알게 된 지금, 우리는 사실을 효과적으로 가르치는 방법을 알아보아야 한다. 바꿔 말해서 왜 어떤 지식은 기억에 오래 남고 어떤 지식은 금세 사라지는지 살펴보아야 한다. 다음 장에서는 이 문제에 대해 논의해 보겠다.

3

왜 학생들은
텔레비전에서 본 건 다 기억하면서
교사가 한 말은 다 잊어버릴까?

Q 인지과학자에게 묻다

기억은 불가사의하다. 불과 15초 전 일이 기억나지 않을 때도 있다. 부엌에 들어갔는데 왜 들어왔는지 기억나지 않는다. 반대로 아주 사소한 기억(광고)이 평생 남기도 한다. 왜 어떤 기억은 남고 어떤 기억은 사라질까?

--- 답하다

　모든 경험을 기억 속에 저장할 수는 없다. 살면서 너무 많은 일을 경험하기 때문이다. 그렇다면 우리의 기억 체계는 어떤 정보를 받아들일까? 여러 번 반복되는 경험일까? 하지만 결혼식처럼 평생 한 번 경험하는 중대한 사건도 있지 않은가? 그러면 감정을 불러일으키는 경험일까? 만약 그렇다면 중요해도 감정이 실리지 않는 일들(학교 공부)은 기억 못해야 한다. 과연 기억 체계는 나중에 다시 기억해야 할 정보가 무엇인지 어떻게 판단할까?

　기억 체계는 다음과 같은 방식으로 내기를 건다. 네가 어떤 일을 깊이 생각한다면 아마도 그것에 대해 여러 번 다시 생각해야 기억에 저장될 것이다. 이와 같이 기억하고 싶거나 기억하려고 애쓰는 정보가 저장되는 것이 아니라 여러 번 생각한 정보가 기억에 저장된다. 언젠가 4학년 담당 교사가 지하 철도 조직(남북전쟁 이전에 노예 탈출을 도운 비밀 조직)을 설명하면서 학생들에게 도망간 노예들의 주식이었던 비스킷을 굽게 한 적이 있다. 교사는 이 과제를 어떻게 생각하느냐고 내게 의견을 물었다. 나는 학생들이 40초 동안은 비스킷과 지하 철도 조직의 관계를 생각할 테고, 40분 동안은 밀가루 양을 재고 쇼트닝을 섞는 방법을 생각할 거라고 대답해 주었다.

　학생들은 자신들이 생각하는 내용을 기억한다. 이 장의 중요한 인지 원칙은 이렇다.

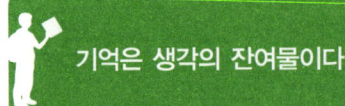
기억은 생각의 잔여물이다.

학생들을 잘 가르치려면 수업 활동을 정할 때 학생들이 실제로 무엇을 생각할지(교사의 희망 사항이 아니라) 신중히 고려해야 한다. 생각하는 내용이 기억에 남기 때문이다.

기억의 중요성

교사라면 누구나 한 번쯤 이런 경험을 해 보았을 것이다. 수업을 순조롭게 진행했고 생생한 사례도 많이 소개했다. 수업 내용도 깊이가 있었고 흥미로운 문제를 해결하면서 요점을 분명히 전달한 것 같았다. 그런데 다음 날 학생들이 아무것도 떠올리지 못하고 곁가지로 들려준 우스갯소리와 주제에서 벗어난 가족사만 기억한다.[1] 심지어 당황스런 마음을 겨우 가라앉히고 "어제 수업의 핵심은 1 더하기 1이 2라는 것이었지요."라고 말했는데, 학생들이 영 모르겠다는 얼굴로 "1 더하기 1이 2라고요?"라며 되묻는다.

2장의 주제가 '배경지식의 중요성'이었다면 이번에는 배경지식을 어떻게 전달할지 고민할 차례다. 왜 학생들은 어떤 사실은 잘 기억하고 어떤 사실은 까맣게 잊어버리는 걸까? 우선 어떤 정보를 기억하지 못하는 이유부터 알아보자. "지난번에 참석한 직업 개발 세미나의 내용을 요약해 주시겠습니까?"라는 질문을 받고는 "안 되겠네요. 기억나지 않아요."라고 답할 수밖에 없을 때가 있다. 왜 이렇게 기억이 나지 않는 걸까?

4가지 경우 중 하나가 발생한 것인데, 이것은 그림 3-1에 묘사되어 있다. 이 그림은 앞 장에 나온 마음 모형을 정교하게 변형한 것이다. 작업기억은 마음 안에 어떤 것이 계속 있게 하는 장소, 즉 의식의 장소다. 환경에는 정보가 무수히 널려 있지만 대부분 의식 속으로 들어오지 않는다. 예를 들어 내가 이 글을 쓰는 동안에도 냉장고가 윙윙 돌아가고, 밖에서는 새들이 지저귀고, 의자가 내 등을 누르고 있지만 내가 주목하기 전에는 어느 것 하나 작업기억(그러니까 내 의식) 속에 들어오지 않는다.

그림 3-1처럼 작업기억에 들어오지 않은 정보는 장기기억으로 넘어가지 못한다. 결국 이 그림은 "집중하지 않으면 학습되지 않는다!"라는 상식을 다소 복잡하게 설명한 것일 뿐이다. 세미나에 참석해서 딴

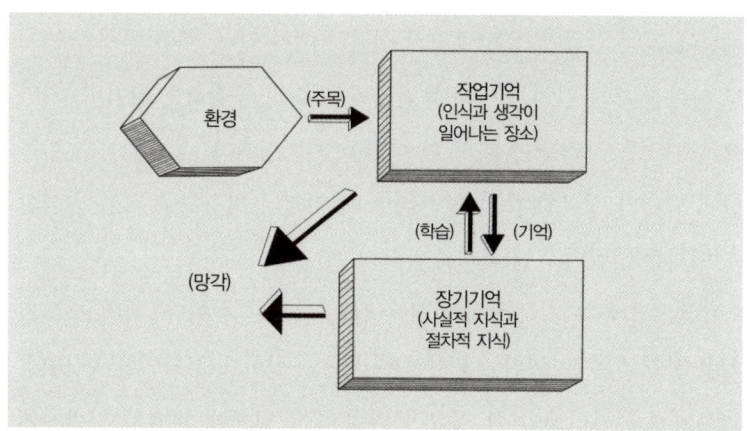

그림 3-1 | 단순한 마음 모형을 약간 변형한 모형.

생각을 했다면 제대로 기억하지 못하는 게 당연하다.

작업기억에 머무는 정보는 환경에서 들어올 뿐 아니라 장기기억에서도 올라온다. 그러므로 기억하지 못하는 두 번째 이유는 장기기억에서 정보를 끌어올리지 못했기 때문이다. 이 점에 관해서는 4장에서 설명하겠다.

기억하지 못하는 세 번째 이유는 장기기억에 정보가 없기 때문이다. 한마디로 잊어버린 것이다. 이 책에서는 망각을 자세히 다루고 있지 않지만, 여기서 잠시 일반적인 오해를 풀어 보고자 한다. 어떤 이들이 주장하길, 마음은 비디오카메라처럼 우리가 경험한 일들을 자세히 기록하지만 나중에 다시 접근하지 못할 뿐이라고 한다. 기억의 실패가 접근의 문제라는 것이다. 이 주장대로라면 단서만 주어지면 한 번 경험한 일은 뭐든지 기억해 낼 수 있어야 한다. 예를 들어 어릴 때 살던 집을 까맣게 잊고 지냈는데, 어느 날 그 집에 가서 마당에 핀 동백꽃 향기를 맡자 사라졌던 기억이 긴 시간의 강을 건너 마치 목걸이 메달에 들어 있었던 것처럼 다시 생각날 때가 있다. 이런 경험을 근거로 사라진 모든 기억을 다시 복원할 수 있다고 주장하는 것이다. 최면으로 기억을 불러낸 사례가 이 주장을 뒷받침한다. 동백꽃이든 뭐든 간에 단서만 정확히 주면 최면을 통해 기억의 저장고를 직접 탐색할 수 있다는 것이다.

이런 주장은 그럴듯해 보이지만 실은 잘못된 것이다. 최면으로 기억을 불러낼 수는 없다. 이 사실은 간단한 실험으로 확인할 수 있다. 피험자에게 기억해야 할 자료를 나눠 주고 나중에 피험자 절반에게 최면을 걸어 기억해 낸 결과를 최면을 걸지 않은 집단과 비교해 보았

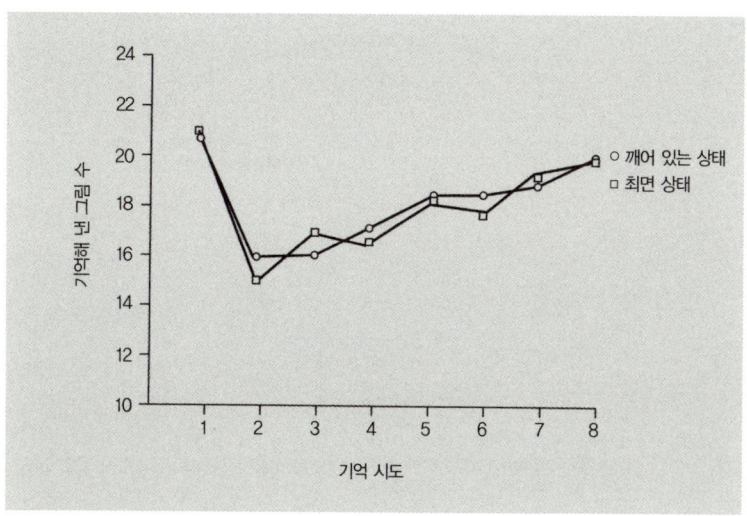

그림 3-2 | 피험자에게 동일한 대상을 그린 그림 40점을 보게 하고 나중에 기억해 내도록 했다. 1회기는 그림을 본 직후에 실시했다. 2회기에서 8회기까지는 일주일 후에 실시했다. 일주일 동안 많이 잊어버렸지만 다시 기억하려고 시도할수록 평균적으로 더 많이 기억해 냈다. 또 최면에 걸린 집단이 최면에 걸리지 않은 집단보다 더 많이 기억하지도 않았다.

다. 같은 실험을 수십 차례 실시했는데 대체로 그림 3-2와 같은 결과가 나왔다.[2] 최면은 기억을 떠올리는 데 도움을 주지 않았다. 기억이 정확하다는 믿음을 심어 주었지만 실제로 기억이 정확해지지는 않았다.

한편 동백꽃 향기 같은 적절한 단서가 오래전에 사라진 기억을 다시 불러일으킨다는 가설은 실험으로 검증하기가 훨씬 어렵지만, 기억 연구자들은 대체로 단서를 제시해서 기억을 복원할 수 있다고 믿는다. 하지만 잃어버린 기억을 되찾을 수 있다고 해서 사라진 모든 기억을 되살린다고 보기는 어렵다. 일부만 찾아 준다고 보아야 한다. 요컨대 기억 연구에서는 모든 기억이 영원히 저장된다는 근거를 제시하지 않았다.

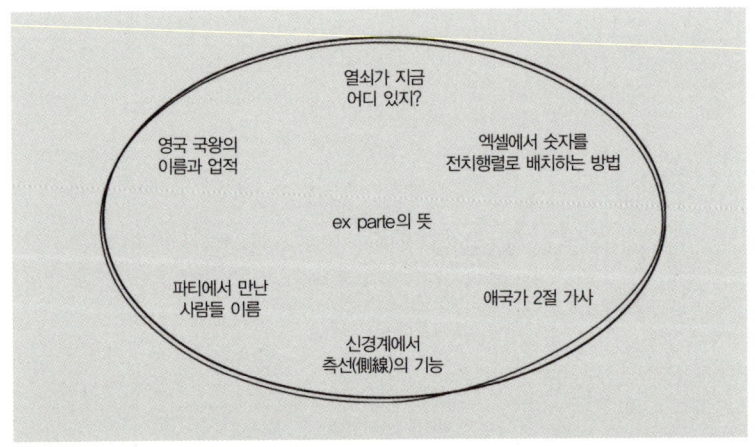

그림 3-3 | 내가 관심을 기울여서 작업기억에 머물렀지만 끝내 장기기억으로 넘어가지 못한 정보.

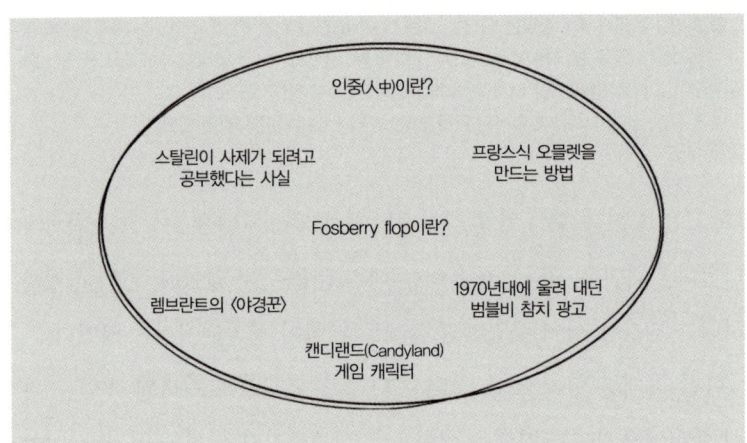

그림 3-4 | 내가 배우려 하지도 않았고 관심도 없었는데 장기기억에 들어 있는 정보.

다음으로 망각에 대해 살펴보자. 어떤 자료에 관심을 기울여서 그 자료가 한동안 작업기억 언저리에 머물렀지만 장기기억으로 넘어가지는 않을 때가 있다. 내 경험에서 몇 가지 예를 뽑아 그림 3-3에 표시했다. '측선(側線)'은 여러 번 찾아봤지만 지금도 무슨 뜻인지 모른다. 누구나 여러 번 찾아보고 들어 봐서(그래서 작업기억에 머무른 터라) 알아야 하지만 장기기억으로 넘어가지 않는 예가 있을 것이다. 반면에 생각하지도 않고 특별히 관심을 기울이지도 않았는데 몇 년씩 장기기억에 남아 있는 정보도 있다. 가령 나는 1970년대에 들었던 범블비 참치 광고를 아직도 기억한다. [그림 3-4]

그림 3-3과 3-4의 차이를 알면 교육의 핵심 문제를 해결할 수 있지 않을까? 학생들도 집중하지 않으면 학습하지 못한다. 그런데 불가사의하게도 똑같이 집중했는데 학습이 될 때가 있고 그러지 않을 때가 있다. 그렇다면 집중하는 것 말고 무엇이 더 필요한 걸까?

정서적 반응을 불러일으키는 경험이 잘 기억된다는 말도 일리가 있다. 결혼식처럼 행복한 순간이나 9·11테러 소식을 들었을 때처럼 가슴 아픈 순간을 누군들 기억하지 않겠는가? 가장 생생한 기억이 무엇이냐는 질문을 받으면 사람들은 대개 첫 번째 데이트나 생일 파티처럼 감정이 실린 사건을 떠올린다.

사람들은 자연스럽게 감정이 실린 사건에 관심을 갖고 나중에 그에 대해 다시 이야기한다. 이에 따라 과학자들은 기억을 향상시키는 요인은 감정이지 여러 번 생각해서가 아니라는 점을 입증하기 위해 아주 신중하게 연구해야 했다. 정서가 기억에 미치는 효과와 그것의 생화학적 원리에 관한 연구가 진행됐는데, 기억에 영향을 미칠 정도가 되려면 아주 강렬한 정서여야 한다는 결과가 나왔다. 기억이 정서에 의해 결정된다면 학교에서 배운 지식은 거의 기억하지 못해야 한다. "정서적 반응을 일으키면 장기기억으로 들어간다."라는 주장은 정답

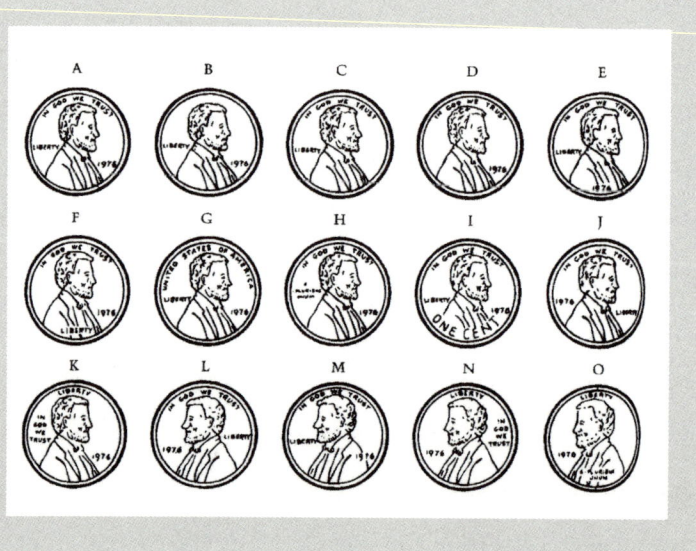

그림 3-5 | 가짜 동전들 사이에서 진짜 1센트 동전을 찾을 수 있는가? 수천 번도 더 봤을 텐데도 진짜 동전을 찾아내는 사람은 거의 없다.

이 아니다. 정확히 말하면 "정서적 반응을 일으키는 경험이 기억에 잘 남지만 정서가 학습에 반드시 필요한 것은 아니다."라고 해야 한다.

학습에 중요한 또 하나의 요소는 반복이다. 내가 30년도 전에 들은 범블비 참치 광고를 지금까지 기억하는 이유는 바로 많이 들어서다. 반복이 학습에 중요하긴 하지만(5장에서 설명할 텐데) 그것이 다는 아니다. 무한정 반복해서 들어도 기억에 남지 않는 경우가 있다. 예를 들어 그림 3-5를 보자. 가짜 동전들 중에서 진짜 1센트 동전을 찾아낼 수 있는가? 미국인들은 1센트 동전을 평생 수천 번도 더 볼 것이다. 엄청난 횟수로 반복한 셈이다. 그러나 대부분의 사람들은 1센트 동전이 정확히 어떻게 생겼는지 모른다.[3] (진짜 1센트는 A번이다.)

반복만으로는 큰 효과를 거두지 못한다. 마찬가지로 기억하고 싶다고 해서, 소망한다고 해서 마법처럼 머릿속에 떠오르지도 않는다. 그렇게 해서 기억할 수 있다면 얼마나 좋을까? 책을 펼치고 앉아서 '이 책을 기억하고 싶어.'라고 중얼거리기만 하면 새로 만난 사람의 이름도 일일이 기억나고, 자동차 열쇠가 어디 있는지도 항상 생각날 것이다. 그러나 안타깝게도 어느 유명한 연구에 따르면 우리의 기억 체계는 그렇게 작동하지 않는다고 한다.[4] 이 실험에서 피험자는 한 화면에 나타난 여러 단어를 보고 각 단어를 간단히 평가해야 했다.(한 집단에서는 단어에 A가 들어 있는지, Q가 들어 있는지 판단하고 다른 집단에서는 단어가 유쾌한지, 불쾌한지 판단했다.) 실험에서 가장 중요한 부분은 피험자 절반에게만 나중에 단어를 얼마나 기억하는지 검사한다고 알려 주는 것이었다. 나머지 피험자에게는 검사한다는 정보를 알려 주지 않았다. 그런데 흥미롭게도 검사한다는 정보를 미리 듣는다고 해서 기억이 향상되지는 않았다. 다른 실험에서도 피험자에게 단어를 기억하면 보상을 준다고 알려 주었지만 별다른 효과가 없었다. 이로써 기억하고 싶다는 소망은 거의 혹은 전혀 효과가 없는 것으로 나타났다.

하지만 이 실험에서 훨씬 중요한 결과가 드러났다. 피험자는 단어를 보면서 A인지, Q인지 또는 유쾌한지, 불쾌한지 판단해야 했다. 그런데 유쾌한지, 불쾌한지를 판단한 피험자가 A인지, Q인지를 판단한 피험자보다 거의 두 배나 많이 기억했다. 이제 어느 정도 실마리가 잡힌 듯하다. 기억을 크게 향상시키는 요인이 드러난 것 같다. 그렇다면 단어가 유쾌한지, 불쾌한지 생각하는 것이 기억에 도움이 되는 이유는 무엇일까?

유쾌한지 여부를 판단할 때는 단어의 의미를 생각하게 되고 의미가 같은 다른 단어도 떠올리게 되기 때문이다. 가령 오븐이라는 단어를 보면 케이크나 구이, 우리 집 부엌의 고장 난 오븐 따위를 떠올릴 수 있다. 하지만 오븐에 A가 들어 있는지, Q가 들어 있는지를 판단할 때는 의미를 생각할 필요가 없다.

따라서 "의미를 생각하는 것이 기억에 도움이 된다."라고 정리해도 될 듯싶다. 정답에 가까이 왔지만 아직 정답은 아니다. 일반화하기에는 1센트 동전의 예가 걸린다. 1센트 동전의 예는 오히려 정반대의 의미를 담고 있다. 우리는 1센트 동전을 적어도 수천 번은 보았다. 그리고 대부분은 동전의 의미를 생각한다. 동전의 기능을 생각하고 비록 얼마 되지는 않지만 금전적 가치를 생각한다. 그러나 동전의 의미를 생각한다고 해도 그림 3-5의 실험처럼 동전의 모양을 기억할 때는 도움이 되지 않는다.

예를 하나 들어 보자. 복도를 지나가는데 한 학생이 사물함을 열고 혼자 중얼거리며 서 있다. 뭐라고 하는지는 몰라도 화가 난 목소리다. 이 경우 몇 가지 주목해야 할 것이 있다. 학생의 '목소리'를 생각할 수도 있고, '표정'을 생각할 수도 있고, 사건의 '의미(왜 화가 났을까, 가서 말을 걸어야 할까 등등)'를 생각할 수도 있다. 다음 날 사건을 떠올릴 때 이런 생각들이 다양한 기억에 연결된다. 목소리만 생각했다면 다음 날 목소리는 잘 떠올라도 표정은 생각나지 않는다. 표정에 주목했다면 표정만 떠오르고 목소리는 생각나지 않는다. 마찬가지로 1센트 동전의 의미만 생각하고 정확한 모양을 생각하지 않았기 때문에 가까이에서 만 번을 보았어도 모양을 정확히 기억해 내지 못하는 것이다.

무엇을 생각하든 우리는 생각한 것을 기억하기 마련이다. "기억은 생각의 잔여물이다."라는 말에는 반박할 여지가 없어 보인다. 기억의 체계를 세우는 것이 바람직할 듯싶은데, 모든 경험을 저장하지 못한다면 남길 것과 흘려버릴 것을 어떻게 선택할까? 뇌는 이렇게 판단한다. 어떤 일을 많이 생각하지 않는다면 다시 생각하고 싶지 않다는 뜻이고, 반대로 어떤 일을 거듭 생각한다면 앞으로도 '같은 식으로' 생각하고 싶다는 뜻이다. 예를 들어 사물함 앞에 서 있는 학생을 바라볼 때 표정을 본다면 나중에 그 학생을 떠올릴 때 표정을 알고 싶다는 뜻이다.

"기억은 생각의 잔여물이다."라는 명백한 결론에 관해 구체적으로 몇 가지 언급할 것이 있다. 첫째, 교사는 주로 학생들이 사건의 의미를 기억하기를 원한다. 때로는 파르테논 신전의 아름다운 외관이나 서아프리카에 있는 베냉이라는 나라의 땅 모양처럼 겉모습이 중요할 때도 있지만 대개는 의미를 이해해야 한다. 학교에서 가르치는 지식의 95퍼센트는 사건의 모양이나 소리가 아니라 의미다.• 따라서 교사의 목표는 학생들에게 의미를 생각하게 하는 데 있다.

둘째, 같은 자료에도 여러 가지 의미가 담겨 있을 수 있다. 예를 들어 피아노라는 단어가 지닌 의미는 다양하다.〔그림 3-6〕 피아노로 음악을 연주한다고 생각하기도 하고, 피아노는 비싸다고 생각하기도 하고, 피아노는 아주 무겁다고 생각하기도 하고, 피아노는 좋은 목재로 만든다고 생각하기도 한다.

내가 좋아하는 실험 중 하나는 피험자로 하여금 문장에 단어를 넣

• 95퍼센트는 내가 임의로 정한 수치다.

그림 3-6 | 피아노의 다른 특성을 강조하는 두 사진.

어서 하나 이상의 특성을 생각하게 하는 것이다. 예를 들면 "이삿짐센터 직원들이 **피아노**를 끌고 위층으로 올라갔다."라거나 "피아니스트가 **피아노**로 화려하고 풍성한 선율을 연주했다."라는 식으로 피아노라는 단어를 넣어 문장을 만드는 것이다.[5] 피험자는 진한 글씨로 적힌 단어만 기억하면 됐다. 나중에 몇 가지 단서를 보고 기억 검사를 받았다. 피아노의 경우 단서는 '무거운 것'이나 '음악을 연주하는 것'이었다. 결과적으로 처음에 피아노를 생각할 때 떠올린 개념과 일치하는 단서가 나오면 기억 검사 결과가 좋았고, 그렇지 않으면 결과가 좋지 않았다. 예를 들어 이삿짐센터 직원들이 나오는 문장을 읽었는데 '음악을 연주하는 것'이라는 단서가 주어지면 피아노를 기억하기 어려웠다. 따라서 "의미를 생각해야 한다."라는 결론도 아직 충분하지 않다. 의미에서도 정확한 특징을 생각해야 한다고 정리할 수 있다.

지금까지 설명한 내용을 요약해 보자. 자료를 학습하려면(장기기억에 넣으려면) 한동안 작업기억에 보관해야(자료에 관심을 기울여야) 한다. 경험을 생각하는 방식에 따라 장기기억으로 넘어갈 경험이 결정된다.

따라서 교사는 수업을 설계하면서 학생들에게 자료의 의미를 생각하도록 이끌어 줄 방법을 고안해야 한다. 좋지 않은 예로 6학년 내 조카가 학교에서 받은 수업을 살펴보자. 조카는 최근에 책을 읽고 줄거리를 그림으로 그리는 숙제를 했다. 그림을 그리는 이유는 이야기의 요소를 파악하고 다양한 요소가 어떻게 연결되는지 알아보기 위해서였다. 교사는 소설의 구조를 파악하는 데 목표를 두고 미술을 접목시키면 좋겠다고 판단해서 줄거리를 그림으로 그리게 한 것이다. 그러나 조카 녀석은 이야기의 여러 가지 요소들 사이의 관계는 거의 생각하지 않고 내용 중에 나오는 성을 잘 그리는 데만 공을 들였다. 내 딸아이도 몇 년 전에 비슷한 과제를 한 적이 있는데, 교사는 그림이 아니라 단어나 문단을 써 오게 했다. 결과적으로 딸아이가 조카보다 요소들 사이의 관계를 더 많이 생각한 것으로 볼 때, 단어나 문단으로 쓰는 과제가 더 효과적인 것 같다.

여기까지 읽었다면 이쯤 해서 이렇게 묻고 싶을 것이다. "그래요, 인지심리학에서는 학생들이 자료의 의미를 생각해야 한다고 설명하겠지요. 그건 벌써 다 아는 얘기예요. 자, 이제 학생들에게 의미를 생각하도록 만들 방법을 말해 줄 수 있나요?"

좋은 질문을 해 줘서 고맙다. 지금부터 그 방법을 살펴보자.

좋은 교사들의 공통점

1장을 읽었다면 의미를 생각하도록 교육할 방법으로 내가 추천하지 않는 방법이 무엇인지 짐작할 수 있을 것이다. 무엇보다 수업 주제를 학생의 관심사와 연결해서는 안 된다. 이상한 소리로 들릴 수 있으니 자세히 설명하겠다.

수업에서 다룰 자료를 학생의 관심사와 연결해 봤자 학습에는 소용이 없다. 자료의 내용은 호기심을 유지하는 데 중요한 요소가 아니다. 예를 들어 내가 인지심리학을 좋아한다고 하면 '윌링햄 씨가 이 수학 문제에 관심을 갖게 하려면 인지심리학으로 설명하면 되겠군.' 하고 생각할 수 있다. 하지만 알고 보면 나는 인지심리학 학술회의에도 이미 수차례 참석한 터라 인지심리학으로 포장해 봤자 지루하다고 생각할 수 있다.

게다가 내용으로 학생의 관심을 끄는 방법은 매우 어려울 뿐 아니라 피상적으로 비쳐질 수도 있다. 수학 교사가 대수를 가르치면서 열여섯 살인 내 딸의 관심사와 관련시키려 한다면 어떻게 되겠는가? 휴대전화 통화 시간이라는 현실적인 사례를 들면 어떨까? 조금 전에 어떤 자료든 여러 가지 의미를 담고 있다고 지적했다. 교사가 휴대전화 통화 시간으로 문제를 설명한다면 아마 내 딸은 수학 문제가 아니라 휴대전화에 마음을 빼앗길 것이다. 휴대전화를 생각하다가 전에 받은 문자 메시지를 떠올리고, 그러다가 미니홈피 메인 사진을 바꿀지 생각하고, 코에 난 여드름을 생각하고, 또……

내용으로 안 된다면 형식은 어떨까? 학생들은 흔히 재미있게 설명하는 교사를 좋은 선생님이라고 생각한다. 수업 내용을 학생의 관심사와 연결시키는 것이 아니라 학생의 관심을 끌어내는 방식으로 설명하는 것이다. 다음은 동료 대학 강사들 중에서 학생들에게 의미를 생각하게 만드는 재주가 뛰어난 사람들을 소개하겠다.

> 강사 A는 코미디언 같다. 농담을 자주 한다. 항상 재미있는 사례를 든다.
> 강사 B는 걸스카우트 여단장 같다. 세심하게 챙겨 주고 지도해 주며 따뜻하게 보살펴 준다. 학생들이 뒤에서 '엄마'라고 부른다.
> 강사 C는 이야기를 풀어내는 솜씨가 훌륭하다. 어떤 문제든 자기 경험을 예로 들어 설명한다. 조용하고 겸손한 성격으로 수업을 여유 있고 차분하게 이끈다.
> 강사 D는 연예인 같다. 교실에서 불꽃놀이를 할 수 있다면 당장이라도 시도할 기세다. 설명하기 까다로운 개념을 다룰 때도 오랫동안 고민해서 재미있게 풀어낼 수 있는 방법을 찾아낸다. 수업 시간에 활용할 장치를 대부분 집에서 직접 만든다.

네 사람은 지루한 주제를 재미있게 가르쳐 주는 강사들로 학생들에게 정평이 나 있다. 이들은 의미를 생각하게 만드는 재주가 뛰어난 강사들이다. 이들이 설명하는 방식은 각자에게는 효과적이지만 누구나 써먹을 수 있는 것은 아니다. 강사의 개성에서 나온 방법이다.

학생들은 강사 나름의 수업 방식을 알아채지만, 유능한 강사가 잘 가르치는 이유가 수업 방식 때문만은 아니다. 강사나 교수라면 누구나 학기 말에 학생들에게 수업 평가를 받는다. 어느 대학이든 교수 평가 양식을 마련한다. 양식에는 "교수가 학생의 의견을 존중했다."라 거나 "교수가 토론을 잘 이끌었다."와 같은 문항이 있고, 학생들은 각 문항에 동의하는지 여부를 표시한다. 교수 평가서를 검토해서 어떤 교수가 좋은 평가를 받고 그 이유는 무엇인지 분석한 연구들이 있다. 흥미롭게도 교수 평가서의 문항 대부분이 불필요하다는 결과가 나왔다. 문항이 2개뿐인 평가서가 30개인 평가서만큼이나 유용한 정보를 담고 있었다. 모든 문항이 결국 "교수가 좋은 사람 같습니까?"와 "수업의 구성이 탄탄했습니까?"라는 2가지 사항으로 귀결되었다. 학생들 역시 30개 문항에 답하면서 은연중에 두 문항의 변형된 형태라고 생각했다.

유치원에서 고등학교 때까지는 교수 평가서를 작성하지 않지만 역시 유사한 결과가 나올 것이다. 결과가 좋든, 나쁘든 교육에서는 학생과 교사 사이의 정서적 유대감이 큰 비중을 차지한다. 4학년 교실에서는 교사가 아무리 체계적으로 가르쳐도 불친절해 보이면 교육 효과가 떨어진다. 반대로 재미있고 이야기를 많이 해 주어도 수업 내용이 부실하면 역시 좋은 성과를 거두기 어렵다. 유능한 교사는 2가지 자질을 두루 갖추어야 한다. 학생과 인간적으로 교감할 줄도 알고 수업을 흥미롭고 이해하기 쉽게 이끌어 갈 수도 있어야 한다.

앞에서 네 명의 강사를 예로 든 이유는 여기에 있다. 흔히 좋은 교사라고 하면 교사의 개성과 표현 방식에만 관심을 갖는데, 그것은 좋은 교육의 절반밖에 보지 못하는 것이다. 물론 재미있는 말솜씨와 따뜻한 태도 같은 교사 개인의 자질은 수업 분위기를 바람직하게 만들어서 학생들이 수업에 집중하도록 도와준다. 하지만 더 나아가 학생들이 수업 내용의 의미를 생각할 수 있도록 만들려면 어떻게 해야 할까? 그러려면 좋은 교사의 두 번째 자질이 무엇보다 중요하다. 학생들이 이해하고 기억하는 데 도움이 되는 방식으로 수업을 계획하는 능력이 필요한 것이다. 인지심리학에서는 교사가 학생들에게 인간적이고 호감 가는 태도로 다가가는 방법을 알려 주지는 않지만, 의미를 생각하도록 도와주는 원칙은 제시할 수 있다.

이야기의 힘

인간의 마음은 이야기를 이해하고 기억하는 방향으로 정교하게 설계되어 있는 듯하다. 그래서 심리학에서는 이야기를 '심리적 특권'을 지닌 자료로 간주하고, 기억이라는 주제를 다룰 때 다른 자료와 구별해서 대접한다. 수업을 이야기로 구성하는 방법은 학생들의 이해와 기억을 돕는 데 효과적이다. 앞서 예로 든 네 강사의 수업에서도 이야기는 빠지지 않는다. 강사마다 학생들과 정서적으로 교류하는 방식은 제각각이지만 의미를 생각하도록 이끌어 주는 방식은 같다.

수업에서 이야기 구조를 어떻게 활용할지 설명하기 전에 먼저 이야기 구조란 무엇인지 알아보자. 이야기에 관해 모두가 동의하는 형식은 없지만 대다수 연구에서 4C로 요약되는 4가지 원칙을 제시한다. 첫 번째 C는 인과성(causality)으로 사건이 서로 인과적으로 연결되어야 한다는 뜻이다. 예를 들어 "제인을 보았다. 나는 집을 나섰다."라고 하면 사건을 시간 순으로 나열했을 뿐이다. 하지만 "가망 없는 옛

연인 제인을 보았다. 나는 집을 나섰다."라고 하면 두 사건이 인과적으로 연결되어 있다는 사실을 알 수 있다.

두 번째 C는 갈등(conflict)이다. 어떤 이야기에서는 주인공이 목표를 추구하지만 쉽게 도달하지 못한다. 〈스타워즈〉에서 주인공 루크 스카이워커의 목표는 잃어버린 계획을 전달하고 '죽음의 별'을 파괴하도록 돕는 것이다. 갈등이 일어나는 이유는 목표를 향해 가는 길에 장애물이 나타나기 때문이다. 루크의 막강한 적수 다스 베이더가 없었다면 〈스타워즈〉는 아마 단편영화로 끝났을 것이다. 어떤 이야기에서든 주인공은 목표를 이루기까지 고난을 겪는다.

세 번째 C는 복잡성(complications)이다. 루크가 90분 내내 목표를 달성하는 데만 매진한다면 영화는 지루해진다. 복잡성이란 주요 목표에서 파생된 부수적인 문제들을 말한다. 루크는 계획을 전달하기 위해 고향 행성 타투인을 떠나야 하는데 그에게는 이동 수단이 없다. 이 문제를 계기로 루크는 또 다른 주인공 한 솔로를 만나 (영화가 주는 별미로) 격렬한 총격전을 벌이면서 행성을 떠난다.

마지막 C는 인물(character)이다. 좋은 이야기는 강렬하고 흥미로운 인물을 중심으로 흘러가며 인물의 핵심은 행동(action)이다. 노련한 이야기꾼은 관객에게 인물을 설명하지 않고 직접 보여 준다. 예를 들어 〈스타워즈〉에서 레아 공주는 돌격대원들을 향해 총을 쏘면서 등장하는데, 이로써 그녀는 대범하고 언제든지 싸울 준비가 되어 있는 인물이라는 설명이 필요 없어진다.

사람들과 소통할 때 이야기 형식을 빌리면 몇 가지 중요한 이점이 있다. 첫 번째, 이야기는 이해하기 쉽다. 듣는 이가 이야기 구조를 알기 때문에 이야기에 등장하는 행동을 해석할 수 있다. 사람들은 이야기에서 어떤 사건이 이유 없이 일어나지 않는다는 사실을 잘 안다. 인과관계가 있어야 한다고 생각하기 때문에 원인이 바로 드러나지 않으면 이전 행동을 돌이켜 보고 현재 사건과 연결한다. 예를 들어 〈스타워즈〉에서 루크, 추바카, 한이 몰래 제국의 배에 올라타는 장면이 있다. 세 사람이 배의 반대편으로 가야 할 상황에서 루크가 추바카에게 수갑을 채우자고 제안한다. 루크와 추바카는 같은 편인데 추바카에게 수갑을 채우자고 하니 언뜻 이해가 가지 않는다. 관객은 여기서 추바카는 포로이고 루크와 한은 간수인 것처럼 행세하자는 제안으로 알아들어야 한다. 관객은 이해되지 않는 행동에는 이유가 있다고 생각하기 때문에 이 정도는 추론할 수 있다.

두 번째, 이야기는 재미있다. 독서 연구에서 피험자에게 여러 종류의 글을 나눠 주고 얼마나 재미있는지 평가하게 하면 같은 정보를 담고 있어도 이야기가 설명문에 비해 늘 재미있다는 평가를 받는다. 이야기가 흥미로운 이유는 1장에서 설명한 추론 유형이 필요하기 때문일 수 있다. 1장에서 나는 난이도가 적당하다면 글자맞추기 같은 문제가 재미있다고 말했다. 이야기는 루크가 제안한 수갑 채우기의 예처럼 중간 정도 난이도의 추론을 요구한다.

실험 결과 사람들은 정보가 너무 많아서 듣는 이에게 추론할 여지를 주지 않는 이야기는 재미없다고 평가했다. 실험까지 거론할 필요도 없다. 구구절절 떠들어서 이야기의 묘미를 없애는 사람이 주변에 한두 명쯤은 있을 것이다.[그림 3-7] 내가 아는 어떤 사람은 단골 중국음식점에서 수표를 받지 않는다는 말을 듣고 1년 동안 발길을 끊었더

그림 3-7 | 소련의 전 국가원수 미하일 고르바초프는 자잘한 것까지 모두 말하면서 지루하게 대답하는 인물로 기자들 사이에서 유명했다. 1990년에 미국 국회의원 10여 명과 함께한 질의 응답 시간에는 첫 번째 질문을 받고 혼자 28분 동안 재산권의 모든 측면을 설명하는 통에 의원들이 흐리멍덩하고 지친 기색을 역력히 드러냈다고 한다. 로버트 돌 상원의원은 훗날 "그는 길게 답했다."라고 회고했다.[6]

니 그 가게 주인이 자신만 예외로 해 주겠다고 연락해 왔다는 이야기를 10분이나 떠들었다. 결국 자기 잘났다는 이야기이지만 15초 안에 끝냈더라면 귀엽게라도 봐줬을 것이다. 하지만 장장 10분에 걸쳐 상대가 추론할 여지를 남기지 않고 구구절절이 떠드는 통에 비명을 지르고 싶은 걸 간신히 참았다.

세 번째, 이야기는 기억하기 쉽다. 여기에는 2가지 요인이 작용한다. 이야기를 따라가다 보면 중간 난이도의 추론 문제를 끊임없이 만나기 때문에 그 의미를 줄곧 생각해야 한다. 앞서 설명했듯이 의미를 생각하면 기억에 도움이 된다. 우리가 기억할 대상은 주로 의미이기 때문이다. 다음으로 인과관계 구조도 이야기를 기억하는 데 도움이 된다. 줄거리의 한 부분을 기억하면 뒤에 일어나는 사건의 원인이 기억하는 내용에 있다고 추론할 수 있다. 예를 들어 루크가 추바카에게 수갑을 채운 다음에 어떻게 됐는지 기억하려면 그들이 제국의 배에 있었다는(그러니 수갑 채우기는 책략이라는) 사실을 기억하면 도움이 된다. 또 그전에 포로로 잡힌 레아 공주를 구출하려고 배에 잠입했다는 사실을 기억해도 도움이 된다.

이야기 구조를 활용하라

지금까지 영화를 예로 들어 이야기 구조를 흥미롭게 소개했다.(적어도 흥미로웠길 바란다.) 그런데 이야기가 학교 수업과 무슨 상관이 있는 걸까? 단지 수업 시간에 이야기를 들려주면 된다는 말인가? 물론 이야기를 들려줘도 된다. 하지만 여기서는 한발 물러선 방법을 제안하고자 한다. 이를테면 인과성, 갈등, 복잡성, 인물의 4C를 적용해서 수업 전체를 이야기 구조로 구성해 보자. 교사가 말을 많이 할 필요는 없다. 소집단 활동이나 프로젝트 같은 다양한 방식을 활용할 수 있다. 이야기 구조는 생각할 자료를 구성하는 방식에 적용되지 자료를 직접 가르치는 방식에 적용되지 않는다.

누가 봐도 수업 계획을 이야기로 짜야 할 때가 있다. 예를 들어 역사는 이야기의 집합이라고 할 수 있다. 한 사건이 다른 사건 때문에 일어나고 갈등이 드러난다. 그래서 4C를 고려해 수업 계획을 짜면 도움이 된다. 한편 이야기를 새로운 관점으로 전달하는 방법도 있다. 예를 들어 역사 수업에서 진주만 사건을 다룬다면 먼저 그림 3-8과 같은

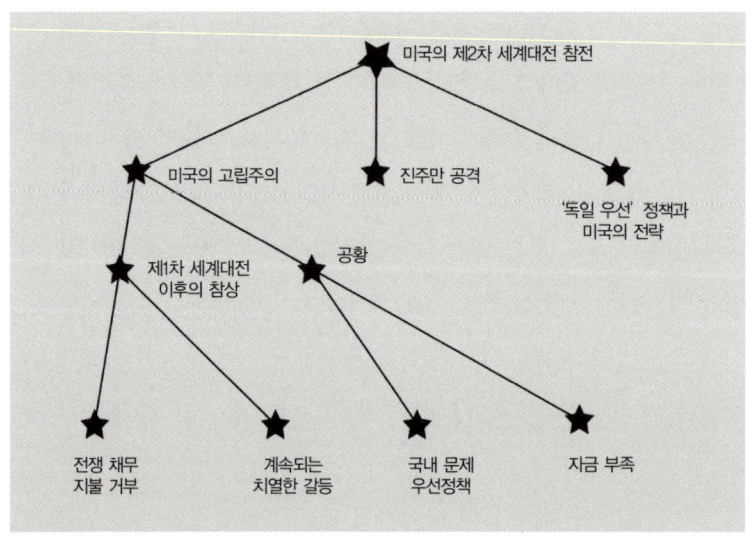

그림 3-8 | 진주만 사건을 가지고 역사 수업을 할 때의 전형적인 구조(연대순 구성).

구조가 떠오를 것이다. 연대순으로 구성되어 있고 미국이 주인공이다. 미국의 관점에서 사건을 이해한다. 수업 목표는 학생들에게 3가지 주제를 생각하도록 하는 데 있다. 진주만 이전 미국의 고립주의, 진주만 공격, 그리고 이후의 '독일 우선' 정책과 미국의 전쟁 개입이다.

그런데 같은 이야기를 전달하면서 4C를 고려한다면 어떨까? 그러면 미국이 아니라 일본이 주인공이다. 일본은 (지역 지배를 위해) 사건을 밀고 나가려는 목표를 가지고 있었으며 그것을 달성하는 길에는 중요한 장애물이 도사리고 있었다. 천연자원이 부족한 데다 중국과의 장기전에 발목이 잡혀 있었던 것이다. 그리고 이러한 장애물로 인해 하위 목표가 생겼다. 남태평양에 있는 유럽의 식민지를 쓸어버리는 것이다. 이 목표만 달성하면 일본은 세계 강대국으로 우뚝 서고 중국과

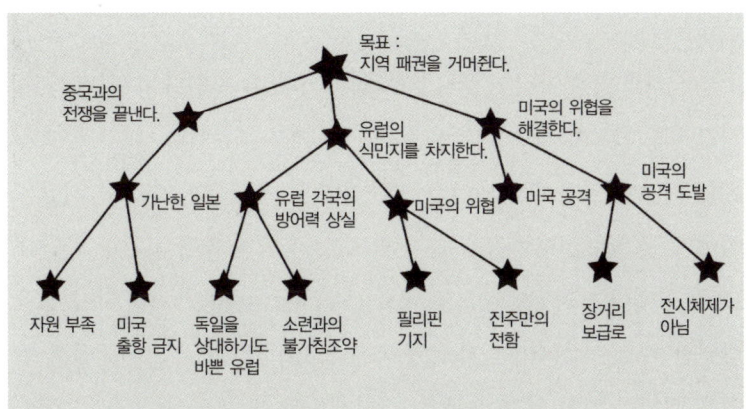

그림 3-9 | 진주만 사건을 가지고 새로운 구조로 역사 수업을 할 때. 이야기 구조로 보면 적극적으로 행동을 취해서 이야기를 전개하는 일본이 주인공이다.

의 전쟁에서 승리하기 위한 주요 물자를 확보할 수 있다. 그런데 하위 목표를 달성하려는 길에 또 하나의 복잡한 문제가 발생했다. 미국은 태평양에서 해군력이 막강한 적국이었다. 일본은 이 상황을 어떻게 타계하려 했을까? 유럽 식민지들을 강탈하고 미국이 수천 킬로미터나 달려와 개입하도록 도발하는 대신(미국은 그럴 생각이 없었다.) 한 차례 기습공격으로 잠재적 위협을 제거하는 방법을 택했다. 수업을 이야기로 구성할 때는 그림 3-8보다 그림 3-9가 흥미로울 것이다.

진주만 사건을 다루는 수업에서 일본의 입장을 가르치자고 제안한다고 해서 미국의 관점을 무시하거나 가볍게 여기자는 뜻은 아니다. 어차피 미국 교사들은 미국 역사 시간에 어떻게 일본의 시각을 가르치느냐면서 그림 3-9의 이야기 구조를 받아들이지 않을 것이다. 여기서는 단지 이야기 구조를 활용하면 지금껏 생각해 보지 못한 새로운 방식으로 수업을 구성할 수 있다고 제안한 것이다. 그리고 이야기 구조에는 인지적 장점이 있다.

역사 과목은 이야기 구조로 가르치기 수월해 보인다. 그러면 수학 시간에도 이야기 구조를 활용할 수 있을까? 물론이다. 내가 통계학 개론 시간에 일반적인 데이터 변환 방법인 정규분포(Z-score) 개념을 이야기 구조로 설명한 경우를 살펴보자. 우선 확률에서 가장 간단하고 자주 접하는 동전던지기를 예로 든다. 나는 한쪽만 무거워서 매번 앞면만 나오는 동전이 있다고 주장한다. 내 주장을 증명하기 위해 동전을 던지자 정말 앞면이 나온다. 학생들이 내 주장을 믿을까? 대학생들은 보통 동전을 던질 때 앞면이 나올 확률이 50 대 50이라는 사실을 알기 때문에 내 주장을 믿지 않는다. 그럼 연달아 100번이나 앞면만 나왔다면 어떨까? 정상적인 동전은 연속으로 앞면만 나올 가능성이 희박하기 때문에 아마도 학생들은 정상적인 동전이 아니라고 결론지을 것이다.

동전던지기에서 동전에 문제가 있다고 판단하든, 그러지 않든 과학 실험 결과를 평가할 때도 같은 논리를 적용해야 한다. 신문에서 "알츠하이머 신약, 효과가 나타나다." "나이 든 운전자가 젊은 운전자보다 안전하지 않다." "비디오를 보는 아기는 어휘력이 떨어진다." 등의 제목을 보면 동전던지기와 같은 논리로 결론을 해석해야 한다. 왜 그럴까?

예를 들어 광고 효과를 알아본다고 하자. 200명에게 "펩소던트 치약이 성적 매력을 더해 줄까요?"라고 묻는다. 100명은 펩소던트 치약 광고를 본 적이 있고 나머지 100명은 본 적이 없다. 광고를 본 집단에서 펩소던트 치약이 성적 매력을 더해 준다고 답한 사람의 비율이 광고를 보지 않은 집단보다 높은지 알아보고자 한다. 이 실험은 동전던지기와 같은 문제다. 광고를 본 집단에서 성적 매력을 더해 준다고 답한 사람의 비율이 광고를 보지 않은 집단보다 높을 확률은 50퍼센트 정도다. 두 집단 중 한 집단은 반드시 높아야 한다.(우연히 두 집단의 긍정 답변 비율이 같다면 광고 효과는 없다고 간주한다.)

기본 논리는 동전던지기와 같다. 동전던지기에서 연달아 100번이나 앞면만 나오는 경우는 정상적인 동전이라는 가정하에서는 거의 불가능하다. 정상적인 동전을 던질 때 연달아 100번 앞면만 나올 확률은 매우 적다. 따라서 연달아 100번 앞면만 나왔다면 가정이 잘못됐다고 결론짓는다. 정상적인 동전이 아니라는 얘기다. 마찬가지로 광고를 본 집단에서 펩소던트 치약이 성적 매력을 더해 준다고 답하는 비율이 높을 수도 있다. 그런데 만약 그 비율이 훨씬 높게 나타나면 어떨까? 동전에 문제가 있다고 판단하듯 광고를 본 사람들에게 이상한 구석이 있다고, 적어도 질문에 답하는 순간에는 이상했다고 판단해야 한다.

물론 여기서 '이상'하다는 말은 '불가능'해 보인다는 뜻이다. 동전던지기 실험에서는 사건의 이상함이나 불가능성을 계산하는 법을 알 수 있다. 가능한 결과 수(2)와 한 가지 결과가 나올 확률(0.5)을 알기 때문에 표 3-1처럼 이후에 일어나는 사건의 확률을 계산할 수 있다. 하지만 광고 문제와 같은 예에서는 사건의 이상함이나 확률을 어떻게 계산할 수 있느냐는 문제가 생긴다. 비디오를 본 아이들의 어휘력이 비디오를 보지 않은 아이들의 어휘력보다 얼마나 떨어져야 "두 집단은 동일하지 않다. 동일하다면 어휘력이 같을 것이다. 그러나 어휘력이

던지는 횟수	모두 앞면이 나올 확률
1	.5
2	.25
3	.125
4	.063
5	.031
6	.016
7	.008
8	.004
9	.002
10	.001

표 3-1 | 동전을 10번 던져서 연속으로 앞면이 나올 확률.

매우 다르다."라고 말할 수 있을까?

 동전던지기나 광고 실험을 서두에 제시하면서 본격적인 수업에 들어간다. 나는 사건이 우연히 일어날 확률을 어떻게 판단할지 학생들에게 가르치고 싶다. 내 통계학 수업에서 갈등 요인은 목표를 추구하는 도중에 만나는 강적은 다스 베이더와 같은 것이 아니며 대다수 사건이 동전던지기와 다르다. 결과의 수(앞면이냐, 뒷면이냐)가 정해져 있지 않아서 확률(50퍼센트)을 알 길이 없다. 이것은 복잡성에 해당하고 복잡한 문제는 히스토그램으로 해결할 수 있다. 그러나 히스토그램을 그리면 다시 새로운 문제가 발생한다. 히스토그램 곡선 아래 영역을 계산하기 위해 복잡한 계산법을 동원해야 한다. 이 문제는 통계학 수업의 핵심인 정규분포로 해결할 수 있다.〔그림 3-10〕

 몇 가지 짚고 넘어갈 사항이 있다. 우선 목표를 설정하는 데 오랜 시간이 걸린다는 점이다. 대개 75분 수업 중에 10분 내지 15분이 걸린다. 달리 말해서 사건이 우연히 일어날 확률을 판단하는 방법을 알아야 한다고 설득하는 데만도 긴 시간이 걸린다. 목표 설정 단계에서 소개하는 자료는 수업의 본론과 부수적으로만 관련이 있다. 동전던지기와 광고 이야기는 정규분포와 큰 상관이 없다. 중심 갈등을 드러내는 보조 역할을 할 뿐이다.

갈등을 드러내는 데 긴 시간을 할애하는 방식은 할리우드 영화에서 이야기를 전개하는 방식과 같다. 할리우드 영화의 중심 갈등은 상영 시간 100분 중 20분 정도 뒤에 등장한다. 그전 20분 동안에는 등장인물을 소개하고 그들이 처한 상황을 설명하면서 중심 갈등이 시작되면 관객이 영화에 빠져들어 등장인물이 겪는 고난을 걱정하도록 준비시킨다. 영화가 액션 장면으로 시작되기도 하지만 이런 장면은 대개 영화의 중심 줄거리와는 상관이 없다. 제임스 본드 영화는 주로 추격전으로 시작되지만 그 장면은 다른 사건의 일부이지 본드가 본격적으로 해결할 사건과는 상관이 없다. 중심 사건을 위한 갈등은 영화가 시작되고 20분 정도 뒤에 등장한다.

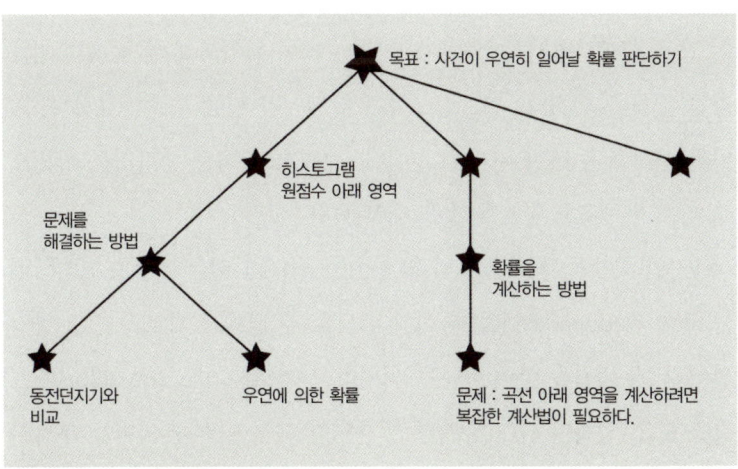

그림 3-10 | 통계 수업에서 정규분포 변환에 관한 수업 계획의 구조적 모형.

그렇다면 학교 수업은 어떨까? 학생들에게 가르칠 내용은 질문에 대한 답이지만, 사실 답변 자체는 결코 흥미롭지 않다. 그런데 질문을 알면 답변이 흥미로울 수 있기 때문에 명료하게 질문해야 한다. 하지만 교사는 간혹 답을 주입하는 데 치중한 나머지 질문을 알려 주고 그것의 중요성을 이해시키는 데는 충분한 시간을 할애하지 않는다.

끝으로 좋은 교사가 되는 길은 여러 갈래라는 사실을 다시 한 번 강조하고 싶다. 모두가 인지심리학을 바탕으로 수업 계획을 이야기 구조로 짤 필요는 없다. 이야기 구조는 학생들에게 의미를 생각할 기회를 주는 한 가지 방법일 뿐이다. 내가 말하려는, 아니 강조하려는 점은 모든 교사가 학생들에게 자료의 의미를 생각하도록 이끌어 주어야 한다는 것이다. 간혹 예외가 생기는데 이제부터 그것을 설명하겠다.

의미 없는 자료는 어떻게 할까?

이 장을 시작하면서 "어떻게 하면 학생들이 기억하게 할 수 있을까?"라는 질문을 던졌다. 인지심리학에서 제시한 답은 단순명료하다. 의미를 생각하게 하면 된다는 것이다. 그리고 의미를 생각하는 방법으로 이야기 구조를 활용할 것을 제안했다.

하지만 학생들이 배우는 내용 중에는 의미가 없는 자료도 있다. 예를 들어 wednesday처럼 특이한 철자로 된 단어를 가르치거나, 참정권이란 '투표권을 부여'한다는 의미라고 가르치거나, travailler는 프랑스어로 '일하다'라는 뜻이라고 가르칠 때는 어떻게 의미를 부각시킬 수 있겠는가? 이처럼 특별한 의미가 없는 자료가 있기 마련이다.

특히 새로운 분야나 영역에 첫발을 들여놓을 때 만나는 자료가 그렇다. 화학 교사는 주기율표에 나오는 원소기호 몇 개를 가르치려 하지만 화학을 배우지 않은 학생들이 어떻게 H, He, Li, Be, B, C, N, O, F 같은 기호를 의미 있게 생각할 수 있겠는가?

무의미한 자료를 외우는 것을 암기라고 한다. 암기에 관해서는 4장에서 자세히 다룬다. 여기서는 일단 주기율표의 9가지 기본 원소를 암기한 학생의 경우 자신이 왜 외웠는지, 순서가 어떤 의미인지 모른다는 정도만 밝혀 두자. 훗날 보다 심오한 내용을 이해하려면 단순 암기한 지식을 장기기억에 주춧돌처럼 박아 놓아야 한다. 이런 지식을 학생들의 장기기억에 심어 주려면 어떻게 해야 할까? 흔히 기억술을 이용해서 의미 없는 자료를 기억할 수 있다. 기억술의 몇 가지 예를 표 3-2에 제시했다.

나는 개인적으로 말뚝어 방법과 장소법을 좋아하지 않는다. 다양한 자료에 적용하기 어려워서다. 뒤 베란다, 죽어 가는 배나무, 자갈길 진입로를 이용해 주기율표의 몇 가지 원소를 외울 수 있다고 해서 같은 방법으로 프랑스어와 동사 변화를 외울 수 있을까? 두 목록 사이에 간섭이 일어날 수 있다. 자갈길 진입로로 들어갈 때 한 장소에 2가지 정보를 연결했기 때문에 헷갈릴 수 있다.

외워야 할 자료에 따라 적절한 기억술을 개발할 수 있다. 축약어법과 머리글자법이 효과적이지만 자료에 어느 정도 익숙해야 활용할 수 있다. 나는 오대호(Great Lakes) 이름을 기억할 때 HOMES라는 축약어를 떠올린다. 애초에 오대호의 이름을 몰랐다면 첫 글자가 도움이 되지 않았겠지만 이 경우에는 첫 글자 덕분에 혀끝에서 맴도는 이름을 떠올릴 수 있다. 머리글자법은 축약어법과 유사하며 똑같은 한계를 지닌다.

학습할 정보를 음악으로 만들거나 박자에 맞춰 노래하는 방법도 효과적이다. 누구나 'ABC' 노래로 알파벳을 익혔을 것이다. '공화국 찬가(남북전쟁 때 북군의 군가)'에 맞춰 주도 이름을 익히는 것을 본 적도 있

기억술	활용 방법	예제
말뚝어 방법	각운에 맞춰서 '말뚝어'를 외운다. 하나(one)는 번(bun), 둘(two)은 신발(shoes), 셋은 나무(tree)라고 외운다. 그리고 시각적 심상을 떠올려 말뚝어와 연관시키면서 새로운 자료를 기억한다.	라디오(radio), 조개껍데기(shell), 간호사(nurse)라는 단어를 익히려면 번 안에 끼어 있는 라디오, 조개껍데기가 들어 있는 바닷가의 신발, 간호사 모자에서 과일처럼 자라는 나무 같은 이미지를 떠올린다.
장소법	평소에 다니는 산책로에서 몇 가지 장소를 기억한다. 가령 뒤 베란다, 죽어 가는 배나무, 자갈길 진입로를 기억한다. 그리고 산책로의 각 지점에서 새로운 자료의 시각적 심상을 떠올린다.	라디오, 조개껍데기, 간호사라는 단어를 익히려면 라디오가 전선에 매달려 뒤베란다 난간에 걸려 있는 모습, 누군가 조개껍데기를 갈아 비료로 만들어서 죽어 가는 나무를 살리는 모습, 간호사가 진입로에 새 자갈을 삽으로 퍼 나르는 모습을 떠올린다.
연결법	항목들이 일정한 방식으로 서로 연결된 모습을 떠올린다.	라디오, 조개껍데기, 간호사라는 단어를 익히려면 간호사가 라디오에 귀를 기울이면서 신발 대신 커다란 조개껍데기를 신은 모습을 떠올린다.
축약어법	기억할 단어를 축약해서 축약어를 기억한다.	라디오(Radio), 조개껍데기(Shell), 간호사(Nurse)라는 단어를 익히려면 RAiSiN이라는 단어를 외우고, 여기서 대문자를 기억할 단어의 첫 글자를 알려 주는 단서로 생각한다.
머리글자법	축약어법과 비슷한 방법으로 어구를 떠올리고 각 단어의 첫 글자를 기억해야 할 단어의 첫 글자로 생각한다.	라디오, 조개껍데기, 간호사라는 단어를 익히려면 'Roses smell nasty'라는 어구를 기억하고 각 단어의 첫 글자를 기억할 단어를 알려 주는 첫 글자로 생각한다.
노래법	익숙한 곡에 단어를 넣어 노래로 부른다.	라디오, 조개껍데기, 간호사라는 단어를 익히려면 '생일축하' 노래에 단어를 넣어 부른다.

표 3-2 | 일반적인 기억술. 기억술은 의미 없는 정보를 암기하는 데 도움이 된다.

다. 음악과 박자를 붙이면 단어가 훨씬 잘 외워진다. 노래로 부를 때는 선율이 아름답지 않아도 된다. 나는 지금도 텔레비전 프로그램〈치어스(Cheers)〉에서 코치라는 인물이 '성자들의 행진'이라는 곡에 맞춰 노래를 부르면서 지리 시험을 준비하던 장면이 생각난다.

**알바니아! 알바니아! 국경은 아드리아해 연안.
국토의 대부분이 산이고 주요 수출품은 크롬이라네.**

노래법의 문제는 다른 기억술에 비해 처음에 만들기가 어렵다는 점이다.

기억술은 어떻게 작동할까? 대개 단서를 알려 주는 방식으로 작동한다. ROY G. BIV라는 약어는 가시광선 스펙트럼에 포함된 색깔의 첫 글자를 알려 준다. 첫 글자는 기억을 끌어내는 데 필요한 단서다. 다음 장에서 설명하겠지만 기억에는 단서가 중요하다. 어떤 주제에 관한 배경지식이 전혀 없거나 기억하려는 정보가 자의적이어서 혼동되는 경우에(빨간색 파장이 초록색 파장보다 길어야 할 이유는 없다.) 기억술은 자료에 질서를 부여한다.

이 장을 요약해 보자. 배경지식이 중요하다고 인정한다면 학생들이 배경지식을 어떻게 습득할 수 있는지, 그러니까 학습이 어떻게 이루어지는지 진지하게 생각해야 한다. 학습은 여러 가지 요인에 영향을 받지만 하나의 요인이 다른 모든 요인을 압도한다. 생각한 내용을 기억한다는 사실 말이다. 그러므로 교사는 무엇보다도 학생들이 적절한 시기에 올바른 정보를 생각하도록 이끌어 주어야 한다. 교사는 주로 학생들이 정보의 의미를 이해하길 바라고 그런 관점에서 수업을 계획한다. 이 장에서는 이야기 구조를 활용하자고 제안했다. 이야기는 이해하고 기억하기 쉬운 데다가 재미있다. 하지만 의미 없는 정보를 가르치면서 의미를 생각하게 할 수는 없는 노릇이다. 이럴 때는 기억술을 활용해야 한다.

학교 수업에 주는 함의

의미를 생각하면 기억에 도움이 된다. 수업 시간에 의미를 생각하도록 이끌어 주는 방법은 무엇일까? 교실에서 활용할 만한 몇 가지 방법을 소개한다.

학생들이 어떻게 생각할지를 고려해 수업 계획을 검토하라

이 방법은 인지심리학에서 교사에게 제공할 수 있는 정보 중 가장 일반적이고 유용한 제안이다. 학교 교육에서 가장 중요한 부분은 학생들이 수업을 마치고 집으로 돌아갔을 때 무엇을 기억하느냐는 것인데, 학교에서 생각하는 내용과 방과 후 기억 사이에는 직접적인 관계가 있다. 그러므로 교사는 수업 계획을 꼼꼼히 검토하면서 학생들을 생각하도록 이끌어 주는 수업이 있는지 (그저 막연히 기대하기보다는) 다시 확인하는 것이 좋다. 이런 과정을 통해 학생들이 무엇을 이해하지 못하는지 알아낼 수 있다.

언젠가 학생들이 세 집단으로 나뉘어서 스페인 내전에 대해 연구 조사하는 고등학교 사회 수업에 참관한 적이 있다. 각 집단은 내전의 다른 측면을 검토한 다음(예를 들어 스페인 내전을 미국 남북전쟁과 비교하거나 스페인 내전이 오늘날 스페인에 미친 영향을 토의한다.) 그 내용을 집단 나름의 방식으로 여러 학생들 앞에서 발표할 예정이었다. 교사는 컴퓨터실에서 학생들에게 인터넷으로 자료를 조사하는 것을 지도했다.(학생들은 도서관도 활용했다.) 한 집단의 학생들이 컴퓨터에 파워포인트가 열려져 있는 걸 보고 그것을 이용해 발표해도 되냐고 물었다. 교사는 학생들의 창의력에 감동해서 허락해 주었다. 그러자 다른 집단도 파워포인트로 발표 준비를 했다. 파워포인트를 다룰 줄 아는 학생들이 많아서 효과적으로 활용할 수 있었다.

그런데 문제는 과제의 방향이 '스페인 내전 연구'에서 '파워포인트 비법 알아내기'로 바뀌었다는 데 있었다. 수업에 대한 열기는 여전히 뜨거웠지만 학생들은 애니메이션을 넣고 비디오를 연결하고 특이한 폰트를 찾아내는 등등의 일에만 관심을 쏟았다. 교사가 학생들의 관심을 되돌리기에는 이미 늦었다. 교사는 한 주 내내 발표는 내용에 충실해야지 플래시만 띄워서 되는 것이 아니라고 학생들에게 잔소리를 해야 했다.

이 사례는 교사의 경험이 얼마나 중요한지 잘 보여 준다. 물론 이 교사는 학생들을 과제에 집중시키기 위해 이듬해에는 파워포인트 사용을 허용하지 않았다. 수업 경험이 충분히 쌓이기 전까지는 학생들이 과제에 어떻게 반응하는지 면밀히 살펴서 집중시킬 수 있는 방법을 찾아야 한다.

학생들의 관심을 끌어내는 이야기는 신중히 활용하라

내 주변의 교사들은 가끔씩 수업을 시작하면서 학생들의 관심을 끌어내는 이야기를 꺼낸다. 수업 초반에 관심을 끌어내면 그 뒤에 할 이야기를 궁금해하게 만들 수 있기 때문이다. 하지만 관심을 끄는 이야기가 매번 효과적이지는 않다. 다음은 딸아이가 6학년일 때 나와 나눈 대화다.

아빠 오늘 학교에서 뭘 했니?
레베카 과학 시간에 새 선생님이 오셨어요. 그분이 화학을 가르쳐 주셨어요.
아빠 그래? 화학에서 뭘 배웠지?
레베카 그분이 유리그릇을 가져왔어요. 물처럼 보였어요. 그런데 그 안에 작은 금속 같은 걸 넣으니까 막 끓었어요. 진짜 멋졌어요. 다들 소리 지르고 난리였어요.
아빠 음, 그런 걸 왜 보여 줬을까?
레베카 모르겠어요.

새로 온 선생님은 학생들의 관심을 끌 요량으로 실험을 해 보았고 그

목적은 달성했다. 그런데 실험 도중에 학생들의 수준에 맞게 적절한 설명을 덧붙였을 텐데도 학생들은 아무것도 기억하지 못했다. 내 딸 역시 실험이 얼마나 멋있었는지 생각하느라 정작 중요한 정보는 아무것도 기억하지 못했다. 다시 말하지만 사람들은 생각하는 것을 기억하기 마련이다.

어떤 교사는 고대 로마 역사를 가르치는 첫날 토가를 입고 교실에 들어섰다. 목표한 대로 큰 관심을 끌었다. 그러나 진도를 나가야 하는데 학생들이 토가에서 눈을 떼지 않는다는 게 문제였다. 결국 학생들의 주의만 분산시킨 셈이었다.

다른 예를 하나 들어 보자. 생물 시간에 선생님이 학생들에게 태어나서 처음 본 것이 무엇인지 생각해 보라고 주문했다. 학생들은 곰곰이 생각하다 "절 꺼내 준 의사 선생님이요."라거나 "엄마요."라고 대답했다. 그러자 선생님은 "사실 여러분 모두 맨 처음에 똑같은 것을 본답니다. 엄마 뱃속에서 연분홍색으로 어른거리는 빛을 보지요. 오늘은 최초의 시각 경험이 우리의 시각 발달에 어떤 영향을 미쳤고 현재 우리의 시각에 어떤 영향을 주는지 알아보려고 해요."라고 설명했다. 이 사례가 마음에 드는 이유는 일단 학생들의 관심을 끌어 놓고, 수업에서 다룰 주제를 더 알고 싶게 만들기 때문이다.

수업을 시작하면서 수업 내용에 관심을 갖게 할 필요가 있다. 달리 말하면 갈등을 발전시킬 필요가 있다. 하지만 수업을 시작할 때 관심을 끄는 이야기를 꺼내야 하는지에 대해서는 신중히 생각해야 한다. 내 경험으로 보면 한 주제에서 다음 주제로(고학년인 경우에는 한 수업이나 교사에서 다음 수업이나 교사로) 넘어가는 것만으로도 몇 분 동안은 관심을 끌 수 있다.

대체로 수업 중에 딴생각하는 학생들을 다시 집중시키기 위해 교사는 약간의 극적 상황을 만들어야 한다. 단, 주의를 끄는 이야기를 언제 끼워 넣든지 간에 수업 주제와 어떻게 연결되는지를 잘 고려해야 한다. 학생들이 둘의 연관성을 이해할까? 흥미로운 이야기를 잊고 금방 수업에 집중할 수 있을까? 수업에 집중하도록 관심을 끌 방법은 없을까? 평상복 위에 토가를 걸쳤다면 잠시 후에는 벗고 수업을 진행하는 것이 좋을 것이다. 금속 같은 것을 가지고 실험할 때는 기본 원리를 먼저 설명해서 학생들의 궁금증을 불러일으킨 다음에 실험하는 편이 낫다.

발견학습은 신중히 활용하라

발견학습이란 학생들 스스로 주제를 탐색하거나, 문제를 토론하거나, 실험을 설계하면서 교사의 설명을 듣기보다는 주도적으로 질문하는 수업 방식을 말한다. 원칙적으로 발견학습에서 교사는 수업을 이끌기보다는 수업의 자원이 되어 준다. 발견학습은 특히 학생의 참여도가 높다는 이유로 적극 장려하는 수업 방식이다. 학생들 스스로 학습 주제를 결정하면 더욱 관심을 갖고 진지하게 참여할 수 있다. 그러나 학생들이 어떤 주제를 택할지 예측하기 어렵다는 단점도 있다. 학생들끼리 주제를 찾도록 내버려 두면 엉뚱한 길에 들어설 수도 있다. 기억은 생각의 잔여물이므로 올바른 발견만큼이나 잘못된 발견도 기억에 남는다.

그렇다고 해서 발견학습이 필요 없다는 뜻은 아니다. 발견학습을 실시하기에 알맞은 조건이 있다. 학생들이 올바른 길로 가도록 제때 피드백을 줄 수 있다면 발견학습은 좋은 대안이 될 수 있다. 발견학습이 가장 적합한 수업은 컴퓨터 관련 수업으로 그 내용이 운영체제든, 복잡한 게임이든, 웹 응용 프로그램이든 상관없다. 아이들은 컴퓨터를 다룰 때 뛰어난 재능과 과감한 태도를 보여 준다. 거리낌 없이 새로운 기능을 써 보고 예상 밖의 결과가 나와도 당황하지 않는다. 그야말로 발견하면서 배운다!

컴퓨터 응용 프로그램에는 중요한 특징이 있다. 오류를 범하면 곧바로 결과가 나타난다는 것이다. 컴퓨터는 의도에서 벗어난 작업도 수행한다. 즉각 피드백을 주기 때문에 아무거나 헤집고 다녀도 나름의 보상을 얻을 수 있는 훌륭한 환경을 제공한다.(다른 수업 환경은 컴퓨터와 같지 않다. 생물 시간에 아이들이 개구리 해부를 망치고 돌아다닌다고 생각해 보라.) 발견학습에서는 교사가 수업을 이끌면서 학생들이 탐색할 정신 과정에 특별히 제한을 두지 않더라도 저절로 효과적인 환경이 조성되어 기억에 도움을 줄 수 있다.

의미를 생각해 볼 수 있는 과제를 제시하라

의미를 생각하도록 이끌어 주는 것이 수업의 목표라면 학생들이 의미를 생각하지 않을 수 없도록 수업 계획을 짜야 한다. 기억을 연구하는 사람으로서 나는 다른 이들이 기억 체계의 작동 원리에 얼마나 무지한지 발견할 때마다 놀라곤 한다. 가령 "단어를 얼마나 기억하는지 나중에 검사합니다."라고 미리 알려 줘도 소용이 없다. 사람들은 단어를 기억하고 싶어도 어떻게 해야 할지 모른다. 하지만 단어의 의미를 생각해야 하는 단순한 과제(단어를 얼마나 좋아하는지 평가하는 과제)를 내주면 잘 기억한다.

이런 원리는 실험실뿐 아니라 교실에서도 적용할 수 있다. 앞에서 비스킷을 굽는 과제를 내준 교사의 예를 들면서 학생들에게 지하 철도 조직의 삶을 이해시키는 데는 도움이 안 된다고 말했다. 학생들이 밀가루와 우유의 양을 재는 데만 집중하게 되기 때문이다. 수업 목표는 도망친 노예의 삶을 생각하는 것이다. 따라서 도망친 노예의 삶을 생각하는 과제가 더 효과적이다. 노예들이 식량을 어디서 구하고, 어떻게 조리하고, 값은 어떻게 치렀을지 생각할 기회를 주어야 한다.

기억술을 부담 없이 활용하라

내가 아는 교사들 중에는 기억술을 꺼리는 사람이 많다. 아마도 아이들이 미국 각 주의 주도를 노래로 외우는 19세기 교실을 떠올리는 모양이다. 물론 그 시절에 암기만 시켰다면 최악의 교실 풍경일 것이다. 하지만 기억술을 활용할 만한 시간적, 공간적 이유가 분명히 있었을 것이다.

어떤 정보의 의미를 충분히 이해하기 전에 먼저 암기부터 해야 하는 때는 언제일까? 간혹 당장은 그 의미를 알 수 없어도 미리 외워 두어야 하는 정보가 있다. 흔한 예로 모국어든, 외국어든 언어를 배울 때는 단어를 읽고 이해하기 전에 글자와 소리를 연결하는 연습부터 해야 한다.

 기억술로 암기하는 방법과 의미를 생각하는 방법을 모두 활용하는 것이 바람직하다. 나는 초등학교 시절에 구구단을 외우지 않았다. 그 대신 곱셈의 의미에 관한 글을 읽고 곱셈을 활용하는 방법을 익혔다. 나름대로 효과적인 학습법이었고 덕분에 나는 곱셈의 의미를 이해할 수 있었다. 하지만 5학년이 되자 구구단을 외우지 않은 탓에 진도를 따라가지 못했다. 새로 배울 단원에 곱셈이 포함되어 있었는데 문제를 풀 때마다 풀이를 멈추고 답이 얼마인지 한참을 생각해야 했다. 6학년 때 다른 학교로 전학을 갔는데 교사는 내 문제를 알아채고 우선 구구단부터 외우게 했다. 그러자 수학이 훨씬 쉬워졌다. 비록 그 사실을 인정하기까지는 몇 주가 걸렸지만 말이다.

갈등을 중심으로 수업을 구성하라

 수업 계획에는 대체로 갈등이 들어 있다. 잘 찾아보면 눈에 띌 것이다. 교사가 가르치려는 정보는 질문의 답이고 질문이 곧 갈등이다. 갈등을 파악하면 수업 주제에 자연스럽게 접근할 수 있다. 영화에서는 갈등을 해결하는 동안 복잡한 문제가 발생한다. 학교 수업도 이와 유사하다.

 우선 학생들에게 가르치려는 정보를 중심으로 그것이 제기하는 질문으로 거슬러 올라가야 한다. 예를 들어 6학년 과학 시간에 20세기 초에 논쟁의 중심이 되었던 원자 모형을 가르치려 한다고 치자. 이것은 답이다. 그러면 질문은 무엇일까? 물질의 본질을 이해하는 것이다. 그리고 다양한 실험에서 서로 모순되는 결과가 나왔다는 사실은 수업의 장애물이다. 새로운 원자 모형(러더퍼드, 구름, 보어)이 나올 때마다 갈등이 해소되는 듯싶다가 다시 복잡한 문제가 발생했다. 이를테면 한 가지 모형을 입증하는 실험이 다른 실험들과 갈등을 일으켰다.

갈등 중심의 수업 계획이 도움이 된다고 생각되면 오랜 시간을 들여서 "물질의 본질은 무엇인가?"라는 질문을 학생들에게 설명할 방법을 고민할 수 있다. 어떻게 해야 이 질문이 6학년 학생들의 관심을 끌 수 있을까?

앞서 강조했듯이 갈등 위주로 수업을 구성하면 학습에 실질적인 도움을 줄 수 있다. 잘하면 학생들의 관심을 실질적인 주제로 돌릴 수 있다. 내가 "학생들과 연관시켜 설명하라."라는 주장을 마음에 들어 하지 않는 이유는 2가지다. 첫째, 현실에서 적용하기 어려워 보이기 때문이다. 『길가메시 서사시』를 학생이 당장 이해할 수 있는 방식과 연결해서 설명할 수 있을까? 삼각법은 또 어떤가? 이런 주제는 학생의 삶과 연결하기 어려울뿐더러 학생들도 진지하게 받아들이지 않는다. 둘째, 학생의 삶과 관계있는 자료라고 설득하지 못하면 가르치지 말아야 할까? 시종일관 학생의 일상과 수업을 연결시키려 한다면 학생들은 학교를 자신과 관련된 공간으로 여길지 몰라도 교사들은 자신과 상관없는 공부도 가치와 흥미와 묘미가 있다고 생각해야 할 것이다. 그렇다고 학생의 관심을 끄는 주제를 다룰 필요가 없다는 뜻은 아니다. 다만 수업을 계획할 때 학생의 관심사를 중심에 놓지 않아도 된다는 뜻이다.

2장에서는 비판적으로 생각하려면 배경지식이 있어야 한다고 강조했다. 여기서는 기억 체계가 작동하는 방식을 알아보았다. 기억의 원리를 설명하면서 배경지식을 습득할 가능성을 최대로 끌어올릴 수 있는 방법을 찾아보고, 그렇게 하려면 의미를 생각해야 한다는 결론에 도달했다. 하지만 학생들이 의미를 이해하지 못한다면 어떻겠는가? 다음 장에서는 학생들이 복잡한 자료의 의미를 이해하지 못하는 이유는 무엇이고 교사가 어떻게 도와줄 수 있는지 살펴보겠다.

4

왜 학생들은 추상적 개념을 어려워할까?

Q 인지과학자에게 묻다

학생이 면적을 계산하는 기하학 문제를 풀고 있었다. 옆에서 교사가 문제 풀이를 도와주었다. 학생은 몇 번이나 오답을 내다가 탁자의 면적을 구하는 서술형 문제를 정확히 풀었다. 바로 이어서 축구장 면적을 계산하는 문제가 나왔다. 학생은 머릿속이 하얘진 듯했고, 옆에서 교사가 단서를 주어도 조금 전에 푼 문제와 연결하지 못했다. 탁자의 면적을 구해 놓고도 축구장 문제는 그와 다른 문제라고 생각했다. 이처럼 면적 계산과 같은 추상적 개념을 잘 이해하지 못하는 이유는 무엇이고, 개념을 이해한 후에도 문제를 새로운 표현으로 제시하면 그것을 적용하지 못하는 이유는 무엇일까?

답하다 A

추상화(抽象化)는 학교 교육의 목표다. 교사는 학생들이 교실에서 배운 지식을 학교 밖 새로운 환경에서도 적용하기를 바란다. 문제는 인간의 마음이 추상화를 좋아하지 않는 데 있다. 마음은 구체적인 정보를 선호한다.

추상적 원리, 가령 '힘=질량×속도'라는 물리학 법칙을 설명할 때는 구체적인 예를 들어서 이해를 도와야 한다. 이 장의 중요한 인지 원칙은 이렇다.

우리는 아는 것에 비추어 새로운 개념을 이해하는데, 우리가 아는 것의 대부분은 구체적이다.

추상적 개념은 이해하기도 어렵고 새로운 상황에 적용하기도 어렵다. 학생들에게 추상화를 이해시키려면 다양한 추상화 방식에 노출시켜야 한다. 이를테면 탁자, 축구장, 봉투, 문을 비롯해 여러 가지 면적 계산 문제를 풀게 해야 한다. 이 과정에 도움이 되는 기법을 살펴보자.

이해는 기억의 다른 이름이다

2장에서는 학교 교육에서 사실적 지식이 중요하다고 강조했다. 3장에서는 학생들이 사실적 지식을 습득하는 방식을 소개했다. 다시 말해서 사실적 지식이 기억에 저장되는 과정을 설명했다. 지금까지는 교사가 가르치면 학생들이 이해한다고 전제했다. 그러나 이 전제를 기정사실로 받아들이기는 어렵다. 학생들은 새로운 개념을 쉽게 이해하지 못한다. 특히 이전에 배운 지식과 연결되지 않는 완전히 새로운 개념은 이해하지 못한다. 그렇다면 인지심리학에서는 학생들이 지식을 이해하는 방식을 어떻게 설명할까?

인지심리학에서는 학생들이 새로운(모르는) 개념을 기존(아는) 개념과 연결해서 이해한다고 설명한다. 지극히 단순하게 들린다. 어떻게 보면 단어를 처음 접할 때 거치는 과정과 비슷하다. 예를 들어 ab ovo라는 단어의 뜻을 모르면 우선 사전에서 찾는다. 사전에 '처음부터'라고 정의되어 있다. '처음부터'는 이미 아는 말이기 때문에 이제 ab ovo가 무슨 뜻인지도 이해할 수 있다.•

새로운 개념을 이미 아는 개념과 연결해서 이해한다는 전제에서 교

• 여기서 의문을 제기할 사람도 있을 것이다. 우리가 이미 아는 내용과 연결해서 새로운 사실을 이해한다면 최초의 지식은 어떻게 이해할 수 있을까? 예를 들어 '처음'이라는 의미는 어떻게 이해해야 할까? 이 단어를 사전에서 찾아보면 '시작'이라는 뜻이 나온다. 다시 '시작'을 찾아보면 '처음'이라고 정의되어 있다. 따라서 단어를 다른 단어로 정의하는 방식은 효과적이지 않다. 당장 순환정의의 오류에 빠지기 때문이다. 흥미로운 지적이긴 하지만 이 장에서 중점적으로 논의할 사항은 아니다. 간단히 답하자면 직관적으로 이해할 수 있는 의미가 존재한다. 예를 들어 '빨간색'은 사전을 들춰 보지 않고도 안다. 이렇게 아는 의미들이 다른 의미의 닻이 되어 주어 ab ovo의 예와 같은 순환정의의 오류에 빠지지 않도록 돕는다.

사라면 누구나 익숙한 몇 가지 원칙을 이해할 수 있다. 우선 비유의 유용성이라는 원칙이 있다. 새로운 개념을 원래 아는 개념에 비유해서 이해한다는 뜻이다. 예를 들어 전기에 관해 전혀 모르는 학생에게 옴의 법칙을 설명한다고 하자. 전기는 전류에 의해 발생하는 에너지이고, 옴의 법칙은 전류에 영향을 주는 요인을 설명하는 법칙이라고 말한다. 옴의 법칙은 이렇게 정의한다고 알려 준다.

$$I = V/R$$

여기서 'I(전류의 세기)'는 전류를 측정하는 단위로서 전자가 얼마나 빠르게 움직이는지를 나타낸다. 'V(전압)'는 전자를 이동시키는 전위차를 의미한다. 전위는 균형을 잡으려는 속성이 있어서 두 지점 사이에 전위차가 생기면 이동한다. 'R(전기저항)'은 저항이다. 전자가 잘 이동하는 물질(저도 저항성)이 있는가 하면 잘 이동하지 않는 물질(고도 저항성)도 있다.

이런 설명은 정확한 것이지만 이해하기가 쉽지 않아서 교재에서는 주로 물의 흐름에 비유한다. 전자가 전선을 따라 이동하는 모습을 물이 수도관으로 흐르는 것에 비유한다. 예를 들어 (펌프로 끌어올려서) 수도관 한쪽 끝의 압력이 높고 다른 쪽의 압력이 낮으면 물이 흐르지 않겠는가? 하지만 수도관 내부의 마찰로 인해 물의 흐름이 느려질 수 있고, 또 일부가 막히면 더욱 느려질 수밖에 없다. GPM(gallon per minute)과 같은 단위로 물이 얼마나 빠르게 흐르는지 표시할 수 있다. 따라서 물의 유속은 물의 압력과 수도관의 저항성에 달려 있다고 설명하면서 옴의 법칙을 가르칠 수 있다. 이처럼 물이 수도관으로 흐르는 모습은 익숙한 예이므로 전기를 물에 비유하면 설명하기 쉽다. 기존 지식에 의거해서 새로운 정보를 이해하듯이 '처음'이라는 단어를 알고 있기 때문에 ab ovo도 이해할 수 있는 것이다.

우리는 새로운 정보를 접하면 이미 아는 정보와 연결해서 이해한다. 그래서 비유가 유용하다. 한편으로 사전 지식에 의지하기 때문에 구체적인 사례가 필요하다. 알다시피 '힘=질량×속도'와 같은 법칙이나 영시의 운율 중 약강오보격을 설명할 때처럼 학생들은 추상화를 잘 이해하지 못한다. 용어의 정의를 일일이 열거해도 소용이 없다. 구체적인 사례를 들어서 의미를 풀어 주어야 한다. 예컨대 이렇게 설명해야 한다.

Is *this* the *face* that *launched* a *thousand ships*?
And *burnt* the *topless* *towers* of *Illium*?
(이 얼굴이 전함 천 척을 진수시킨 그 얼굴이란 말인가?
저 높은 트로이성을 불태운 그 얼굴이란 말인가?)

Rough *winds* do *shake* the *darling* *buds* of *May*
And *summer's* *lease* hath *all* too *short* a *date*
(거친 바람이 오뉴월 귀여운 꽃봉오리를 흔드네.
그리고 여름이 누리는 기간은 너무도 짧아.)

그 밖에도 다양한 예를 접해야 약강오보격을 이해할 수 있다.

사례를 들면 좋은 이유가 추상적 개념을 구체적으로 설명할 수 있기 때문만은 아니다. 구체적인 사례라고 해도 익숙한 예가 아니면 큰 도움이 되지 않는다. 예를 들어 우리가 이런 대화를 나눈다고 치자.

나 척도마다 전달하는 정보가 다릅니다. 서열 척도는 순서를 가리키지만 간격 척도에서는 측정치 사이의 차이가 중요합니다.
당신 거참, 무슨 소린지 모르겠군요.
나 좋아요. 몇 가지 구체적인 예를 들어 보지요. 광석의 경도를 측정하는 모스 경도계(Mohs scale)는 서열 척도인데 반해 라쉬 모델(Rasch model)은 간격 척도입니다. 이해하시겠죠?
당신 가서 커피나 타 와야겠어요.

한마디로 구체적인 예만 든다고 되는 것이 아니다.(그림 4-1은 척도를 알기 쉽게 설명한다.) 예를 들 때는 익숙한 것이어야 하는데 보통 사람은 모스 척도와 라쉬 모델을 잘 모른다. 구체적인 예가 아니라 익숙한 예를 들어야 한다. 학생들에게 익숙한 예도 대부분 구체적인 것이다. 어차피 추상적 예는 이해하기 어렵다. 따라서 새로운 개념을 이해할 때는 기존 개념을 작업기억으로 불러내서 다시 배열한다. 전과 다르게 비교하거나 눈여겨보지 않았던 특징을 새롭게 조명한다.

이제 '이해는 기억의 다른 이름'이라는 말이 이해가 가는가? 새로운 개념을 학생의 머릿속에 곧바로 심어 주기는 어렵다. 새로운 개념은 학생이 알고 있는 개념 위에서 싹튼다. 교사는(부모나 책이나 텔레비전 프로그램은) 학생의 장기기억에서 적절한 개념을 찾아서 작업기억으로 끌

그림 4-1 | 척도의 숫자가 서로 관련을 맺는 방식은 4가지밖에 없다. '명명 척도'에서 숫자는 하나의 대상을 가리키지만 숫자 자체는 특별한 의미를 지니지 않는다. 가령 축구선수 등 번호가 그 선수의 능력을 말해 주지는 않는다. '서열 척도'에서는 숫자에 의미가 있지만 숫자들 사이의 거리는 의미가 없다. 예를 들어 경마에서 1등 말이 2등 말보다 먼저 들어온 것은 알아도 얼마나 빨리 들어왔는지는 알 수 없다. '간격 척도'의 숫자는 순서를 나타낼 뿐 아니라 간격도 나타낸다. 10과 20 사이의 간격은 80과 90 사이의 간격과 같다. 다만 간격 척도에서는 '0'이 임의로 정해진다. 0℃라고 해서 온도가 없다는 뜻은 아니다. 연령과 같은 '비율 척도'에서는 0에 의미가 있다. 0년은 연도가 없다는 뜻이다.

어내야 한다. 더불어 장기기억과 작업기억의 특징에 주목해서 비교하거나 결합하거나 조작해야 한다. 가령 서열 척도와 간격 척도의 차이를 가르치기 위해 "온도계와 경마를 생각해 보세요."라고만 해서는 안 된다. 개념을 작업기억으로 끌어올리는 것과 함께 적절히 비교해 줘야 한다. [그림 4-1]

알다시피 이런 과정은 결코 단순하지 않다. 한 번 설명한 뒤 몇 가지 사례를 제시하면 학생들이 알아들을 수 있을까? 대체로 이해하지 못한다. 그림 4-1의 설명을 읽는다고 해서 척도를 이해했다고 말할 수 있을까? 설명을 읽기 전보다는 많이 알겠지만 충분히 이해하지는 못할 것이다. 가령 자의 센티미터는 무슨 척도냐고 물으면 대답하지 못할지도 모른다.〔그림 4-2〕

학생들을 이해시킬 수 있는 방법을 찾아내려면 2가지 문제를 해결해야 한다. 첫째, 이해에도 정도의 차이가 있다는 점이다. 얕은 수준으로 이해하는 학생이 있는 반면에 깊이 이해하는 학생이 있다. 둘째, 교실에서는 이해했어도 교실 밖에서는 적용하지 못할 수 있다는 점이다. 이미 풀어 본 문제를 달리 표현한 문제인 줄 알면서도, 게다가 최근에 같은 문제를 풀어 봤음에도 새로운 문제를 만나면 당황할 수 있다. 답을 알면서도 자신이 아는 줄 모르는 것이다!

이제부터 얕은 지식과 적용 능력의 부족이라는 두 문제를 하나씩 살펴보겠다.

그림 4-2 | 3가지 예가 있다. (자로 측정하는) 센티미터는 어떤 척도일까? 소비자가 시리얼을 얼마나 좋아하는지를 나타내는 1에서 7까지의 등급은 어떤 척도일까? 그리고 CD에 적힌 트랙 번호는 어떤 척도일까?

지식이 얕은 이유는 무엇일까?

교사는 누구나 이런 경험이 있을 것이다. 수업 시간에 질문을 던지거나 시험을 치렀는데 학생이 교사가 설명할 때 사용한 용어나 교재에 나온 용어를 그대로 사용해 대답한다. 이 경우에 틀린 답을 말한 건 아니지만 교사는 학생이 무슨 말인지도 모르고 외워서 답한다고 의심하게 된다.

철학자 존 설(John Searle)이 제기한 유명한 문제가 떠오른다.[1] 설은 컴퓨터가 스스로 무슨 일인지도 모르는 일을 똑똑하게 처리해 낸다고 주장했다. 그러면서 이런 문제를 제시했다. 어떤 사람이 방에 혼자 있다. 문 밑으로 중국어가 적힌 종이를 넣어 준다. 안에 있는 사람은 중국어를 모르지만 종이에 적힌 글을 읽고 반응한다. 그에게는 큰 책이 있는데 각 페이지가 세로 단으로 나뉘어 있다. 세로 단의 왼쪽과 오른쪽에는 중국어가 적혀 있다. 그는 왼쪽 칸에서 종이에 적힌 글자를 찾는다. 그리고 찾아낸 항목의 오른쪽 칸에 적힌 글을 종이에 똑같이 베껴서 다시 밖으로 내보낸다. 연구자는 중국어로 질문했고 방에 있는 사람도 중국어로 답했다. 이때 방에 있는 사람이 중국어를 안다고 할 수 있을까?

모두가 아니라고 답할 것이다. 방에 있던 사람이 정답을 써서 내보내긴 했지만 책에서 그대로 베꼈을 뿐이다. 설은 중국어로 묻고 답하는 방을 예로 들면서 컴퓨터가 정교한 조작을 하는 듯 보여도 인간이 이해하는 것처럼 생각할 줄은 모른다고 지적했다. 학생도 마찬가지다. 기계적으로 암기해서 정답을 맞힐 수는 있어도 그것이 곧 생각할

줄 안다는 뜻은 아니다.•

 학생들의 오답 노트를 보면 이해하지 못하면서도 '복잡한 답'을 쓴 예를 볼 수 있다. 그중 몇 가지는 기계적인 암기의 좋은 예를 보여 준다. "혈관에는 동맥, 정맥, 모세혈관 세 종류가 있다."라거나 "나는 항상 '오늘을 즐겨라!'라는 정서가 깃든 왕당파 시인들의 작품을 읽는다."라는 식이다. 이런 답을 보면 학생들이 내용은 이해하지 못한 채 정답만 외웠다는 생각이 들면서 피식 웃음이 난다.

 미국 사회에는 학생들이 기계적으로 암기만 하다가 졸업할지 모른다는 두려움이 공포증처럼 퍼져 있다. 하지만 '단순 암기'만 하는 일은 그리 많지 않다. 여기서 단순 암기란 자료를 전혀 이해하지 못한 채 외우기만 한다는 뜻이다. 글자만 외우기 때문에 경쾌한 연애시와 낭만적인 인생관으로 유명한 왕당파 시인들이 '오늘을 즐겨라!'라는 철학을 가지고 있다고 해도 이상하게 보이지 않는 것이다.

 단순 암기보다 흔한 현상은 '얕은 지식'으로, 학생들이 수박 겉 핥기 식으로 얕게 안다는 뜻이다. 앞에서 학생들은 새로운 개념이 나오면 자신이 알고 있는 개념과 연결해서 이해한다고 했는데, 지식이 얕으면 이해 과정이 여기서 끝나 버린다. 기존 지식은 새로운 비유나 설명과 연결된다. 즉 학생들은 오직 주어진 맥락 안에서만 개념을 이해할 수 있다. 가령 "오늘을 즐겨라!"라고 하면 '앞날은 걱정하지 말고 순간을 즐겨라.'라는 뜻으로 이해해 버린다. 그래서 17세기 최고의 왕당파 시인 로버트 헤릭(Robert Herrick)의 〈아가씨들에게, 시간을 소중

• 모두가 설의 논증을 인정하는 것은 아니다. 다양한 반대 의견이 있지만 가장 일반적으로는 방에 혼자 있는 사람의 예가 컴퓨터의 기능을 설명해 주지 않는다는 주장이 있다.

히 여기기를(To the Virgins, to Make Much of Time)〉의 한 구절 "할 수 있을 때 장미꽃 봉오리를 모아라."를 읽고 '오늘을 즐겨라!'라는 철학을 잘 표현한 예라고 이해한다. 하지만 그 이상은 잘 모른다. 교사가 다른 시를 소개하면 왕당파 시인의 작품인지 알아채지 못한다.

얕은 지식과 심오한 지식을 비교해 보자. 지식이 풍부하면 주어진 주제를 충분히 이해하고 지식의 단편들을 훨씬 풍부하게 연결할 수 있다. 단편적 지식만이 아니라 전체를 이해한다. 전체를 볼 줄 알기 때문에 하나의 지식을 다양한 맥락에 적용하고 다양한 방식으로 이야기하며 일부가 변하면 전체 시스템이 어떻게 변하는지 예측할 수 있다. 왕당파 시인의 시에 조예가 깊은 학생은 고대 중국 시처럼 전혀 다르게 보이는 문학에서도 왕당파 시인의 이상을 발견할 수 있다. 더 나아가 "영국의 정세가 바뀌면 왕당파 시인의 작품은 어떻게 달라질까?" 하고 가정법 질문을 던질 수도 있다. 이런 질문은 지식의 조각이 촘촘히 연결되어 있어야 생각해 낼 수 있는 것이다. 부품이 연결된 기계에 비유하자면 가정법 질문은 한 부품을 다른 부품으로 교체하자는 제안인 셈이다. 지식이 풍부한 학생은 부품 하나를 갈아 끼웠을 때 기계가 어떻게 작동할지 예측할 수 있다.

물론 교사는 학생들이 심오한 지식을 쌓기 바라며 지식을 심어 주기 위해 노력한다. 그런데도 학생들이 얕은 지식 단계에 머무르는 이유는 무엇일까? 우선 수업에 집중하지 못해서일 수 있다. 가령 '장미꽃 봉오리'라는 문구가 나오면 레이저 스쿠터를 타다가 이웃집 장미꽃 밭에 처박힌 기억을 떠올리고는 이후의 설명은 듣지 않는다.

그리고 다소 모호한 이유가 하나 더 있다. 예를 들어 보자. 1학년 교

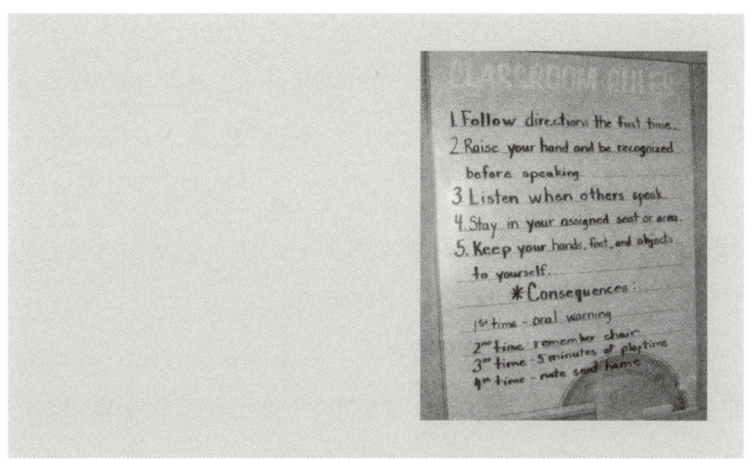

그림 4-3 | 교실에서는 대개 규칙을 정해 목록으로 정리해서 붙여 놓는다. 교실에서 왜 규칙이 필요한지 알면 함께 일하거나 놀 때 규칙을 정해야 하는 이유를 이해할 수 있다.

실에서 정부의 개념을 알려 주면서 공동으로 생활하거나 일하는 사람들이 모두 마음 놓고 활동할 수 있도록 규칙을 정해야 한다는 점을 가르치려고 한다. 학생들에게 친숙한 가정과 교실을 예로 들고, 다음으로 이보다 큰 집단도 구성원 전체가 동의하는 규칙에 따라 굴러간다고 설명한다. 그런 다음 학생들에게 교실의 규칙을 열거하게 하고 규칙이 존재하는 이유를 생각해 보게 한다. 마지막으로 가정과 교실 밖에 존재하는 흥미로운 규칙들을 떠올려 보게 한다. 이러한 과정을 거쳐 가정이나 교실, 다른 공동체의 규칙이 유사한 기능을 한다는 사실을 이해시킨다.[그림 4-3 참조]

이때 단순 암기만 한 학생은 나중에 "정부와 교실은 비슷하다. 둘다 규칙이 있기 때문이다."라고 대답한다. 이 학생은 두 집단의 공통점을 전혀 이해하지 못했다. 지식이 얕은 학생은 정부와 교실이 비슷한 이유는 둘 다 원활한 일처리와 안전보장을 위해 구성원들이 일련의 규칙에 동의해야 하는 공동체이기 때문이라고 생각한다. 이 학생은 두 집단의 유사점은 이해하지만 그 이상은 볼 줄 모른다. 따라서 "정부와 학교의 차이점이 무엇인가?"라고 물으면 당황한다. 한편 지식이 풍부한 학생은 비유를 폭넓게 적용할 줄 안다. 가령 길거리 농구를 할 때도 규칙을 정해야 한다고 생각한다.

　이상의 예에서 모든 학생이 풍부한 지식을 쌓을 수 없는 이유를 알수 있을 것이다. 집단에 규칙이 필요하다는 원칙은 매우 추상적이다. 추상적 개념은 직접 설명하는 것이 바람직할 수 있다. 그런데 학생들은 추상적인 개념을 잘 이해하지 못한다. 적당한 예를 들어 주기 위해 교실의 규칙을 예로 들면 도움이 된다. 그러나 어떤 학생이 "사람이 모이면 규칙을 정해야 한다."라고 대답한다 해도 교실과 가정과 공동체에서 어떤 규칙을 정해야 할지 모른다면 제대로 이해했다고 보기 어렵다. 즉 풍부한 지식을 쌓는다는 말은 전체를 이해한다는 뜻이다. 말하자면 추상적 개념과 사례, 그리고 이 둘이 어떻게 부합하는지 이해한다는 뜻이다. 따라서 다수의 학생이 특히 새로운 주제를 학습하기 시작할 때 심오한 지식을 받아들이지 못하는 이유가 분명해진다. 심오한 지식은 얕은 지식보다 습득하기 어렵다.

지식이 전이되지 않는 이유는 무엇일까?

이 장에서는 학생들이 추상적 개념을 이해하는 문제를 다루고 있다. 추상적 원칙을 이해하면 지식이 전이될 수 있다. 지식이 전이된다는 말은 기존 지식을 새로운 문제에 적용할 수 있다는 뜻이다. 어떻게 보면 세상 모든 문제가 새로운 문제다. 같은 문제를 두 번 접한다 해도 전혀 다른 상황에서 접할 수도 있고 시간이 조금 흘러서 우리도 조금 달라졌을 수 있다. 인지심리학에서 '전이'라고 할 때는 대개 새로운 문제와 이전 문제가 다르지만 문제를 해결하기 위해 응용할 수 있는 지식이 있다는 뜻이다. 예를 들어 다음 두 문제를 살펴보자.

제인은 잔디밭에 씨를 뿌리려고 한다. 잔디밭은 가로 20피트, 세로 100피트 공간이다. 잔디 씨앗 한 바구니가 10달러이고 한 바구니로 1000평방 피트에 씨를 뿌릴 수 있다. 제인이 잔디밭에 씨를 뿌리려면 비용이 얼마나 들까?

존은 세로 72인치와 가로 36인치인 식탁에 니스를 칠하려 한다. 니스 한 통에 8달러이고 한 통으로 2300평방 인치를 칠할 수 있다. 니스를 사는 데 돈이 얼마나 들까?

두 문제를 풀려면 직사각형의 면적을 계산하고 면적을 다시 시중에서 파는 분량 단위(씨앗 바구니나 니스 통)로 나눈다. 몫이 딱 떨어지지 않는 경우에는 가까운 정수로 올림한 다음 한 단위의 가격을 곱해야 한다. 두 문제는 심리학에서 말하는 표층구조가 다르다. 첫 번째는 잔디밭에 씨를 뿌리는 문제이고 두 번째는 식탁에 니스를 칠하는 문제다. 하지만 두 문제의 답을 구하려면 동일한 단계를 거쳐야 하므로 심층구조는 같다고 볼 수 있다.

각 문제의 표층구조는 추상적 개념을 구체적으로 표현한 것이다. 답을 구할 때 표층구조는 중요하지 않다. 첫 번째 문제를 푼 학생은 두 번째 문제도 풀 수 있는데 그 이유는 심층구조가 같기 때문이다. 하지만 사람들은 필요 이상으로 표층구조의 영향을 많이 받는다. 한 유명한 실험[2]에서 대학생들에게 아래와 같은 문제를 제시했다.

의사가 위에 악성 종양이 생긴 환자를 만난다. 수술이 불가능하지만 종양을 제거하지 않으면 환자는 죽는다. 방사선으로 종양을 없애는 방법이 있다. 고강도 방사선을 쬐면 종양을 제거할 수 있다. 그러나 고강도 방사선은 종양까지 도달하는 도중에 다른 건강한 조직까지 파괴시킨다. 방사선 강도를 낮추면 건강한 조직은 손상되지 않지만 종양에도 영향을 주지 못한다. 방사선으로 종양을 파괴하면서도 건강한 조직을 손상시키지 않으려면 어떻게 해야 할까?

실험자는 답을 알아내지 못한 피험자에게(대다수가 찾지 못했다.) 해결책을 알려 주었다. 해결책은 저강도 방사선을 여러 방향에서 쏘아 종양에 집중시키는 것이다. 방사선이 약해서 건강한 조직을 안전하게 통과하면서도 종양에 집중되기 때문에 종양 조직을 파괴할 수 있다. 실험자는 피험자들에게 해결책을 이해시키고 다음과 같은 문제를 제시했다.

독재자가 요새 안에서 작은 왕국을 지배했다. 왕국 한가운데 자리 잡은 요새로부터 길이 여러 갈래로 바퀴살처럼 뻗어 있다. 한 위대한 장군이 요새를 함락하고 독재자에게서 왕국을 해방시키겠다고 맹세했다. 물론 전군이 한꺼번에 공략하면 요새를 함락할 수 있겠지만, 밀정의 보고에 따르면 독재자가 길에 지뢰를 묻어 놓았다고 한다. 독재자도 군대와 일꾼들을 이동시켜야 하기 때문에 소규모 사람들은 안전하게 넘어갈 수 있는 지뢰를 묻어 놓았다. 하지만 대규모 군대가 지나가면 지뢰는 터지도록 되어 있다. 지뢰가 터지면 길이 파괴될 뿐 아니라 독재자가 수많은 마을에 보복 공격을 감행하는 셈이다. 장군은 어떻게 요새를 공략해야 할까?

두 문제는 심층구조가 같다. 힘을 하나로 집중하면 부수적 피해가 발생하므로 여러 방향으로 분산시켜서 목표 지점에 결집시켜야 한다. 해결책이 명확해 보이지만 위 실험의 피험자들에게는 그렇지 않았나 보다. 첫 번째 문제를 보고 해답을 확인한 직후였지만 단 30퍼센트만 두 번째 문제를 풀었다.

사람들이 지식을 전이시키지 못하는 이유는 무엇일까? 답은 정보를 이해하는 방식에 있다. 우리는 글을 읽거나 말을 들을 때 그와 비슷한 주제를 떠올리고 관련 배경지식에 비추어 해석한다. "올해 두 번째로 허리케인으로 발전한 폭풍우 펠릭스가 하룻밤 사이에 가공할 만한 위력을 더하면서 풍속 150마일이 넘는 돌풍을 동반했다. 일기예보에서는 12시간 안에 벨리즈 해안까지 이동할 것으로 내다봤다."라는 글을 읽었다고 치자. 이런 글은 2장에서 강조했듯이 사전 지식이 있어야 이해할 수 있다. 이름까지 붙는 폭풍우가 어떤 것이고 벨리즈가 어디인지 모르면 이 문장을 제대로 이해하기 어렵다. 게다가 배경지식에 따라 앞으로 어떻게 될지 해석하는 방향도 달라진다.

앞의 예문을 읽고 새로운 글을 접하면 해석의 폭이 크게 줄어든다. 예를 들어 '눈'이라는 단어가 나오면 사물을 보는 신체 기관이나 바늘귀, 감자에 난 싹, 공작새 날개에 찍힌 둥근 점이 아니라 허리케인의 중심을 떠올릴 수 있다. 그리고 '압력'이라는 단어가 나오면 또래 집단의 압력이나 경제적 압박이 아니라 기압을 떠올리게 된다.

우리의 뇌는 새로운 정보를 읽거나 들으면 조금 전에 읽거나 들은 정보와 관련이 있다고 가정한다. 그 덕분에 쉽고 빠르게 이해할 수 있지만 심층구조를 간파하기는 더 어려워진다. 인지 체계에서는 현재 읽거나 듣고 있는 정보를 이해하기 위해 단어나 구절, 문장을 해석하는 데 도움이 될 만한 정보를 찾는다. 하지만 대개 표층구조만 본다. 예를 들어 종양과 방사선 문제를 읽을 때 인지 체계에서는 배경지식을 바탕으로 해석의 폭을 좁히고 종양, 방사선, 의사 등에 관한 지식만 동원한다. 요새 문제를 읽을 때는 독재자, 군대, 요새에 관한 지식만 동원한다. 그래서 전이가 제대로 이루어지지 않는 것이다.

이제 해결책이 명백하게 드러난다. 문제의 심층구조를 말해 주면 되는 일 아닌가? 그러나 심층구조는 명확히 드러나지 않는다. 게다가 문제 하나에 적용되는 심층구조가 무수히 많다. 그러니 독재자와 요새 문제를 읽으면서 '이 문제의 심층구조는 후건 부정식(부정 논법)인가?' 또는 '이 문제의 심층구조는 최소공배수를 찾는 문제인가?'라거나 '이 문제의 심층구조는 뉴턴의 제3 운동법칙인가?'라고 생각할 수는 없는 노릇이다. 심층구조를 찾으려면 문제의 모든 구성 요소가 어떻게 연결되는지 이해하고 중요한 부분과 그렇지 않은 부분을 파악해야 한다. 이에 반해 표층구조는 겉으로 명확히 드러난다. '이 문제는 군대와 요새에 관한 문제이군.' 하고 말이다.

앞의 실험에서 피험자들에게 "좀 전에 푼 종양 문제와 방사선 문제가 군대와 요새 문제를 푸는 데 도움이 됩니다."라고 말해 주자 모두 두 번째 문제를 풀었다. 두 문제의 유사점을 알아챈 것이다. 요새는 종양과 같고 군대는 방사선에 해당한다는 점을 이해했다. 결국 두 문제의 유사성을 깨닫지 못하는 데 문제가 있었던 것이다.

한편 새로운 문제와 이미 풀어 본 문제의 심층구조가 같은 줄 알면서도 지식을 제대로 전이시키지 못하는 경우도 있다. 예를 들어 어떤 학생이 대수학에서 서술형 문제를 읽고 미지수 2개가 들어 있는 연립방정식 문제라고 판단한다. 교재에 예제 풀이도 자세히 나와 있다. 이 학생은 교재에 실린 예제와 새로운 문제의 표층구조는 다르지만(하나는 철물점 재고 목록에 관한 문제이고 다른 하나는 휴대전화 요금 제도에 관한 문제), 표층구조를 넘어서 심층구조를 간파해야 한다는 것도 안다. 다만 교재에 실린 예제에서 도움을 받으려면 각 문제의 표층구조가 심층구조와 어떻게 연결되는지 알아야 한다. 앞에서 종양 문제와 풀이를 이해한 것 같아도 막상 요새 문제를 접하면 군대가 방사선에 해당하는지, 종양에 해당하는지, 아니면 건강한 조직에 해당하는지 헷갈린다. 이처럼 어떤 문제의 구성 요소가 많고 해답에 이르는 과정이 복잡하면, 이미 해결한 문제를 새로운 문제와 연결시키는 도중에 방해를 받는다.〔그림 4-4〕

여기까지의 논의를 보면, 지식을 전이시킨다는 것은 불가능한 일이며 문제의 표층구조를 넘어서 심층구조를 간파한다는 것은 어려운 일

그림 4-4 | 학생들은 수학이나 과학 문제를 풀다가 모르는 문제가 나오면 교재에서 비슷한 예제를 찾아봐야 한다고 생각한다. 하지만 비슷한 문제를 찾는다고 해서 꼭 문제를 풀 수 있는 것은 아니다. 주어진 문제와 교재에 실린 예제를 연결하지 못할 수도 있다.

처럼 들린다. 하지만 꼭 그렇지는 않다. 앞선 실험에서도 비록 일부이지만 먼저 본 문제를 적용하려 한 피험자가 있었다. 다만 그 비율이 낮았을 뿐이다. 게다가 어른들은 새로운 상황을 접할 때 아이들보다 훨씬 효율적으로 접근한다. 어떻게 해서든 경험을 끌어와 지식을 전이시키려 한다. 배경지식이 확실할 때만 기존 지식을 새로운 문제에 전이시키려 해서는 안 된다. 종양과 방사선 문제를 처음 접할 때 '이런 유형의 문제는 처음이야. 포기할래.'라고 생각하지 않아야 한다. 끝내 답을 알아내지 못하더라도 해답에 이르는 전략은 알고 있다. 그 전략은 경험에서 나온다. 전에 풀어 본 문제나 종양과 방사선에 관한 지식에서 나온다. 따라서 비슷한 문제를 본 적이 없다는 생각이 들어도 '항상' 사실에 관한 지식과 문제 해법에 관한 지식을 전이할 수 있다. 다만 이런 유형의 전이가 잘 알려지지 않은 이유는 어디에서 시작하는지 추적하기 어렵기 때문이다.

다음 장에서는 지식을 전이시킬 수 있는 가능성을 최대로 늘리는 방법에 관해 논의하겠다.

학교 수업에 주는 함의

학습 자료는 이해하기 어려울 뿐 아니라 설사 이해한다 해도 새로운 문제로 전이시키기 어렵다는 이 장의 메시지는 다소 우울해 보인다. 지나치게 비관적으로 볼 필요는 없지만 어떤 문제를 깊이 이해하기 어려운 것은 사실이다. 그래도 학생이 잘 이해해야 교사도 가르치기 쉽지 않겠는가! 교실에서 이 문제를 해결할 수 있는 몇 가지 방법을 소개하겠다.

학생들의 이해를 돕기 위해 예제를 제시하고 비교하게 하라

경험은 심층구조를 파악하는 데 유용하므로 학생들에게 다양한 예제를 제시해서 경험을 쌓게 한다. 한편으로(비록 폭넓게 검증되지는 않았지만) 여러 가지 예제를 비교해 보도록 할 수도 있다.

영어 교사가 '역설'이라는 개념을 가르칠 때는 다음과 같은 예제를 제시할 수 있다.

『오이디푸스 왕(Oedipus Rex)』에서 아폴로 신전의 신탁에서는 오이디푸스가 아버지를 죽이고 어머니와 결혼한다고 예언했다. 오이디푸스는 부모라고 믿어 온 사람들을 보호하기 위해 집을 떠나지만 결국에는 그 때문에 예언이 실현되는 상황을 만든다.

『로미오와 줄리엣(Romeo and Juliet)』에서 로미오는 줄리엣이 죽은 줄 알고 스스로 목숨을 끊는다. 잠에서 깨어난 줄리엣은 로미오의 시신을 보고 몹시 괴로워하다가 스스로 목숨을 끊는다.

『오셀로(Othello)』에서 고상한 오셀로는 이아고를 충실한 부하라고 믿고 아내의 부정을 털어놓지만 이아고야말로 오셀로를 음해한 장본인이다.

학생들은 (조금만 암시를 주면) 위 예제들 사이의 공통점을 알아챈다. 등장인물은 어떤 결과를 기대하고 행동하지만 중요한 정보를 모르기 때문에 결국 정반대의 결과를 불러온다. 가령 오이디푸스는 입양된 사람이고, 줄리엣은 살아 있고, 이아고는 협잡꾼이라는 정보가 빠져 있다. 관객은 생략된 정보를 알기 때문에 결과가 어떻게 될지 잘 안다. 실제로 작품을 감상할 때는 훨씬 더 비극적으로 느껴지는데, 관객들이 사건의 전개 과정을 지켜보면서 그들이 아는 정보를 등장인물이 깨닫는다면 불행한 결말을 피할 수 있다고 생각하기 때문이다.

희곡에서 역설은 이해하기 어려운 추상적 개념이지만 다양한 예를 들어 비교해 보면 심층구조를 이해할 수 있다. 학생들은 "모든 작품에 남자와 여자가 나온다."라는 하나 마나 한 비교를 하려고 다양한 예문을 보는 것이 아닌 줄 안다. 2장에서 설명했듯이 우리는 생각하는 것을 기억한다. 그러므로 심층구조를 생각하면 학습에 도움이 된다.

심층지식을 말과 무언의 메시지로 전달하라

학생들에게 가르치려는 내용은 사물의 의미, 곧 심층구조다. 교사는 자신이 수업 시간에 핵심을 꿰뚫는 무언의 메시지를 학생들에게 보내는지 자문해야 한다. 수업 시간에 어떤 질문을 던지는가? 사실을 묻는 질문만 속사포처럼 던지는 교사가 있다. "이 공식에서 'b'는 뭘 나타내지?"라거나 "허클베리와 짐이 뗏목으로 돌아온 후 어떻게 됐지?"라는 단편적인 지식도 물론 중요하지만, 이런 질문만 하면 학생들에게는 더 이상 알 필요가 없다는 무언의 메시지가 전해진다.

과제와 시험은 수업의 핵심이 무엇인지 암묵적으로 알려 주는 또 하나의 도구다. 교사는 과제를 낼 때 심오한 이해를 요하는 것인지, 아니면 표층지식만 있으면 풀 수 있는 것인지 고민해야 한다. 퀴즈나 시험을 보는 학년에서는 심층지식을 파악하는 문제를 내야 한다. 학생들은 시험문제로부터 시험에 나올 정도면 중요한 문제라는 강한 암묵적 메시지를 끌어낸다.

심층지식에 대한 기대치를 현실적으로 낮춰라

수업의 목표가 심층지식 전달에 있다 하더라도 학생들이 어디까지,

그리고 얼마나 빨리 성취할 수 있는지를 현실적으로 파악해야 한다. 심층지식은 간단히 습득할 수 있는 게 아니라 충분히 연습해야 겨우 익힐 수 있다. 학생들이 아직 복잡한 주제를 온전히 이해하지 못한다 해도 실망할 필요는 없다. 지식이 전혀 없는 것보다는 조금이라도 있는 것이 낫고, 얕은 지식이 바탕을 이루어야 깊이 있는 지식도 쌓을 수 있다. 심층지식을 풍부하게 쌓으려면 몇 년 걸릴 수도 있다. 그러므로 교사는 학생들을 심층지식으로 향하는 길에 세우고 적당한 속도로 한 발 한 발 나가도록 이끌어 주어야 한다.

 이 장에서는 추상적 개념을 이해하기 어려운 이유가 무엇이고, 설사 이해한다 해도 새로운 상황에 적용하기 어려운 이유는 무엇인지 알아보았다. 또 추상적인 개념을 생각하고 활용하는 연습을 해야 새로운 상황에 적용할 수 있다고 설명했다. 다음 장에서는 이런 연습의 중요성을 자세히 살펴보겠다.

5

반복 훈련과 연습은 유용한 학습 방법인가?

Q 인지과학자에게 묻다

훈련(drilling)은 오명으로 여겨진다. 중립적인 어감의 연습(practice)이라는 말 대신 군사용어인 '훈련'이라는 말을 쓰는 이유는 학생의 이익을 도모하는 과정이 아니라 특별한 이유도 없고 재미도 없이 규율에 따라 행해지는 과정이라는 의미가 담겨 있기 때문이다. 게다가 일부 교수법은 '훈련으로 끝내기(drill and kill)'라고 비판받기도 한다. 훈련이 배움을 향한 동기를 죽인다는 비판이다. 반면에 교육계 전통주의자들은 학생들이 사실과 기술을 익혀서 자유롭게 쓸 수 있으려면 연습이 필요하다고 주장한다. 예를 들어 5+7=12와 같은 문제를 풀 때는 연습이 우선이다.

훈련하면서 동기가 샘솟고 재미를 느낄 수 있다고 말할 교사는 없을 것이다. 그렇다면 학생들의 자발적 동기를 희생하면서까지 훈련을 강조해서 얻는 인지적 혜택이 있을까?

---------- 답하다 A

인지 체계에서 한꺼번에 처리할 수 있는 개념의 수는 제한적이다. 예를 들어 19×6은 금방 계산할 수 있지만 184930×34004는 암산으로 계산하기가 거의 불가능하다. 계산 절차는 같지만 머릿속에 숫자를 추적할 만한 공간이 부족하다. 인간은 이 문제를 해결하기 위해 몇 가지 술수를 쓰는데 이 중 가장 효과적인 방법이 연습이다. 연습하면 정신 작업에 필요한 '공간'이 줄어든다. 이 장의 중요한 인지 원칙은 이렇다.

> 집중적으로 연습하지 않으면
> 정신 작업을 능숙하게 처리하기가 거의 불가능하다.

축구 경기 중에 공을 몰다가 공을 차기가 얼마나 어려운지, 발의 어느 면으로 차야 할지 따위를 생각하면 축구를 잘할 수 없다. 세부 절차가 몸에 배어 있어야만 경기 전략을 짜는 등의 고차원적 생각이 끼어들 틈이 생긴다. 마찬가지로 수학 공식을 외우지 않으면 대수 문제를 풀기 어렵다. 어떤 공식은 꾸준히 연습해서 익혀야 한다. 그러나 모든 문제를 연습하기란 불가능하다.

이 장에서는 연습이 왜 중요한지, 연습이 필요한 학습 자료는 무엇이며 학생들이 유용하고 흥미롭게 여기는 연습 방법은 무엇인지 살펴보겠다.

연습은 왜 할까? 첫 번째 이유는 최소한의 능력을 갖추기 위해서다. 아이들은 처음에 부모나 교사의 도움을 받아 신발 끈 묶는 연습을 하고 나중에는 도와주는 사람이 없어도 혼자서 잘 묶는다. 두 번째 이유는 할 수 있는 능력은 있지만 더 잘하고 싶어서다. 프로 테니스 선수는 상대편 코트 안에 정확히 서브를 넣을 수 있다. 하지만 더 빨리, 그리고 좋은 자리에 꽂아 넣기 위해 연습을 한다.

교실에서는 어떤 기술을 단련하고 새로운 기술을 개발하기 위해 연습을 한다. 이를테면 학생들은 긴 나눗셈 문제를 잘 풀기 위해 연습한다. 다른 기술들, 즉 논설문 쓰기 같은 것은 누구나 어느 정도 쓸 수 있다. 하지만 학생들은 자신들의 능력을 다듬고 향상시키기 위해 계속해서 힘써 그 기술을 연습해야 한다.

연습을 하는 2가지 이유(능력을 갖추기 위해, 그리고 더 잘하기 위해)는 자명하며 논란의 여지도 없어 보인다. 그러나 이미 숙달한 기술인데도 계속 연습을 하는 이유는 언뜻 이해가 가지 않는다. 더욱이 연습한다고 해서 발전하는지 확인하기도 어렵다. 그래도 학교 교육에서는 연습이 꼭 필요하다. 3가지 중요한 이점을 제공하기 때문이다. 첫째, 어려운 기술을 습득하는 데 필요한 기본 기술을 탄탄히 다지게 해 준다. 둘째, 한번 익힌 기술을 잊지 않게 해 준다. 셋째, 지식의 전이 가능성을 높여 준다.

연습으로 학습의 깊이를 더할 수 있다

연습을 해야 발전하는 이유를 설명하기 위해 생각의 작동 원리에 관한 2가지 사실을 지적하겠다.

1장에도 나온 그림 5-1을 보면 생각은 작업기억에서 일어난다. 생각은 정보를 새로운 방식으로 결합하는 과정이다. 정보는 환경이나 장기기억 혹은 둘 모두에서 들어온다. 예를 들어 "나비와 잠자리는 어떤 면에서 비슷한가?"라는 질문에 답할 때는 우선 작업기억에서 두 곤충의 특징에 관한 생각이 일어나고, 그다음에 비교할 만한 중요한 특징을 찾는다.

그런데 작업기억은 공간이 제한적이다. 한꺼번에 많은 사실을 떠올리거나 너무 다양하게 비교하면 무엇을 하고 있는지 잊어버린다. 예를 들어 "butterfly, dragonfly, chopstick, pillbox, scarecrow(나비, 잠자리, 젓가락, 베개, 허수아비)의 공통점은 무엇일까?"*라는 질문은 항목이 너무 많아서 동시에 비교하기 어렵다. 베개를 젓가락과 연결할 방법을 생각하다 보면 다른 항목은 이미 기억에서 지워져 버린다.

'작업기억에 공간이 부족하다는 사실은 인지의 근본적인 장애물'이다. 인지 능력을 향상시키기 위해 기억력을 기르고, 집중력을 강화하고, 날카로운 눈썰미를 갖추는 등 여러 가지 방법을 생각해 볼 수 있다. 그러나 만약 램프의 요정이 튀어나와 인지 능력을 발전시킬 방법 하나를 가르쳐 준다고 하면 작업기억 용량을 늘려 달라고 부탁해야

* 예로 든 항목에는 다른 공통점도 있지만 이들 항목을 선택한 이유는 모두 복합어이기 때문이다.

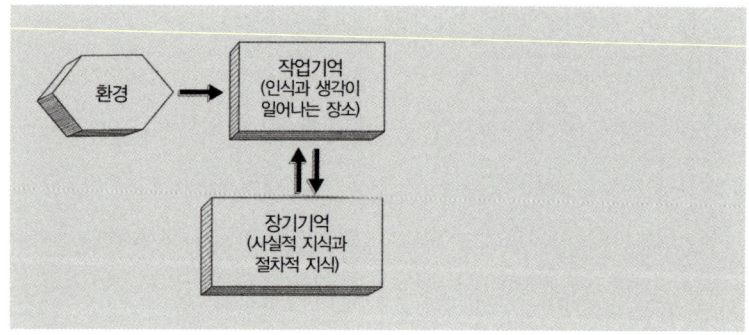

그림 5-1 | 가장 단순한 마음 모형.

한다. 작업기억 용량이 커질수록 사고력도 향상되기 때문이다. 적어도 학교에서 요구하는 사고 유형에서는 그러하다. 이와 같은 결론을 입증하는 다양한 연구에서는 대체로 지극히 단순한 논리를 따른다. 피험자 100명을 선정해서 작업기억 용량과 추론 능력을 측정한 다음● 두 점수가 같은 경향을 보이는지 알아본다. 흥미롭게도 작업기억 점수가 높으면 추론 능력 점수도 높고 작업기억 점수가 낮으면 추론 능력 점수도 낮다.(작업기억만 중요한 것은 아니다. 2장에서 강조했듯이 배경지식도 중요하다.)

램프의 요정에게 작업기억 용량을 늘려 달라고 부탁할 일은 없을 테고, 또 지금은 연습에 대해 이야기하고 있으니 이제 작업기억을 향

● 작업기억 용량을 측정할 때는 대개 피험자에게 단순한 과제를 내주고 작업기억에 일정한 정보를 저장하게 한다. 예를 들어 피험자에게 글자와 숫자가 섞인 과제를 제시하고(예: 3T41P8) 나중에 숫자와 글자를 순서대로 떠올려 보라고(예: 1348PT) 지시한다. 피험자는 숫자와 글자를 기억하고 비교해서 순서를 맞추어야 한다. 실험자는 여러 가지 숫자와 글자 조합을 만들어 여러 번 실험해서 피험자가 정확히 기억해 내는 최대 추정치를 산출한다. 한편 추론 능력을 측정하는 방법은 다양하다. 표준 IQ 검사도 있고, "P가 참이면 Q가 참이다. Q는 참이 아니다. 다음에는 어떻게 되는가?"라는 질문으로 추론 능력에만 초점을 맞춘 검사도 있다. 작업기억과 독해력 사이에도 뚜렷한 관계가 있다.

상시키는 연습 방법을 제안할 것으로 기대할지 모르겠다. 하지만 안타깝게도 작업기억을 향상시킬 수 있는 연습 따위는 없다. 지금까지 밝혀진 바에 의하면 작업기억은 대체로 고정되어 있다. 기억 용량은 타고나며 연습한다고 해서 늘어나지 않는다.

그러나 작업기억의 한계를 눈속임할 방법은 있다. 2장에서는 많은 양의 정보를 압축해서 작업기억에 보관하는 방법을 자세히 소개했다. '의미 덩이 짓기'를 통해 몇 개의 항목을 한 단위로 처리하는 방법 말이다. 작업기억에 c, o, g, n, i, t, i, o, n이라고 하나씩 저장하지 않고 cognition이라는 한 단위로 묶어서 저장한다. 단어 하나가 글자 하나와 같은 공간을 차지한다. 물론 글자를 단어로 묶으려면 단어를 알아야 한다. p, a, z, z, e, s, c, o라는 글자를 묶으려면 pazzesco가 이탈리아어이며 뜻이 '미친'이라는 사실을 알아야 한다. 장기기억에 pazzesco라는 단어가 없으면 글자를 묶지 못한다.

따라서 작업기억의 한계를 눈속임하는 첫 번째 방법은 사실적 지식을 전제로 한다. 두 번째 방법은 작업기억의 정보를 효율적으로 조작하는 과정을 개발하는 것이다. 이 방법은 매우 효율적이라 비용이 거의 들지 않는다. 가령 신발 끈 매는 법을 배운다고 하자. 처음에는 정신을 집중해서 작업기억을 모두 할애하지만 연습하다 보면 자동으로 신발 끈을 맬 수 있다.

한때는 작업기억을 모두 차지하던 일이 점차 공간을 거의 차지하지 않게 된다. 어른들은 신발 끈을 매면서 대화를 나누기도 하고 심지어 암산으로 수학 문제를 풀기도 한다.(그럴 일은 많지 않겠지만 말이다.) 흔한 예로 운전을 들 수 있다. 운전을 처음 배울 때는 작업기억이 모두 쓰인다. 신발 끈을 맬 때처럼 '하고 있는' 일에 집중해야 한다. 백미러를 살피고, 속도 조절을 위해 액셀러레이터나 브레이크를 얼마나 세게 밟을지 생각하고, 속도계를 확인하고, 도로 위의 다른 차들이 얼마나 가까이 있는지 판단하는 데 온 정신을 모아야 한다. 항목(글자)이 많으면 일일이 저장하지 않고 의미 덩이로 묶어서 저장하면 작업 공간을 확보할 수 있다. 운전할 때는 빠르게 연속으로 수많은 일을 처리한다. 운전 경력이 오래된 사람은 그 모든 일을 한꺼번에 수행하는 데 아무런 어려움이 없어 보인다. 심지어 옆 사람과 잡담을 나누기도 한다.

 이처럼 정신 과정은 자동화될 수 있다. 자동화되면 작업기억 용량이 거의 혹은 전혀 쓰이지 않는다. 의식적으로 판단하지 않고도 어떻게 해야 할지 단박에 정확히 알아챈다. 경험 많은 운전자는 백미러를 흘끔 보고도 사각지대를 확인하고 차선을 변경한다. '자, 차선을 변경해야 해. 그러면 백미러를 확인하고 사각지대를 확인해야지.'라고 생각하지 않는다.

 자동 과정의 예를 하나 들어 보자. 그림 5-2를 보고 각 그림이 나타내는 것이 무엇인지 이름을 말한다. 글자는 무시하고 이름만 말한다. 그림 5-2에서는 글자와 그림이 일치하는 것도 있고 그렇지 않은 것도 있다. 글자와 그림이 일치하지 않을 때는 이름을 말하기가 어렵다. 글을 많이 읽는 사람들은 글자를 보고 읽지 않기가 어렵다. 읽기가 자동으로 일어나기 때문이다. 따라서 pants라는 글자가 그림의 이름인 shirt와 충돌하고 그사이 반응이 느려진다. 글을 배운 지 얼마 안 된 아이는 아직 읽기가 자동화되지 않아서 이런 충돌을 경험하지 않는다. 글자를 처음 배울 때는 p, a, n, t, s라는 글자를 보고 각 글자와 결

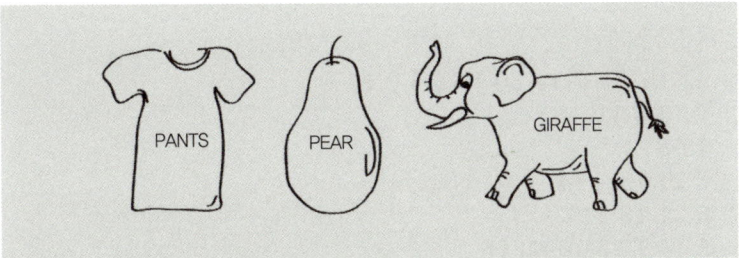

그림 5-2 | 글자는 무시하고 그림의 이름을 말한다. 글자가 그림과 일치하지 않을 때 글자를 보지 않기가 어렵다. 읽기는 자동 과정이다.

합되는 소리를 느릿느릿 겨우 찾아내고 하나로 연결해서 pants라는 소리로 읽히는지 확인한다.

 읽기 경험이 풍부한 사람은 자동 과정으로 눈 깜빡할 사이에 처리한다. (1) 자동 과정은 순식간에 일어난다. 읽기 경험이 풍부한 사람은 보통 단어를 4분의 1초 만에 읽는다. (2) 환경에서 자극을 받아 일어난다. 자극이 있으면 읽고 싶지 않아도 자동으로 읽힌다. 따라서 그림 5-2를 보고도 단어를 읽지 않으면 그만인 것 같지만 그러기가 쉽지 않다. (3) 자동 과정을 구성하는 단계를 의식하지 않는다. 즉 읽기를 구성하는 단계는(예를 들면 글자 식별) 결코 의식적이지 않다. 결국 pants라는 단어가 의식되지만 '그 단어가 pants'라는 결론에 이르기까지의 정신 과정은 필요하지 않다. 글을 처음 배울 때는 모든 단계를 의식하기 때문에("/puh/ 소리가 나는 것은 p······.") 정신 과정이 크게 다르다.

 그림 5-2에서 자동 과정이 어떻게 일어나는지 알 수 있지만 이것은 자동 과정이 우리가 하고자 하는 바를 방해하는 독특한 예다. 대개 자동 과정은 우리의 행동에 방해가 되기보다는 도움이 된다. 작업기억에 여유 공간이 생기기 때문이다. 작업기억을 차지하던 과정이 자동

```
1
12 15  14 7 19 20 1 14 4 9 14 7
7 15 1 12
15 6
8 21 13 1 14
5 21 13 1 14
5 14 17 21 9 18 25
9 19
20 15
21 14 4 5 18 19 20 1 14 4
15 21 18 19 5 12 22 5 19
```

그림 5-3 | 이 문장은 단순한 암호로 적혀 있다. 1=A, 2=B, 3=C 등등. 새로운 단어가 나올 때 행이 바뀐다. 글을 처음 배우는 사람은 이 문장을 해독할 때처럼 노력해야 한다. 한 글자 한 글자 뜻을 알아내야 하기 때문이다. 중간에 메모하지 말고 문장을 끝까지 읽어 보라. 글을 처음 배우는 사람처럼 문장 끝에 이르면 첫 단어는 벌써 잊어버렸을 것이다.●

화되면 다른 과정이 일어날 여유가 생긴다. 읽기에서 다른 과정이란 단어의 뜻을 생각하는 과정을 말한다. 글을 처음 배울 때는 글자를 천천히 소리 내고 소리를 단어와 결합해야 하기 때문에 작업기억에 의미를 음미할 공간이 남지 않는다. 글을 잘 읽는 사람도 비슷한 일을 겪을 수 있다. 고등학교 때 선생님이 내 친구에게 큰 소리로 시를 읽어 보라고 시켰다. 친구가 시를 다 읽자 선생님은 무슨 내용이냐고 물

● 배경지식이 학습에 얼마나 도움이 되는지 보여 주는 또 하나의 예다. 이 문장은 "A long-standing goal of human inquiry is to understand ourselves(인간 탐구의 장기적 목표는 우리 자신을 이해하는 것이다.)"라는 뜻이다. 내가 쓴 다른 책 『인지(Cognition)』에 나오는 첫 문장으로 독자에게는 낯선 문장일 것이다. 만약 "In the beginning, God created the heavens and the earth(태초에 하나님이 하늘과 땅을 창조하셨으니)"처럼 장기기억에 들어 있는 문장이라면 암호를 해독하고 해독한 문장을 기억하기가 훨씬 수월했을 것이다.

었다. 친구는 멍한 표정을 짓더니 실수 없이 읽는 데 신경 쓰느라 내용은 생각하지 못했다고 털어놓았다. 초등학교 1학년 학생처럼 발음에 신경 쓰느라 의미를 헤아리지 못한 것이다. 당시 반 친구들이 모두 웃었지만, 사실 이런 일은 누구에게나 일어날 수 있다. 조금 창피한 경험이긴 하지만 말이다.

수학에서도 같은 현상이 일어난다. 처음 산수를 배울 때는 대개 셈을 해서 문제를 푼다. 예를 들어 5+4를 풀 때는 5에다 4를 더해서 9라는 답을 구한다. 간단한 문제를 풀 때는 이렇게 풀 수 있지만 문제가 복잡해지면 어떻게 하겠는가? 예를 들어 97+89처럼 두 자릿수 이상을 더할 때는 일일이 셈해서 풀기 어렵다. 문제가 복잡할수록 작업기억에서 처리하는 단계가 늘어난다. 7과 9를 직접 더해서 16이라는 값을 구할 수는 있지만, 6을 적어 놓고 다시 9+8을 구한 값에 1을 더하는 과정을 기억해야 한다.

그러나 7+9=16을 하나의 사실로 입력하면 문제가 훨씬 간단해진다. 작업기억에 부담을 주지 않으면서 정확히 계산할 수 있다. 장기기억에 입력된 사실을 검색해서 작업기억으로 끌어올릴 때는 작업기억에서 용량을 거의 할애하지 않는다. 수학에서도 수학적 사실을 암기하는 학생이 전혀 암기하지 못하거나 확신하지 못하는 학생에 비해 모든 종류의 수학 문제를 잘 푼다. 그리고 이것은 수학적 사실 연습(암기)이 성적이 낮은 학생들로 하여금 더 어려운 수학 문제를 더 잘 풀 수 있게 하는 데 도움이 됨을 보여 준다.

지금까지 학생들이 종종 떠올려야 하는 사실 중 2가지 예를 제시했다. 글을 읽을 때 어떤 소리가 어떤 글자와 연결되는지에 관한 것, 그리고 9+7=16과 같은 수학적 사실이 그것이다. 2가지 모두 기억을 떠올리면서 자동으로 처리된다. 환경에서 적절한 자극이 주어지면 필요한 사실이 작업기억에 떠오른다.

한편 다른 유형의 자동화도 있다. 대표적인 예로 글씨 쓰기와 타이핑이 있다. 처음에 글씨를 쓰거나 자판을 두드릴 때는 작업기억이 모두 활성화된다. 글자를 정확히 쓰는 데 몰두하여 내용을 생각할 겨를이 없다. 하지만 꾸준히 연습하면 내용에 관심을 기울일 수 있다. 또 글쓰기에도 자동 과정이 있다. 고학년 학생은 문법과 관용어를 자유자재로 쓴다. 문장의 주술 호응이나 전치사로 문장을 끝내서는 안 된다는 규칙 따위는 일부러 생각하지 않는다.

요컨대 작업기억은 우리의 마음에서 생각이 일어나는 공간, 곧 여러 가지 정보를 결합해서 새로운 생각으로 변형하는 공간이다. 다만 용량이 정해져 있어서 한꺼번에 많은 정보를 집어넣으면 혼란에 빠져 무슨 문제를 풀려 했는지, 무슨 이야기를 들으려 했는지, 복잡한 문제를 결정할 때 어떤 요인을 고려하려 했는지 잊어버린다. 작업기억 용량이 큰 사람은 이런 과제를 잘 해결한다. 앞서 말했듯이 작업기억의 용량을 늘릴 수는 없어도 내용을 압축하는 방법 2가지가 있다. 첫 번째는 의미 덩이를 만들어 개별 사실이 차지하는 공간을 줄이는 것이다. 그러려면 장기기억에 배경지식이 들어 있어야 한다는 점은 2장에서 설명했다. 두 번째는 정보를 작업기억으로 끌어오거나 조작 절차를 압축하는 방법이다.

이제 마지막 단계에 이르렀다. 사고 과정을 압축하려면, 다시 말해 자동화하려면 어떻게 해야 할까? 답은 이미 나왔다. 연습만이 살 길이다. 연습하지 않고 자동화하는 지름길도 있을 수 있다. 하지만 그런 방법이 있다 해도 과학이나 인류 문명의 종합적 지혜로 검증된 방법은 아니다. 따라서 지금까지 밝혀진 유일한 방법은 반복하고 또 반복하는 길뿐이다.

연습해야 깊이 있는 학습이 가능하다고 주장하는 이유는 누구나 납득할 수 있을 것이다. 누구든지 어떤 소리가 어떤 글자와 결합하는지 이해하면서 읽기에 숙달되고, 점차 소리를 능숙하게 연결해서 단어를 만들 수 있다. 그런데 글자를 다 알고 난 다음에도 계속 연습해야 하는 이유는 무엇일까? 더 빨리 읽기 위해 연습하는 것은 아니다. 소리를 연결하는 과정을 자동화해서 글자를 능숙하게 인식하기 위해서다. 자동화하면 장기기억에서 소리를 검색하는 작업을 담당하던 작업기억 공간에 여유가 생겨서 의미를 생각할 수 있다.

지금까지 읽기를 예로 들어 설명했지만 자동 과정은 어느 과목이나 기술에도 해당된다. 자동 과정에도 순서가 있다. (수학적 사실을 떠올리거나 과학에서 연역법을 활용할 때처럼) 처음에는 작업기억을 차지하지만 연습을 통해 자동화되는 기본 과정이 있다. 기본 과정이 자동화되어야 학생들의 사고력을 한 단계 끌어올릴 수 있다. 위대한 철학자 알프레드 노스 화이트헤드(Alfred North Whitehead)는 이렇게 말했다. "각종 글씨 연습 교본에도 나오며 저명한 인사들이 연설할 때도 자주 인용하지만 크게 잘못된 진부한 문구가 있다. 자기 행동을 자각하는 습관을 길러야 한다는 말이 그것이다. 진실은 정반대다. 생각하지 않고 하는 행동의 가짓수를 늘리면서 문명은 발전한다."[1]

연습은 기억을 오래 지속시킨다

몇 년 전에 내게도 누구나 한 번쯤 경험했을 법한 일이 일어났다. 고등학교 시절에 모아 둔 기하학 수업 자료를 우연히 발견한 것이다. 지금 나는 기하학의 기본 3요소를 기억하지 못하지만, 그날 찾은 문제집과 시험문제에는 내 필체가 고스란히 남아 있고 문제 풀이 방법과 공식이 자세히 적혀 있었다.

교사가 들으면 맥 빠질 이야기다. 당시에 기하 선생님이 열심히 가르쳐 주었을 텐데 나는 공식과 풀이 방법을 기억하지 못하니 말이다. 그러니 "이런 거 배워도 써먹을 일 없을 거예요."라는 학생들의 불평도 일리는 있다. 열심히 가르쳐 봤자 결국 다 잊어버린다면 교사가 하는 일이 무슨 의미가 있단 말인가?

그러나 나는 기하학을 조금은 기억한다. 수업을 들은 직후에 비하면 많이 잊었지만 배우기 전보다는 확실히 많이 안다. 이러한 사실을 기억 검사로 증명하는 연구들도 있다. 말하자면 우리는 배운 내용의 (전부는 아니지만) 상당 부분을 잊을 뿐 아니라 망각 속도도 빠르다.

한 연구에서는 3년 전에서 16년 전 사이에 대학에서 한 학기 동안 발달심리학을 들은 학생들을 추적해[2] 수업 내용을 묻는 시험을 실시했다. 그림 5-4는 그 결과를 보여 주는 그래프다. 우선 대학 다닐 때 A학점을 받은 학생과 B학점 이하를 받은 학생을 나누었다. 두 집단 모두 기억이 많이 남아 있지는 않았다. 수업을 들은 지 3년밖에 지나지 않은 학생은 수업 내용의 절반 이하를 기억했고, 이후 7년까지 계속 떨어지다가 그다음부터는 일정한 수준을 유지했다. A학점을 받은

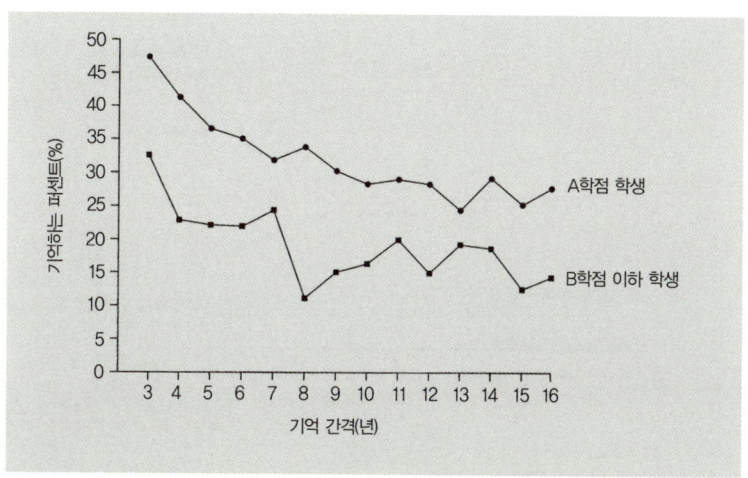

그림 5-4 | 한 학기 동안 발달심리학 수업을 들은 학생들이 3년 전에서 16년 전 사이에 받은 수업 내용을 얼마나 기억하는지 나타낸 그래프. 두 개의 선은 A학점을 받은 학생과 B학점 이하를 받은 학생의 점수를 나타낸다.

학생들이 전반적으로 더 많이 기억하고 처음부터 높은 수준에서 시작했다. 그러나 기억을 잃어버리는 속도는 다른 학생들과 같았다. 열심히 공부한다고 해서 잊어버리지 않는 것은 아니다. 열심히 공부한 것으로 보이는 A학점을 받은 학생들 역시 다른 학생들과 같은 속도로 잊어버리는 것으로 나타났다. 하지만 망각을 막아 주는 요인은 있다. 바로 꾸준히 연습하는 것이다.

한편 다른 한 연구에서는 다양한 연령대의 피험자를 대상으로 대수학 시험을 치렀다.[3] 1000명이 넘는 피험자가 실험에 참가했으므로 다양한 배경의 사람들이 모인 셈이다. 무엇보다도 수학을 공부한 수준이 저마다 달랐다. 그림 5-5는 대수학 시험 점수를 나타낸다.* 모든 피험자가 오직 실험을 목적으로 동시에 시험을 보았다. 고등학교와

유용한 학습 방법인가? | 163

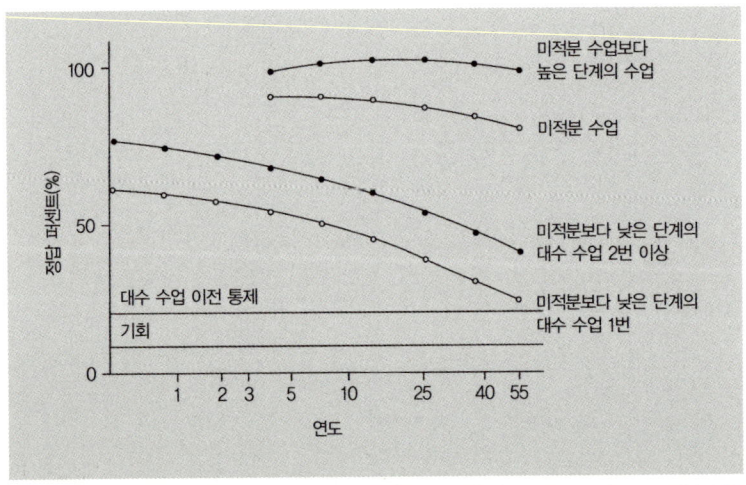

그림 5-5 | 1개월에서 55년 사이에 수학 수업을 들은 사람들의 기초 대수 점수. 4개의 선은 기초 대수 수업 이후에 들은 수학 수업의 수를 기준으로 나눈 네 집단의 점수이다.

대학에서 들은 수학 수업의 수를 기준으로 점수를 네 집단으로 분류했다. 우선 맨 아래에 위치한 곡선을 살펴보자. 대수학 수업을 하나만 들은 사람의 점수다. 왼쪽에서 오른쪽으로 갈수록 수업을 들은 이후의 기간이 길어진다. 따라서 맨 왼쪽에 찍힌 점(약 60퍼센트 정확함)은 대수학 수업을 들은 지 얼마 안 된 사람의 점수이고 맨 오른쪽 점은 자그마치 55년 전에 수업을 들은 사람의 점수다.

맨 아래 곡선은 우리의 예상과 같은 모양을 그린다. 대수학 수업을 들은 이후의 기간이 길어질수록 시험 점수가 낮았다. 바로 위 곡선은 대수학 수업을 2개 이상 들은 사람의 점수를 나타낸다. 예상대로 점

- 보다시피 그래프의 곡선이 완만하고 고르다. 학생들의 대수학 기억에 작용하는 요인은 다양하다. 이 그래프는 다른 요인을 통계적으로 제거했기 때문에 수학 수업 수의 효과를 가시적으로 표시하는 데 이상적이다. 원점수를 표시하지 않았지만 자료를 통계적으로 정확히 표시했다.

수가 높지만 첫 번째 곡선과 마찬가지로 망각한 증거가 나타난다. 이번에는 맨 위의 곡선을 살펴보자. 미적분보다 높은 단계의 수업을 들은 사람들의 점수다. 그런데 흥미롭게도 선이 평편하다. 50년 전에 수학 수업을 들은 사람이 5년 전에 들은 사람 못지않게 대수를 잘 이해하고 있다.

어떻게 된 일일까? 수학 수업을 많이 들은 사람이 더 똑똑하거나 수학을 잘해서 이런 결과가 나온 것은 아니다. 이 책에는 그래프를 싣지 않았지만 앞의 발달심리학 연구와 마찬가지로 첫 번째 대수 수업에서 A학점을 받은 사람과 B학점을 받은 사람과 C학점을 받은 사람을 구분할 때는 아무런 차이가 나타나지 않았다. 모두 같은 비율로 잊어버렸다. 다시 말해서 첫 번째 대수 수업에서 C를 받았지만 이후에 수학 수업을 더 들은 사람은 대수를 기억하는 반면에, 첫 번째 수업에서 A를 받았어도 수학 수업을 더 듣지 않은 사람은 대수를 잊어버렸다. 즉 수학 수업을 많이 들을수록 기초 대수를 다시 생각하고 연습하기 때문에 그런 것이다. 대수를 충분히 연습하면 망각하지 않을 수 있다. 이러한 결과는 스페인어 수업이나 다른 과목을 대상으로 실험한 연구들에서도 확인할 수 있었다.

그런데 이들 연구에서 한 가지 모호한 점이 있다. 기억이 오래 지속되는 이유가 연습을 많이 해서인지, 아니면 오랜 기간에 걸쳐 연습해서인지 명확하지 않다. 공부하는 '시기가 중요한지 알아본 연구도 있다. 여기서 시기란 하루 중 언제 공부하는지가 아니라 공부 시간을 어떻게 배분하는지를 의미한다. 이렇게 설명해 보자. 앞에서 2시간 공부하는 것이 1시간 공부하는 것보다 낫다고 강조했다. 예를 들어 어

일	월	화	수	목	금	토
		1	2	3	4	5
6	7 공부(B)	8 공부(B)	9 공부(B)	10 공부(B) 공부(A) 공부(A) 공부(A) 공부(A)	11 시험	12
13	14	15	16	17	18 시험	19
20	21	22	23	24	25	26
27	28	29	30	31		

그림 5-6 | 이 그림은 인지과학에서 말하는 기억의 간격 효과를 보여 준다. 학생 A는 첫 번째 시험 전날 4시간 동안 공부한 반면에 학생 B는 시험 전 나흘 동안 매일 1시간씩 공부했다. 학생 A가 학생 B보다 첫 번째 시험을 잘 보겠지만 일주일 뒤에 치르는 두 번째 시험에서는 학생 B가 훨씬 좋은 성적을 거둘 것이다.

떤 과목을 2시간 동안 공부하기로 했다면 120분을 어떻게 배분해야 할까? 120분 내내 공부해야 할까? 아니면 하루에 60분 공부하고 다음 날 60분 공부해야 할까? 매주 30분씩 4주 동안 공부하는 방법은 어떨까?

시험 직전에 한꺼번에 공부하는 것을 벼락치기라고 한다. 내가 학교에 다닐 때도 벼락치기로 성적을 잘 받았지만 일주일 뒤엔 다 잊어버렸다고 허풍을 떠는 학생들이 있었다.(참 별일을 다 떠벌린다.) 그런데 실제로 여러 연구가 이들의 허풍을 입증해 준다. 단기간에 많은 양을 공부하면 당장 시험은 잘 보지만 금세 잊어버린다. 반면에 시간 간격을 두고 여러 번 공부하면 시험 결과는 좋지 않아도 공부한 내용을 이후 오랫동안 기억할 수 있다.[그림 5-6]

간격 효과(spacing effect), 곧 시간 간격을 두는 방법이 효과적이라는 주장에 놀랄 교사는 아마 없을 것이다. 벼락치기로 공부하면 기억에 오래 남지 않는다는 건 누구나 알고 있다. 벼락치기보다는 여러 번 나누어서 공부해야 기억에 오래 남는다. 하지만 간격 효과의 2가지 중요한 함의를 명백하게 밝히는 것은 더 중요하다.

나는 연습의 중요성에 대해 이야기해 왔고 조금 전에는 시간 간격을 두고 연습하는 것이 효과적이라고 지적했다. 그래서 한 번에 몰아서 연습하기보다 간격을 두고 연습하면 적은 양으로도 큰 효과를 볼 수 있다. 간격을 두고 연습하는 방법에는 또 다른 이점이 있다.

연습은 (우리가 이 용어를 사용해 온 이래로) 이미 숙달한 일을 계속 반복한다는 뜻이다. 정의만 보자면 아무리 높은 인지 효과를 얻는다 해도 몹시 지루할 것 같다. 하지만 이윽고 학생들이 시간 간격을 두게 되면 교사들은 지루해 보이는 과제를 그들이 더 흥미롭게 하도록 만드는 일이 좀 더 쉬워질 것이다.

연습은 지식의 전이를 향상시킨다

4장에서는 기존 지식을 새로운 상황에 전이시키는 문제를 자세히 다루었다. 방사선으로 종양을 공격하는 문제를 예로 들었는데, 피험자는 금방 해답(저강도 방사선을 여러 방향에서 쏘아 종양을 파괴함)을 듣고도 요새와 군대 문제로 전이시키지 못했다. 이처럼 겉보기에 다른 상황일지라도 전이가 일어나는데 다만 드물게 일어난다. 그러면 지식의 전이가 자주 일어나게 하려면 어떻게 해야 할까? 학생들이 "아, 전에 비슷한 문제를 봤어요. 어떻게 푸는지 기억나요!"라고 말하기까지 어떤 요인이 작용할까?

전이가 일어나는 데는 여러 가지 요인이 작용하지만 그중에서 특히 중요한 것이 몇 가지 있다. 앞서 말했듯이 새로운 문제의 표층구조가 익숙한 문제의 표층구조와 유사할 때 전이가 잘 일어난다. 가령 동전을 수집하는 사람에게는 같은 분수 문제라도 엔진 효율성으로 제시하는 것보다 환전으로 제시하는 편이 낫다.

연습은 또 하나의 중요한 요인이다. 한 가지 유형의 문제를 많이 풀어 보면 비슷한 문제를 본 적이 없어도 기본 구조를 파악할 수 있다. 가령 앞서 본 방사선과 종양 문제를 읽으면 군대와 요새 문제를 어떻게 풀지 좀 더 쉽게 이해할 수 있다. 힘을 분산해서 목표 지점에 결집하는 이야기를 여러 번 읽을수록 문제의 심층구조를 파악하기가 훨씬 수월해진다. 예를 들어 아래 문제를 읽어 보자.

멕시코 여행을 계획하고 있다. 미국 달러를 가져가서 멕시코에서 페소로 바꾸어 호텔 숙박비를 현금으로 지불하면 수수료를 많이 절약할 수 있다고 한다. 나흘 동안 머물 계획이고 하루 숙박비는 100페소다. 달러를 얼마나 가져갈지 계산하려면 어떤 정보가 더 필요하고 어떤 방법으로 계산해야 할까?

어른들은 이 문제를 읽고 곧장 심층구조를 파악할 수 있지만 4학년 학생은 그러지 못한다. 왜 그럴까?

연구자들은 몇 가지 이유를 제시한다. 첫 번째 이유는 연습이 문제를 이해하고 나중에 기억할 가능성을 높여 주기 때문이다. 필요한 원칙을 이해해도 기억하지 못하면 새로운 상황에 적용하기 어렵다. 당연하지 않겠는가? 4학년만 돼도 나눗셈을 이해한다. 그런데 왜 이 문제를 풀 때는 나눗셈을 적용해야 한다고 생각하지 못할까? 그리고 어른들은 어떻게 아는 걸까?

4장에서 설명했듯이 어떤 글을 읽기 시작하면 글을 읽는 동안 이어지는 내용에 대한 해석의 폭이 크게 줄어든다. 허리케인에 대한 간략한 묘사를 예로 들고, 그다음에 '눈'이라는 단어를 보면 시각 기관이나 감자에 난 싹을 떠올리지는 않는다고 설명했다. 글을 읽거나 상대의 말을 들을 때는 비슷한 주제에 관한 연상을 하면서 내용을 해석하기 마련이다. 우리는 눈에 관한 정보를 풍부하게 알고 있으므로 내용에 따라 적당한 연상을 선택한다. '음, 여기서는 눈의 적절한 의미가 무엇일까?'라고 의식적으로 고민할 필요도 없이 적합한 의미를 저절로 떠올린다.

관련 정보는 단어의 다양한 의미를 이해할 때만이 아니라 글을 구성하는 요소들 사이의 관계를 이해하는 데도 필요하다. 예를 들어 내가 이런 이야기를 꺼냈다고 치자. "아내와 내가 작은 섬에서 휴가를 보냈는데 그곳엔 특이한 법이 있었어요. 해가 진 다음에 두 사람 이상 함께 걸을 때는 각자 펜을 들고 있어야 한다는 규칙이었지요. 호텔에서도 문 앞에 공지를 붙여 놓고 곳곳에 펜을 놓아두었는데, 우리는 첫날에 저녁을 먹으러 나갈 때 깜빡 잊고 펜을 들고 나가지 않았어요."

내 이야기를 들으면 자연히 내가 규칙을 어겼다는 점을 파악할 것이다. 그런데 독자는 내 이야기의 표층구조를 접해 본 적이 없다. 들

그림 5-7 | 사진 속 표지판을 보면 허용 규칙이라는 것을 알 수 있다. "신발을 신지 않거나 셔츠를 입지 않은 사람은 들어갈 수 없습니다." 이 규칙은 이해하기 쉽다. 표지판을 많이 봐서 만이 아니라 자주 접하는 심층구조이기 때문이다.

도 보도 못한 규칙이라 이해가 되지 않는다. 하지만 이야기를 구성하는 요소들 사이의 기능적 관계는 자주 접해 왔다. 말하자면 이 이야기는 '허용'에 관한 이야기다. 허용 관계에서는 어떤 일을 하려면 선결 조건을 충족시켜야 한다.[그림 5-7] 예를 들어 술을 마시려면 스물한 살이 넘어야 한다. 작은 섬에서는 해가 진 뒤에 다른 사람과 함께 밖에 돌아다니려면 각자 펜을 들고 있어야 한다. 또 허용 규칙이 있을 때 그것을 어기면 응분의 대가가 따른다는 사실도 우리는 잘 안다. 따라서 내가 기묘한 이야기를 꺼내도 독자는 이야기가 어떻게 진행될지 예상할 수 있다. 나는 펜이 없어서 붙잡힐 것이고 독자는 그다음에 어떤 일이 벌어질지 궁금해할 것이다. 말귀를 알아들은 사람이라면 "어머나! 펜이 없어서 붙잡혔나요?"라고 맞장구를 칠 것이다. 반면에 "그래요? 호텔에서 어떤 펜을 줬는데요?"라고 반응한다면 그 사람은 이야기의 핵심을 놓친 것이다.

내가 펜 이야기를 꺼내면 독자는 자연히 허용 규칙 개념을 떠올린다. 허리케인 이야기에서 '눈'이라는 단어가 나오면 허리케인의 중심을 떠올리듯이 말이다. 눈의 의미를 이해하는 이유는 눈이 허리케인의 중심을 가리키는 예를 여러 번 보았기 때문이다. 마찬가지로 펜 이야기를 들었을 때 허용 규칙이라는 심층구조를 떠올리는 이유는 허용 규칙에 관한 연습을 많이 해 왔기 때문이다. 여기서 허용 규칙과 눈의 유일한 차이는 눈은 한 단어지만 허용 규칙은 몇 가지 개념들 사이의 관계로 규정된다는 점이다. 우리는 단어 하나의 의미를 기억에 저장하듯이 (허용의 개념과 같은) 개념들 사이의 기능적 관계도 저장할 수 있다.

누군가 처음에 눈이 허리케인의 중심을 가리키기도 한다고 알려 준다면 아마도 쉽게 이해할 것이다. 그렇다고 그다음에 눈이 나왔을 때도 정확한 의미를 알아챈다는 보장은 없다. 약간 혼란스러워하면서 맥락을 보고 의미를 추측해야 할지도 모른다. 눈의 의미를 자동으로 올바르게 해석하려면 같은 의미로 쓰인 예를 몇 번 더 보아야 한다. 연습이 필요하다는 얘기다. 심층구조도 마찬가지다. 처음에 심층구조를 보고 이해할 수는 있겠지만 다음에 볼 때도 자동으로 알아챌 수 있는 것은 아니다. 요컨대 연습은 전이를 촉진한다. 연습이 심층구조를 더 명확히 드러내기 때문이다.

다음 장에서는 어떤 일을 충분히 연습하면 어떻게 될 수 있는지 살펴볼 것이다. 전문가와 초보자를 비교하고 둘 사이의 중요한 차이를 설명할 것이다.

학교 수업에 주는 함의

이 장을 시작하면서 연습을 하는 2가지 이유를 지적했다. 우선 최소한의 필요한 능력을 습득하기(청소년이 수동 기어를 자유자재로 다룰 때까지 운전을 연습하는 경우) 위해서이고, 다음으로는 습득한 기술을 숙달하기(골프 선수가 정확도를 높이기 위해 퍼팅 연습을 하는 경우) 위해서다.

그리고 우리의 능력이 크게 발전하지 않을 때조차도 꾸준히 정신적 기술을 연습하는 이유는 3가지 이점이 있기 때문이다. 첫째, 정신 과정이 자동화되어 학습을 촉진한다. 둘째, 기억이 오래 지속된다. 셋째, 학습한 내용을 새로운 상황에 적용할 가능성이 높아진다.

연습을 할 때 생기는 단점도 무시할 수 없다. 크게 발전하지 않는데도 계속 연습하는 건 지루하지 않은가! 여기서는 연습의 비용을 최소로 줄이면서 효과를 거둘 수 있는 몇 가지 방법을 소개하겠다.

무엇을 연습해야 할까?

모든 일을 연습하기는 불가능하다. 우선 시간이 부족하다. 다행히 모든 일을 연습할 필요도 없고, 연습 결과 어떤 혜택을 얻는지 알면 무엇을 해야 할지 방향을 잡을 수 있다. 가령 연습을 통해 정신 과정이 자동화된다면 "어떤 정신 과정을 자동화시켜야 할까?"라고 물을 수 있다. 기억에서 글자의 소리를 떠올리는 것과 마찬가지로 기억에서 수학적 사실을 떠올리는 방법도 좋다. 과학 교사라면 원소에 관한 기본 지식을 언제 어디서나 말할 수 있을 정도로 연습해야 한다고 여길 것이다. 대체로 자동화를 통해 가장 큰 혜택을 얻을 수 있는 기본 기술을 연습해야 한다. 기본 기술이란 한 과목에서 반복적으로 나오는 것이며 더 높은 단계의 공부를 위해 꼭 필요한 전제 조건이다.

시간 간격을 두고 연습하라

어떤 개념을 연습할 때 꼭 짧은 시간에 해내거나 한 번에 끝낼 필요는 없다. 시간 간격을 두고 연습하는 데는 그만한 이유가 있다. 앞서 설명했듯이 시간 간격을 두면 기억에 오래 남는 데다가 짧은 시간 안에 같은 기술을 반복할 때보다 지루하지 않을 수 있다. 조금씩 변화를 주는 편이 낫다.

시간 간격을 두고 연습하는 것의 또 다른 이점은 지식을 어떻게 적용할지 생각할 기회가 많아진다는 것이다. 한 가지 기술을 연습한 경험을 한데 모으면 모든 문제가 사실은 연습한 기술의 변형이라는 것을 알 수 있다. 하지만 일주일 전이나 한 달 전이나 3개월 전에 연습한 자료까지 포함하려면 문제를 어떻게 해결하고 어떤 지식과 기술을 적용할지 더욱 신중하게 생각해야 한다. 더구나 학생들이 만나는 교사는 한두 명이 아니다. 영어 교사는 시의 심상을 떠올릴 줄 알아야 한다고 강조하지만 심상을 이해하는 데 필요한 지식과 기술은 몇 년에 걸쳐 수업을 들어야 습득할 수 있다.

어려운 기술을 집중해서 연습하라

기본 기술을 완전히 숙달할 때까지 연습하는 것을 목표로 할 수도 있다. 하지만 그것이 학생들이 그보다 더 높은 기술 환경에서 연습할 수 없다는 것을 의미하지는 않는다. 가령 학생들은 인쇄된 글자를 보면서 소리를 떠올리는 것을 연습해야 할지 모른다. 하지만 가능하기만 하다면 흥미로운 읽을거리로 연습하지 못할 이유는 없다. 브리지(카드 게임의 일종)를 잘하는 사람은 한 손으로 점수를 계산해서 비딩(bidding)을 할 수 있어야 한다. 하지만 내가 브리지 선생이라면 손에 완전히 익을 때까지 점수만 계산하라고 시키지는 않을 것이다.

자동으로 할 수 있으려면 '연습을 많이 해야' 한다. 연습 시간만이 아니라 활동도 분산시켜야 한다. 꼭 필요한 기술을 연습하기 위한 창의적인 방법도 생각해야 하지만, 한편으로 기본 기술을 익혀야 고급 기술도 연습할 수 있다는 사실을 기억해야 한다.

6

학생들이 과학자, 수학자, 역사가처럼
생각하도록 가르치는 비법은 무엇일까?

Q 인지과학자에게 묻다

교육 전문가와 정책 입안자는 간혹 교과 과정이 본래 목표에서 벗어난 것 같다며 당혹감을 드러낸다. 예를 들어 역사 시간에는 역사적 사실과 날짜만 따진다. 바람직한 수업이라면 학생들에게 역사적 맥락에서 토론하는 방법을 가르쳐야 한다. 하지만 학생들에게 역사가처럼 생각하도록, 이를테면 문헌과 증거를 분석하고 역사 해석의 근거를 제시하도록 가르치는 교과 과정은 거의 없다. 마찬가지로 과학 시간에는 과학적 사실을 암기하고 예상된 결과를 확인하는 실험만 할 뿐, 진정한 과학이라 할 만한 탐구나 문제해결 같은 과학적 사고는 연습하지 않는다. 학생들이 과학자, 역사가, 수학자처럼 생각하도록 가르치려면 어떻게 해야 할까?

답하다 A

교과 과정에 대한 비판은 일리가 있어 보인다. 학생들에게 과학자가 무슨 일을 하는지 가르치지 않고 어떻게 차세대 과학자를 길러 낼 수 있을까? 하지만 학생들이 인지적으로 과학자나 역사가가 하는 일을 할 수 있다는 전제 자체가 잘못이다. 이 장의 중요한 인지 원칙은 이렇다.

 훈련 초반의 인지는 훈련 후반의 인지와 근본적으로 다르다.

단지 학생들이 전문가보다 지식이 부족하다는 뜻이 아니라 학생들의 지식은 기억 체계에서 전문가와 다르게 조직화되어 있다는 의미다. 물론 과학자도 처음 공부를 시작할 때는 과학자처럼 생각하지 않았다. 초보자처럼 생각했다. 오랜 기간 훈련받지 않고 과학자나 역사가처럼 생각하는 사람은 없다. 그렇다고 해서 학생은 시를 짓거나 과학 실험을 해서는 안 된다는 뜻이 아니다. 다만 교사와 교육 행정가는 수업 시간에 내주는 과제가 학생들에게 어떤 역할을 하는지 명확히 알아야 한다는 뜻이다.

중학교와 고등학교 과학 시간을 떠올려 보라. 대개 이렇게 진행되었을 것이다. (1) 생물학이나 화학, 물리학의 몇 가지 법칙을 설명한 교재를 집에서 읽는다. (2) 다음 날 수업 시간에 교사가 물리학 법칙을 설명한다. (3) 실험실에서 짝을 지어 법칙을 증명하는 실험을 실시한다. (4) 그날 밤 연습문제를 풀면서 법칙을 적용하는 연습을 한다.

그런데 이렇게 해서는 실제 과학자가 하는 일을 연습할 수 없다. 과학자는 결과를 모른 채 실험을 한다. 실험을 해서 어떤 결과가 나오는지 확인하고 예상 밖의 결과나 모순된 결과가 나오면 그것을 해석한다. 반면에 학생들은 어떤 결과가 나올지 이미 알고 있으므로 실험을 통해 결과를 설명하는 것이 아니라 실험을 정확히 실시했는지에 관심을 둔다. 마찬가지로 역사가는 교재를 읽고 암기하는 것이 아니라 (출생증명서, 일기, 신문 자료 같은) 사료를 분석해서 역사적 사건을 합리적으로 해석하려고 시도한다. 학생들에게 역사가와 과학자가 하는 일을 연습할 기회를 주지 않으면서 과연 역사와 과학을 가르친다고 할 수 있을까?

과학자는 전문가다. 수년에 걸쳐 매주 40시간씩(혹은 그 이상) 과학 연구에 매진한다. 오랜 연습 결과 과학자가 생각하는 방식은 박식한 아마추어가 생각하는 방식과 질적으로 달라진다. 따라서 학생들에게 역사가나 과학자, 수학자처럼 생각하라고 요구하는 것은 무리다. 그러면 전문가들이 하는 일은 무엇이고 어떻게 하는지 간략히 살펴보자.

과학자나 수학자, 그리고 다른 전문가들은 어떻게 할까?

전문가가 하는 일은 물론 분야에 따라 다르다. 그래도 역사·수학·문학·과학과 같은 학문 분야, 의학·은행업과 같은 응용 분야, 체스·브리지·테니스와 같은 오락 분야를 아우르는 중요한 공통점이 있다.

미국 드라마 〈하우스〉는 전문가의 능력을 잘 묘사해 보여 준다. 이 드라마의 주인공인 무뚝뚝한 천재 하우스 박사는 다른 의사들이 풀지 못하는 환자 사례를 해결한다. 하우스가 맡은 사례를 보면 전문가들이 어떻게 생각하는지 엿볼 수 있다.[1]

1 하우스는 사물이 둘로 보이는 증상과 야간 공포 증상을 호소하는 16세 소년을 만난다. 뇌에 외상을 입지 않았다면 10대 청소년에게 나타나는 야간 공포는 살인 현장을 목격하거나 성폭행을 당한 수준의 심각한 스트레스가 원인이라고 언급한다. **임시 진단: 성폭행.**

2 하우스는 소년이 뇌에 외상을 입었을지 모른다고 의심한다. 소년은 라크로스 경기 중에 머리를 다친 적이 있다. 환자와 면담하던 중 뒤늦게 이 사실을 알아낸 하우스는 소년이 뇌진탕을 입었다고 결론짓고 라크로스 경기 후에 처음으로 환자를 검사한 응급실 의사가 일을 망쳤다고 화를 낸다. **임시 진단: 뇌진탕.**

3 소년은 카운터에 걸터앉아 다리를 흔들고 있다. 방을 나서던 하우스는 소년의 다리에 경련이 이는 것을 보고 수면 중에 일어나는 반응이라고 추정한다. 하지만 소년은 잠자고 있지 않았다. 이로써 모든 가설이 뒤집힌다. 하우스는 퇴행성 질환을 의심한다. 그리고 소년에게 입원을 지시한다.

4 하우스는 수면 검사(야간 공포 증상을 확인하기 위한 검사), 혈액 검사, 뇌 영상 촬영을 지시한다. 다른 의사들은 뇌 사진에서 특이점을 발견하지 못하지만 하우스는 뇌 구조물 하나가 약간 변형된 것을 알아본다. **임시 진단: 보호액으로 뇌를 감싸는 기관이 폐색됨. 폐색물이 뇌에 압력을 가해 증상을 일으킴.**

5 하우스는 뇌를 감싸는 액체가 정상적으로 이동하는지 알아보는 검사를 지시한다. 검사 결과 폐색이 발견되어 수술을 지시한다.

6 수술 중에 뇌를 감싸는 액체에서 다발성 경화증과 관련 있는 화학적 변화를 발견한다. 하지만 다발성 경화증을 일으킬 만한 뇌 손상은 보이지 않는다. **임시 진단: 다발성경화증.**

7 환자가 환각 증상을 보인다. 하우스는 야간 공포가 아니라 환각을 일으킨 것이라고 깨닫는다. 따라서 다발성 경화증일 가능성은 없지만 뇌가 감염되었을 수 있다. 검사 결과 감염 증거는 나타나지 않았지만 신경매독 환자의 30퍼센트 정도에서 음성 오류가 발생한다고 언급한다. **임시 진단: 신경매독.**

8 환자가 다시 환각을 일으키자 신경매독이 아니라고 판단한다. 신경매독이었다면 치료 후에 회복되어야 하기 때문이다. 하우스는 환자가 입양이라는 정보를 얻는다. 부모는 환자에게 입양 사실을 숨겨 왔다. 하우스는 환자의 생물학적 어머니가 홍역 예방접종을 받지 않았

고 환자는 생후 6개월 이전에 홍역에 감염된 것으로 추정한다. 그 당시엔 홍역에서 회복되었지만 변종 홍역 바이러스가 뇌에서 돌아다니면서 16년 동안 잠복해 있던 것이다. **최종 진단: 아급성경화성전뇌염.**

위 줄거리에는 많은 정보가 빠져 있다.(실제 에피소드는 훨씬 흥미롭다.) 그래도 전문가의 전형적인 일면을 엿볼 수는 있다.

하우스도 다른 의사들과 마찬가지로 환자를 진단하는 과정에서 정보의 홍수에 빠진다. 직접 검사한 자료와 갖가지 실험 결과, 환자의 병력 등 무수한 정보를 접한다. 정보가 많을수록 좋을 것 같지만 꼭 그렇지는 않다. 구글 검색을 했는데 결과가 500만 개나 나오면 어떻겠는가? 의학을 공부하는 학생은 중요한 정보와 불필요한 정보를 선별하느라 애를 먹지만, 노련한 의사는 중요한 정보는 무엇이고 무시해도 좋은 정보는 무엇인지 직감으로 안다. 예를 들어 하우스는 사물이 둘로 보이는 증상에는 관심을 두지 않고(처음에 그 말을 듣고 "안경 써라."라고 말한다.) 오직 야간 공포 증상에만 관심을 보인다. 경험이 풍부하기 때문에 다른 의사들이 놓친 미묘한 단서를 민감하게 포착한다. 소년의 다리에 나타난 특이한 경련을 알아챈 사람도 하우스뿐이다.

앞서 2장에서 설명했듯이 전문가는 자기 분야에 관한 배경지식이 풍부한 사람이다. 하지만 전문가가 되려면 지식을 넘어선 뭔가가 더 필요하다. 수련생 역시 전문가 못지않게 지식이 풍부한 편이다. 하우스 밑에서 수련을 받는 의사들은 그가 진단을 내리거나 특정 증상에 주목하라고 말할 때 영 모르겠다는 표정을 짓지 않는다. 그러나 하우스는 누구보다 빠르고 정확하게 기억을 떠올려서 '알맞은' 정보를 찾아낸다. 수련의들도 알고 있었지만 먼저 생각해 내지 못했을 뿐이다.

전문 지식에 따라 실수의 유형도 다르다. 전문가는 실수를 해도 그럴듯하게 한다. 다시 말해서 정답을 맞히지 못하더라도 근접하게 추측한다. 하우스 역시 정확한 진단에 이르기까지 실수를 범하지만(하우스가 실수하지 않는다면 에피소드 한 편이 5분을 넘기지 못할 것이다.) 어느 정도 말이 되는 추측을 내놓는다. 반면에 수련의들의 임시 진단은 이치에 맞지 않을 때가 많은데, 그럴 때면 하우스는 냉소적인 말투로 중요한 증상(혹은 증상의 부재)을 들면서 엉터리 진단이라고 지적한다.

하우스의 예에는 나오지 않지만 전문가의 중요한 특징이 또 하나 있다. 전문가는 유사한 영역에 지식을 적용하는 능력이 초보자보다 뛰어나다. 예를 들어 역사가는 전공 분야 이외의 사료를 연구하면서도 합리적으로 분석할 수 있다. 시간이 조금 더 걸리고 전공 분야만큼 구체적이진 않겠지만 초보자보다는 전문가에 가깝게 할 수 있다. 마찬가지로 『뉴스위크(Newsweek)』에서 10년 동안 영화 평론을 쓴 사람에게 『월스트리트저널(Wall Street Journal)』에 실릴 금융 분석 기사를 써 달라고 요청하면 어떤 결과가 나올까? 주로 영화 관련 지식을 쌓아왔지만 탄탄한 글쓰기 능력을 바탕으로 아마추어보다는 전문가에 가까운 기사를 쓸 것이다.

요컨대 전문가는 초보자에 비해 중요한 정보를 포착하고, 합리적인 해결책을 내놓고, 유사한 영역에 지식을 적용하는 능력이 뛰어나다. 이러한 능력은 의사, 작가, 수학자, 체스 선수, 그리고 교사에게도 나타난다. 예를 들어 초보 교사는 학생의 품행 문제를 잘 포착하지 못하지만 노련한 교사는 놓치는 법이 없다.(그래서 학생들이 노련한 교사에게 "뒤통수에도 눈이 달렸다."라고 말하는 모양이다.) 노련한 교사는 하우스처럼 중요한 정보에 곧바로 접근할 수 있다. 초보 교사에 비해 개념을 설명하는 방법을 많이 알고 있기에 대안을 더 빨리 생각해 낼 수 있다.

전문가의 머릿속에는 무엇이 들어 있을까?

지금까지 전문가가 무엇을 할 수 있는지 설명했다. 전문가는 어떻게 그렇게 할 수 있을까? 특정한 문제해결 능력과 특수한 지식이 필요한 걸까? 학생들에게 필요한 능력과 지식을 쌓게 하려면 어떻게 해야 할까?

전문가가 주로 의지하는 방법은 앞서 설명한 내용과 비슷하다. 1장에서는 작업기억이 효과적인 사고를 가로막는 장애물이라고 설명했다. 작업기억은 생각이 일어나는 공간이지만 용량이 정해져 있어서 정보가 가득 차면 현재 일어나는 행동이나 생각을 다 수용하지 못한다. 그래서 작업기억의 한계를 극복하는 2가지 방법을 소개했다. 배경지식을 이용하는 것(2장)과 꾸준히 연습하는(4장) 것이다. 초보자는 2가지 방법 가운데 하나를 완벽하게 실천해서 남보다 앞서 나갈 수 있다. 전문가는 풍부한 경험을 바탕으로 2가지 모두를 더욱 효과적으로 활용할 수 있다.

배경지식이 탄탄할수록 작업기억의 한계를 극복하기 수월한 이유는 정보를 의미 덩이로 묶을 수 있기 때문이다. 예를 들어 C, B, S를 CBS로 묶어서 한 단위로 만든다. 전문가는 당연히 전공 분야에 관한 배경지식이 풍부하다. 하지만 전문가에게는 보통 사람을 능가하는 또 하나의 강점이 있다. 장기기억에 정보가 많이 들어 있을 뿐 아니라 장기기억의 구성이 초보자와 다르다.

전문가는 초보자와 달리 피상적인 특징에 관심을 두지 않는다. '기능', 즉 심층구조를 생각한다. 예를 들어 체스 전문가와 초보자를 비교하는 실험을 살펴보자.[2] 피험자에게 한창 경기가 진행 중인 체스판을 잠깐 보여 준 다음 빈 체스판을 주고 방금 본 말의 위치를 재현해 보라고 했다. 연구자들은 특히 말을 놓는 순서에 주목했다. 피험자들은 말을 한 번에 몇 개씩 놓았다. 이를테면 재빨리 서너 개 놓고 잠시 멈췄다가 다시 서너 개를 놓고 멈추는 식이었다. 말을 놓고 짬을 두는 이유는 다음에 놓을 말들을 생각하기 위해서다. 초보자는 말이 있던 위치에 따라 집단을 만들었다. 체스판 한쪽 구석에 놓여 있던 말들을 다 놓고 다른 쪽 구석에 있던 말들을 놓는 식이었다. 반면에 전문가는 기능을 기준으로 집단을 묶었다. 가까이 붙어 있다는 이유로 한데 묶는 것이 아니라 한 말이 다른 말을 위협하거나 방어하는 기능을 중심으로 묶었다. [그림 6-1]

전문가는 추상적으로 사고한다고 정리할 수 있다. 4장에서 설명했듯이 보통 사람은 심층구조가 아닌 표층구조에 마음을 빼앗기기 때문에 추상적 개념을 잘 이해하지 못한다. 그러나 전문가는 문제의 심층구조로 보기 때문에 추상적 개념을 쉽게 알아챈다. 어느 유명한 실험에서는 이 현상을 입증하기 위해 물리학 초보자(물리학 수업을 하나 수강한 대학생)와 전문가(대학원생과 교수)에게 물리학 문제 24개를 주고 범주를 나누도록 요청했다.[3] 그 결과 초보자는 문제에 나오는 물건을 기준으로 범주를 묶었다. 용수철을 이용한 문제를 하나로 묶고 경사면을 이

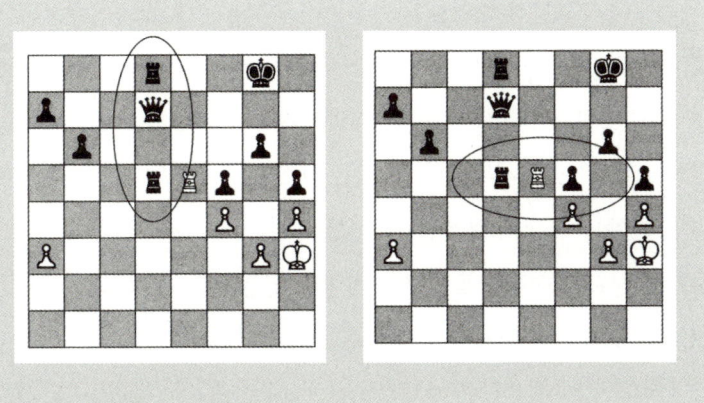

그림 6-1 | 이 실험에서 피험자들은 체스판을 잠깐 보고 빈 체스판에 그와 동일하게 말을 배치해야 한다. 전문가와 초보자 모두 말을 집단으로 묶어서 놓는다. 몇 개 놓고 멈췄다가 다음 집단을 기억해서 말을 놓는 식이다. 초보자는 근접성을 기준으로 집단을 묶는다. 오른쪽 체스판처럼 가까이 있던 말들을 함께 놓는다. 반면에 전문가는 기능을 중심으로 말을 묶는다. 왼쪽 체스판처럼 전략상 관련이 있는 말들을 한데 묶는다.

용한 문제를 다른 하나로 묶었다. 반면에 전문가는 문제를 푸는 데 필요한 물리학 법칙을 기준으로 문제를 분류했다. 예를 들어 에너지 보존에 관한 문제라면 용수철이 나오든, 경사면이 나오든 하나의 범주로 묶었다.

일반적으로 전문가는 문제 유형에 관한 추상적 개념을 알고 있고 초보자는 모른다. 교사도 마찬가지다. 초보 교사는 학생이 품행 문제를 일으키면 당장 해결하겠다고 뛰어드는 반면에, 경험 많은 교사는 먼저 문제가 무엇인지 정의하고 필요하면 정보를 더 수집한다. 노련한 교사는 학생 관리 문제를 어떻게 풀어 나갈지 잘 안다. 겉으로 드러난 품행 문제만 건드리지 않고 근본적인 원인을 찾으려 한다. 가령 노련한 교사는 초보 교사와 달리 학생의 자리 배치부터 바꾼다.

4장에서 초보자가 지식을 전이시키지 못하는 이유는 겉으로 드러난 특징에만 관심을 기울이고 문제들 사이의 추상적이고 기능적인 관계를 보지 못하기 때문이라고 설명했다. 전문가의 강점은 바로 여기에 있다. 전문가는 문제와 상황에 대한 표상을 장기기억에 보관하는데, 이런 표상은 대개 추상적이다. 덕분에 전문가는 부수적인 곁가지를 무시하고 곧바로 유용한 정보를 파고들 수 있다. 기능에 초점을 맞추기 때문에 문제해결에 중요한 특징을 명확히 포착하고, 나아가 다른 문제에도 쉽게 적용할 수 있다. 표층구조가 달라도 전문가라면 추상적인 심층구조를 꿰뚫어볼 수 있다. 그래서 전문가는 틀린 답을 내놓을 때도 대부분 그럴듯한 의견을 제시한다.

노련한 의사는 기본적인 인체생리학을 근거로 사고한다. 인체의 구조를 정확히 파악하고 있기 때문에 겉으로 드러난 증상을 보고 인체가 어떻게 작용하는지 직관하며 모순되거나 불합리한 진단을 내리는 일이 거의 없다. 반면에 의대생들은 증상의 양상만 외울 뿐 인체의 기능을 생각하지 못하기 때문에 새로운 증상이 나타나면 어떻게 해석해야 할지 몰라서 당황한다.

작업기억의 한계를 극복하기 위한 두 번째 방법은 작업 절차를 여러 번 반복해서 자동화하는 것이다. 그러면 절차가 작업기억에서 공간을 차지하지 않는다. 신발 끈을 수백 번 묶으면 아무 생각 없이 묶을 수 있다. 손가락이 저절로 움직여서 뇌가 따로 지시할 필요가 없기 때문에 작업기억을 전혀 차지하지 않는다. 전문가 역시 수련생 시절에는 신중히 고민하고 자주 참조해야 하는 관례나 절차를 자동화하는 데 집중한다. 브리지 선수는 별 생각 없이 한 손으로 점수를 셀 수 있다. 노련한 외과의는 수술 부위를 자동으로 봉합할 수 있다. 경험 많은 교사는 수업을 시작하고, 마무리하고, 학생들을 주목시키고, 시끌벅적한 교실을 차분히 가라앉히는 일을 일상적으로 해낸다. 초보 교사는 수업 내용을 구성하면서 무슨 말을 할지까지 미리 계획하지만 노련한 교사는 세세한 부분은 준비하지 않는다. 새로운 개념을 소개하기 위해 다양한 방법을 생각하긴 해도 구체적으로 무슨 말을 할지는 적어 놓지 않는다. 추상적 개념을 쉽게 풀어서 전달하는 과정이 자동화되어 있기 때문이다.

요컨대 전문가는 실용적인 배경지식을 풍부하게 습득하고 정신 과정을 자동화해서 작업기억의 공간을 절약한다. 그러면 남는 공간은 어디에 쓰일까? 우선 자기 자신과 대화하는 데 쓰인다. 전문가는 자신에게 무슨 말을 건넬까? 연구 문제에 관해 추상적인 대화를 나눈다. 물리학자라면 이렇게 대화할 것이다. "이 문제는 에너지 보존 문제니까 위치에너지를 운동에너지로 바꾸는 거야."[4]

흥미롭게도 전문가는 혼잣말을 하면서도 중요한 의미를 찾을 수 있다. 물리학자는 문제의 본질에 관한 가설을 끌어내고 문제를 계속 읽으면서 가설이 들어맞는지 평가한다. 그런 다음 "음, 확실해. 용수철을 누르면 위치에너지가 늘어날 테니까."라고 말한다. 단순히 자신의 행동을 서술하는 것이 아니라 가설을 세우고, 생각을 검증하고, 가능한 해법을 하나씩 점검한다. 그런데 혼잣말을 할 때도 작업기억이 필요하기 때문에 초보자는 이렇게 하기가 쉽지 않다. 설사 초보자가 혼잣말을 한다고 해도 전문가보다 훨씬 낮은 수준에 머무른다. 문제를 다시 구술하거나 익숙한 공식으로 구성하는 수준이다. 초보자의 혼잣

말은 주로 자신의 행동을 서술하는 데 그친다. 그래서 전문가의 혼잣말과 달리 효과적인 자기 검증 기능을 하지 못한다.

전문가처럼 생각하도록 가르치려면 어떻게 해야 할까?

지금까지 과학자, 역사가, 수학자를 비롯한 전문가의 능력을 소개했다. 전문가는 전공 분야의 문제와 상황에서 피상적인 특징이 아니라 기능을 간파한다. 사물의 기능을 이해하면 정보가 아무리 많아도 중요한 것에만 집중해서 언제나 합당하고 일관된 해답을 제시하고 지식을 다른 분야로 전이시킬 수 있다. 그뿐 아니라 오랜 연습을 통해 전공 분야의 수많은 문제를 자동으로 풀 수 있다.

아주 거창하게 들리지 않는가. 과연 전문가의 이런 능력을 학생들에게 가르칠 수 있을까? 안타깝게도 쉽지 않다. 초보자에게 자신과 대화하라거나 기능을 생각하라고 요구한다고 되는 일이 아니다. 정신 능력이 뛰어난 전문가라서 쓸 수 있는 방법이다. 알다시피 전문가가 되기 위해서는 연습 이외에 다른 방법이 없다.〔그림 6-2〕

전문가의 행적을 조사해서 준전문가와 비교하는 연구도 많다. 예를 들어 바이올린 연주자들에게 연령대별로 몇 시간씩 연습했는지 물어본 연구가 있다.[6] 피험자 일부(전문가)는 세계적으로 유명한 교향악단과 협연한 경험이 있었다. 다른 피험자들은 20대 초반의 음악대학 학생들이었는데, 그중 일부('최우수' 바이올린 연주자)는 교수에게 세계적인 독주자로 발전할 가능성이 높다고 인정받은 학생들이었다. 나머지 학

그림 6-2 | 뉴욕 카네기홀은 콘서트의 전당으로 유명하다. 예로부터 회자되는 농담이 하나 있는데, 맨해튼에서 한 청년이 길 가던 여자를 붙잡고 "실례합니다, 부인. 카네기홀에는 어떻게 갑니까?"라고 묻자 여자가 진지하게 "연습, 연습, 연습만이 길이에요."라고 대답했다고 한다. 카네기홀 홈페이지에도 적혀 있는 이 이야기는 심리학 연구로도 입증된 사실이다.[5] 전문가의 능력은 꾸준한 연습을 요한다.

생들 중 일부('우수' 바이올린 연주자)는 앞의 학생들과 같은 목표가 있었지만 교수에게 잠재력이 떨어진다는 평가를 받았다. 그리고 마지막 집단은 전문 연주자가 아니라 음악 교사를 꿈꾸는 학생들이었다. 그림 6-3는 네 집단 구성원들이 5세에서 20세 사이에 바이올린을 연습한 평균 누적 시간을 나타낸다. 우수 학생이든, 최우수 학생이든 모두 같은 음악대학에서 공부하고 있지만 어린 시절부터 연습해 온 누적 시간에는 큰 차이가 있었다.

전문가의 전기를 철저히 분석한 연구들도 있다. 한 연구자가 50여 년 동안 10명 이상의 유명 과학자를 연구했다. 과학자들은 장시간 인터뷰를 허락하고 성격 검사와 지능 검사를 받는 데 동의했다. 연구자는 과학자들이 성장 배경과 관심사와 능력 면에서 비슷한 특징을 보

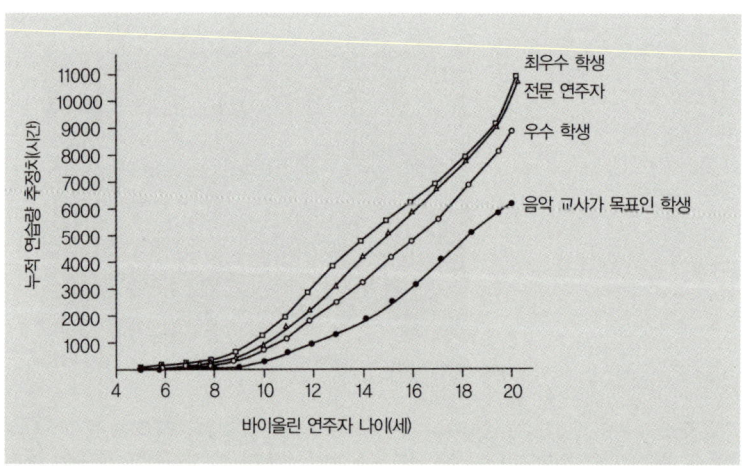

그림 6-3 | 이 연구에서는 바이올린 연주자들에게 연령대마다 (평균) 주당 몇 시간씩 연습했는지 물었다. 이 그래프는 전체 누적 시간을 보여 주기 때문에 연습 경향을 쉽게 파악할 수 있다. 최우수 학생은 중년의 전문가가 20세까지 연습한 시간과 거의 같은 시간을 연습했고 우수 학생보다 많은 시간을 연습했다. 20세까지 최우수 학생은 우수 학생보다 50퍼센트 정도 많은 시간을 연습했다. 그리고 음악 교사가 목표인 학생들은 훨씬 적은 시간을 연습했다.(물론 이들도 일반인에 비하면 뛰어난 연주자다.)

이는지 알아보았다. 연구 결과 한 가지 놀라운 특징이 일관되게 나타났다. 위대한 과학자들은 표준 IQ 검사에서 특별히 높은 점수를 받지 않았다. 분명 머리가 좋은 사람들이지만 전공 분야에서 특별히 두각을 나타낼 만큼 IQ가 월등히 높지는 않았다. 확실한 차이는 꾸준히 연구에 매진하는 능력에서 나타났다. 위대한 과학자들은 지칠 줄 모르는 일 중독자였다. 보통 사람들은 스스로 한계를 자각한다. 어느 정도 일했으면 일손을 놓고 가벼운 텔레비전 프로그램을 보거나 『피플(People)』을 읽는다. 그러나 위대한 과학자는 자신의 일에 놀라울 정도로 집요하며 정신적으로 피로를 느끼는 한계 수준이 매우 높다.

연습의 중요성을 강조하는 또 다른 이유는 일정 이상의 시간을 들이

기 전에는 전문가가 되지 못하기 때문이다. 최근에 '10년 법칙'을 지지하는 연구자가 많이 나왔다. 한마디로 물리학이든, 체스든, 골프든, 수학이든 그 분야에서 10년을 공들이지 않으면 전문가가 되지 못한다는 주장이다.[7] 10년 법칙은 작곡, 수학, 시, 수영, 자동차 영업 등 다양한 분야에 적용된다. 다섯 살에 작곡을 시작한 모차르트 같은 천재도 10년 법칙에서 예외가 아니다. 모차르트가 초기에 보여 준 재능은 흉내 내기에 불과하고 또래에 비해 특출할 것도 없었다. 간혹 100년에 한 번 나타나는 천재가 있긴 하지만 10년 법칙을 위협할 정도는 아니다.

물론 10년이라는 시간에 마술적 힘이 들어 있다는 뜻은 아니다. 배경지식을 익히고 이 장에서 설명하는 자동 과정을 습득하는 데 그 정

그림 6-4 | 1989년에 위대한 재즈 연주자 행크 존스는 국가예술기금에서 재즈마스터상을 수상했다. 2005년 87세의 존스는 어느 인터뷰에서 아직도 연습을 하느냐는 질문을 받았다. 그는 이렇게 대답했다. "아, 그럼요, 그럼요. 하지요. 연습 안 하고 연주하는 사람도 있나요? 음계도 연습하고, 곡도 연습하고……."[8]

도 기간이 걸릴 뿐이다. 연습량이 적으면 전문가가 되기까지 10년 이상 걸리고, 단거리 달리기나 역도처럼 배워 두어야 하는 기초 지식이 적은 분야에서는 몇 년만 연습해도 대가가 될 수 있다. 하지만 일반적인 분야에서는 대체로 10년 법칙이 통용된다. 그리고 전문가가 된 다음에도 연구와 연습을 게을리해서는 안 된다. 전문가의 지위를 유지하려면 꾸준히 연구하고 연습해야 한다.〔그림 6-4〕

학교 수업에 주는 함의

전문가는 자기 분야에서 초보자보다 생각하는 능력이 뛰어날 뿐 아니라 질적으로 다르게 사고한다. 학생은 전문가가 아니라 초보자다. 그러면 어떻게 가르쳐야 할까?

학생은 지식을 이해할 수 있어도 창조하기는 어렵다

이 장을 읽고 수학자, 과학자, 역사가가 초보자와 어떻게 다른지 이해했을 것이다. 전문가는 오랜 시간 전문 분야를 연구하면서 지식과 경험을 쌓은 덕분에 일반인이 모르는 방식으로 생각할 수 있다. 따라서 학생들이 전문가처럼 생각하도록 가르치기란 현실적으로 불가능하다. 교사들은 아마도 "그래요, 알아요. 학생들이 노벨상을 탈 거라고 기대하지 않아요. 다만 과학을 조금 더 이해하기를 바라는 거예요."라고 반응할 것이다. 그렇다. 이 정도가 알맞은 목표이고, 그것은 '학생들에게 전문가처럼 생각하라고 가르친다.'라는 목표와는 전혀 다른 것이다.

'지식 이해'와 '지식 창조'를 구분하는 것도 중요하다. 전문가는 지식을 창조하는 사람이다. 예를 들어 과학자는 자연현상에 대한 가설을 세워서 검증하고, 역사가는 역사적 사건을 해석해서 서술하고, 수학자는 복잡한 양상을 증명해서 설명한다. 이처럼 전문가는 이해하는 데 그치지 않고 새로운 지식을 만들어 낸다.

학생들에게 현실적으로 적절한 목표는 지식 이해다. 학생들은 새로운 이론을 제시하지는 못하지만 기존 이론을 깊이 이해할 수는 있다. 역사적 사실을 새롭게 기술하지는 못해도 누군가 서술해 놓은 역사를 이해할 수 있다.

학생들의 공부가 여기서 멈추어서는 안 된다. 학생들은 더 나아가 과학이 어떻게 작동하고 발전하는지 이해할 수 있다. 물론 과학을 잘, 아니 전혀 활용할 줄 몰라도 가능하다. 예를 들어 학생들은 과학사의 획기적인 발견들을 배우면서 과학은 불변의 법칙을 발견하는 과정이 아니라 이론을 끊임없이 정교하게 다듬어 가는 과정이라고 이해할 수 있다. 또 헌법제정회의(1787년 5월 필라델피아에서 개최된 회의)에 관한 여러 자료를 읽으면서 역사가들이 이 사건을 어떻게 서술해 왔는지 배울 수 있다. 다시 한 번 강조하지만 교사는 학생들에게 전문가가 지식을 어떻게 창조하는지 알려 주는 데 목표를 두어야지, 새로운 지식을 창조하라고 요구해서는 안 된다.

전문가에게 적절한 활동이 때로는 학생들에게도 적절하지만, 그것이 학생들에게 인지적으로 크게 좋은 것은 아니다

전문가와 박식한 아마추어 사이에는 중요한 차이가 있다. 전문가는 새로운 지식을 창조할 수 있고 아마추어는 남이 창조한 지식을 이해할 수 있다. 학생들에게 새로운 지식을 창조하라고 요구하면 어떻게 될까? 과학 실험을 설계하거나 역사 문헌을 분석하라고 요구하면 어떻게 될까? 물론 획기적인 결과가 나오지는 않을 것이다. 일단 썩 잘하지 못할 것이다. 이 장과 앞서 2장에서 설명했듯이 전문가의 활동은 방대한 배경지식과 경험을 요하기 때문이다.

하지만 다른 이유에서 교사가 학생에게 전문가의 활동을 요구할 수도 있다. 예를 들어 실험을 하고 그 결과를 해석하라고 주문할 수 있다. 과학자처럼 생각하기를 바라서가 아니라 특정 현상을 강조하고 실험 결과를 면밀히 관찰할 기회를 주려는 것이다.

창조력을 요하는 과제는 학생들의 동기를 끌어낼 수 있다. 음악 수업에서 연습과 정확한 연주 기법만 강조할 수도 있지만, 단지 재미와 흥미를 맛보게 해 주기 위해 직접 작곡해 보라고 격려할 수도 있다. 작곡 연습을 시키는 이유가 음악가처럼 생각하도록 가르치기 위해서일까? 아니다. 학생들은 아직 작곡할 수 있는 정도의 인지 능력을 갖추지 못했다. 하지만 작곡 연습을 하지 말아야 할 이유가 없고, 그것만으로 시도해 볼 만한 충분한 이유가 된다.

과학전람회도 같은 논리로 이해할 수 있다. 지금까지 나는 수많은 과학전람회에서 심사위원을 맡아 봤지만 출품된 작품들은 솔직히 말해 대부분 졸작이었다. 우선 학생들이 제기한 질문부터 서툴렀다. 과학 연구의 기본 질문이 아니었다. 게다가 과학 실험의 방법론도 제대로 배우지 못해서 실험 설계가 엉망이고 결과 분석도 엉뚱한 방향으로 흘렀다. 하지만 당당하게 작품을 내놓고 열의를 보이는 학생들이 있었다. 과학박람회는 대체로 창의력을 키운다는 취지에는 맞지 않지만 학생들의 동기를 끌어내기 위해서는 시도할 만하다.

요컨대 새로운 지식을 창조하라는 요구는 학생들의 능력을 벗어나는 것이지만, 그렇다고 해서 창조력을 발휘하는 과제를 내주지 말아야 할 이유도 없다. 교사는 항상 학생들이 과제를 통해 무엇을 얻는지 주목해야 한다.

초보자가 전문가의 방식을 그대로 따라 해도 학습에는 도움이 되지 않는다

학생들에게 필요한 기술을 어떻게 가르칠지 고민하다 보면 자연히 이미 기술을 습득한 사람과 경쟁시키는 방법을 떠올릴 수 있다. 이를테면 지도 읽는 법을 가르칠 때는 지도를 잘 읽는 사람을 찾아서 그가 쓰는 방법을 가르치는 것이다. 그런데 이런 방법은 그럴듯하게 들릴지 몰라도 사실 잘못된 것이다. 앞서 설명했듯이 전문가와 초보자는 생각하는 방식 자체가 판이하게 다르기 때문이다.

가령 독서를 가르치는 방법을 생각해 보자. 독서 전문가를 관찰해 보면 책을 읽을 때 눈을 적게 움직이는 것을 알 수 있다. 독서를 잘하려면 단어 전체를 인지해야 하므로 독서 교육을 할 때도 처음부터 전

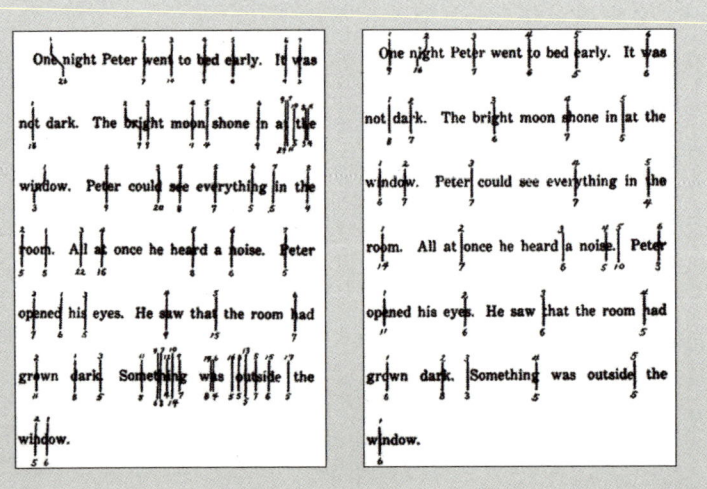

그림 6-5 | 그림에서 단어를 위에서 아래로 가르는 선은 한 단락을 읽을 동안 눈이 머무는 위치를 나타낸다. 왼쪽은 일반인에게서 전형적으로 나타나는 결과이고 오른쪽은 전문 독서가에게서 보여지는 결과다. 전문가의 눈동자가 일반인에 비해 적게 멈추는 것은 사실이지만(한 번도 해 본 적이 없다면 누군가 책을 읽을 때 그 눈을 관찰해 보라. 흥미롭다.) 초보자가 전문가와 같은 전략을 쓸 수 있는 것은 아니다.

문가의 방법으로 가르쳐야 한다고 주장할 수 있다. 실제로 내 책장에 꽂혀 있는 예전 교육심리학 교재에서는 그림 6-5와 같은 안구 운동 자료를 언급하면서 이와 같은 주장을 펼친다.[9]

이런 주장에는 의심을 품어야 한다. 독서 전문가가 단어 전체를 한 번에 인식한다고 밝힌 연구는 이외에도 더 있지만 그들도 처음부터 그렇게 읽은 것은 아니다. 마찬가지로 프로 테니스 선수는 경기 내내 전략을 고민하고 상대 선수의 움직임을 예측한다. 테니스를 처음 배우는 사람에게 프로 선수처럼 전략을 생각하라고 가르쳐서는 안 된다. 초보자는 발놀림과 기본 타구 동작을 생각해야 한다.

전문가는 비전문가와 다르게 행동하지만 그들도 처음에는 초보자와 같은 방법으로 시작했다. 그리고 초보자가 쓰는 방법이 전문가로 발전하기 위해 꼭 거쳐야 할 단계일 가능성이 높다. 랠프 왈도 에머슨(Ralph Waldo Emerson)은 이를 예술적으로 표현했다. "모든 예술가는 누구나 처음에 아마추어였다."[10]

7

학생들 각각에 따라 교수법을 어떻게 조절해야 할까?

Q 인지과학자에게 묻다

학생들은 저마다 다르다. 그렇다면 시각 학습으로 최대의 효과를 거두는 학생과 청각 학습으로 최대의 효과를 거두는 학생이 따로 있을까? 직선적으로 생각하는 사람과 통합적으로 생각하는 사람이 따로 있을까? 실제로 그러하다면 학생의 인지 유형에 맞게 교수법을 조절해야 할 것이다. 수업을 따라오지 못하는 학생에게는 교수법을 달리하여 좋은 효과를 거둘 수 있을 것도 같다. 그와 동시에 한 반에서 학생들의 학습 양식을 분석해서 개개인에게 맞게 가르쳐야 하는 교사들은 엄청난 부담을 떠안을 것이다.
학생들 사이의 어떤 차이에 주목해야 할까?

-- 답하다 **A**

　　　　　　　학습 양식의 기본 가설을 알아보아야 한다. 학습 양식 이론에서는 가령 1번 교수법은 샘에게 잘 맞고 도나에게는 맞지 않는 반면에, 2번 교수법은 도나에게 잘 맞지만 샘에게는 맞지 않다고 예측한다. 그뿐 아니라 샘과 도나의 차이가 오래 지속된다고 강조한다. 샘은 언제까지나 1번 교수법을 선호하고 도나는 2번을 선호한다는 뜻이다. 지난 50여 년 동안 학습 양식에 관한 방대한 연구가 이루어졌고, 교육학에서는 마치 성배를 찾아다니듯 학습 양식에 따른 샘과 도나의 차이를 찾으려고 시도했지만 둘의 차이를 일관되게 입증하는 증거는 나오지 않았다. 이 장의 중요한 인지 원칙은 이렇다.

**학생들은 생각하고 학습하는 방식에서
서로 다르기보다는 비슷하다.**

　　모든 학생이 똑같다거나 교사가 모든 학생들에게 똑같은 방식으로 접근해야 한다는 뜻은 아니다. 수학을 좋아하는 학생이 있는가 하면 영어를 좋아하는 학생이 있다. 수줍음을 많이 타는 아이가 있고 활달한 아이가 있다. 친구를 만날 때도 상대가 어떤 사람이냐에 따라 다르게 대하듯 학생마다 다르게 접근해야 한다. 그러나 과학적으로 학습자의 유형이 나뉜다는 증거는 아직 발견되지 않았다.

학습 양식과 학습 능력

몇 가지 질문을 던져 보자. 우선 고등학교 2학년을 가르치는 생물 교사가 되어 보자. 캐시라는 학생이 수업을 거의 따라오지 못한다. 열심히 공부하는 것 같아서 짬을 내서 공부를 도와주었지만 갈수록 뒤처진다. 다른 교사와 캐시 문제를 상의하다가 그 애가 시를 아주 잘 쓴다는 말을 듣는다. 그렇다면 생물학 개념을 가르치기 위해 캐시의 시 쓰는 능력을 생물 시간에도 끌어낼 수 있도록 도와 달라고 영어 교사에게 부탁해야 할까?

캐시와 마찬가지로 리라는 학생도 생물 수업을 따라오지 못한다. 리는 과학을 좋아하지만 크레브스 회로(유기물의 대사회로)를 이해하지 못해 애를 먹고 있다. 리가 생물 쪽지시험에서 형편없는 점수를 받자 리의 부모는 생물 교사에게 상담을 신청한다. 그들은 수업 방식에 문제가 있다고 믿고 있다. 수업에서는 크레브스 회로를 직선적으로 가르치는데, 리는 통합적으로 사고하는 아이라는 것이다. 그러면서 순차적 양식이 아니라 통합적 양식으로 리를 가르칠 방법이 없는지 정중하게 묻고 도움이 되는 일이라면 뭐든지 하겠다고 말한다. 이때 교사는 리의 부모에게 어떤 말을 해 줘야 할까?

물론 학생들은 저마다 다르다. 두 사례에서는 학생들이 저마다 다르다는 점에서 희망을 발견할 수 있다. 다시 말해서 교사가 학생의 차이에 중점을 두고 가르칠 수 있다. 우선, 학생의 강점을 찾아서 약점을 보완할 수 있다. 과학 시간에 캐시의 시 쓰는 능력을 이용해서 개념을 이해시키려 하는 것처럼 말이다. 두 번째로, 학생 개개인에게 맞는 학습 양식을 활용할 수 있다. 리가 개념을 이해하지 못한다면 그 애가 잘 이해하는 방식과 수업을 하는 방식이 일치하지 않아서라고 생각한다. 그리고 수업 방식에 변화를 줌으로써 어려운 내용을 쉽게 전달하려고 시도한다.

그런데 교실에서 이런 방법을 다 시도하려면 교사가 할 일이 엄청나게 늘어난다. 캐시의 경우처럼 학생의 강점을 활용하거나 리의 경우처럼 수업 방식에 변화를 주려면 교수법을 바꾸고 학생마다 다르게 접근해야 한다. 교사에게 엄청난 업무 부담을 줄 텐데 과연 그만한 가치가 있을까?

학생의 차이를 연구한 인지과학 연구를 살펴보면서 이 문제를 조명할 수 있지만, 그전에 먼저 인지 '능력'의 차이를 말하는지, 인지 '양식'의 차이를 말하는지부터 밝혀 두자.• '인지 능력'의 정의는 단순명료하다. 특정한 사고에서의 능력이나 성공률을 의미한다. 가령 새라가 수학 능력이 뛰어나다면 새로운 수학 개념을 다른 사람보다 빨리 배운다고 볼 수 있다. 한편 '인지 양식'은 능력과 달리 특정한 방식으로 생각하는 편향 혹은 경향을 의미한다. 가령 순차적(한 번에 한 가지)으로 생각하거나 통합적(동시에 여러 가지)으로 생각한다는 뜻이다.

• 인지 양식(생각하는 방법)과 학습 양식(학습하는 방법)을 구분하기도 한다. 나는 둘을 나누는 것이 중요하다고 보지 않기 때문에 이 장에서 학습 양식을 의미할 때도 '인지 양식'이라는 용어를 사용했다.

능력과 양식 사이에는 몇 가지 중요한 차이가 있다. 능력은 내용(수학이나 언어)을 어떻게 받아들이는지를 의미하며 각자가 이해하고 행동할 수 있는 수준(양)을 반영한다. 한편 양식은 생각하고 학습할 때 각자가 선호하는 방식을 의미한다. 대개 능력이 뛰어난 것이 능력이 떨어지는 것보다 낫다고 생각한다. 그러나 어느 한 가지 양식이 다른 양식보다 바람직하다고 여기지는 않는다. 특정 양식이 특정 문제를 해결하는 데 효과적일 수는 있지만 원칙적으로는 모든 양식이 동등하게 유용하다.(그렇지 않다면 애초에 능력이라고 부르지, 양식이라고 부르지 않았을 것이다.) 스포츠에 비유하면 풋볼 선수 두 명이 경기를 뛰는 양식은 전혀 달라도 그들의 능력은 같다고 말할 수 있다. 예를 들어 한 선수는 위

그림 7-1 | 왼쪽의 브렛 파브와 오른쪽의 페이튼 매닝은 지난 20년 동안 최고의 선수로 인정받은 쿼터백이다. 팬들은 능력 면에서는 두 선수가 막상막하라고 한다. 하지만 경기하는 양식은 서로 다르다. 파브는 위험을 무릅쓰는 유형이고 매닝은 보수적인 유형이다.

험을 무릅쓰는 유형이고 다른 선수는 경기를 보수적으로 운영한다고 말할 수 있다.(그림 7-1)

앞에서 학생들은 학습 양식이 다르기보다 비슷하다고 강조했다. 하지만 학생들 사이에 뚜렷한 차이가 나타나는 것은 사실이지 않은가? 이제부터 인지 양식과 인지 능력을 차례로 살펴보면서 학생들 사이에 차이가 있다고 해도 교사에게 주는 의미는 크지 않다는 것을 밝혀 보겠다.

인지 양식

어떤 사람은 충동적으로 판단하고 어떤 사람은 심사숙고해서 결정한다. 어떤 사람은 상황을 복잡하게 만들기 좋아하고 어떤 사람은 단순한 것을 좋아한다. 어떤 사람은 구체적으로 생각하기를 좋아하고 어떤 사람은 추상적 개념을 선호한다. 사람들은 누가 어떤 식으로 생각하는지 직관으로 알아챈다. 실험심리학에서는 1940년대부터 이런 직관을 검증하는 데 주력해 왔다. 직관은 주로 정반대 속성으로 짝지어지고(폭넓은/편협한 혹은 순차적/통합적) 연속선으로 이어지며 사람들은 대개 양극단의 중간쯤에 위치한다. 표 7-1은 심리학에서 평가하는 몇 가지 속성이다.

수많은 분류법 중 일부를 소개한 것이지만, 이 표를 보면 대개의 분류법이 어느 정도는 일리 있다는 생각이 든다. 그런데 어떤 분류법이 옳은지 어떻게 알 수 있을까?

심리학에는 이러한 제안을 검증하는 몇 가지 방법이 있다. 첫 번째,

인지 양식	설명
폭넓은/편협한	몇 가지 범주에 많은 항목을 포함시키는 방향으로 사고하는가/ 다양한 범주에 몇 가지 항목을 포함시키는 방향으로 사고하는가
분석적/비분석적	대상의 여러 가지 속성을 구별하는가/ 주제를 찾고 사물들 사이의 유사성을 찾는가
수평화/첨예화	세부 사항에 주목하지 않는가/ 세부 사항에 주목하고 차이에 초점을 맞추는가
장 의존적/장 독립적	환경에 비추어 해석하는가/ 환경에 영향받지 않고 독립적으로 해석하는가
충동형/숙고형	곧바로 반응하는가/ 심사숙고해서 반응하는가
자동화/재구성	단순하게 반복되는 과제를 선호하는가/ 재구성하고 새롭게 생각해야 하는 과제를 선호하는가
수렴형/분산형	논리적이고 연역적으로 사고하는가/ 포괄적이고 연합적으로 사고하는가
순차적/통합적	점증적으로 처리하기를 좋아하는가/ 종합적으로 사고하기를 좋아하는가
적응형/혁신형	기존 절차를 따르는가/ 새로운 관점으로 보고 싶어 하는가
추론형/직관형	추론으로 학습하길 좋아하는가/ 직관으로 학습하길 좋아하는가
시각형/언어형	문제를 해결할 때 시각적 심상을 좋아하는가/ 혼잣말하기를 좋아하는가
시각형/청각형/운동형	정보를 지각하고 이해하기 위해 선호하는 양식

표 7-1 | 지금까지 심리학에서 제기하고 검증한 다양한 인지 양식 분류법 중 몇 가지 예.

한 사람의 인지 양식이 안정적이라는 것을 입증한다. 어떤 사람이 특정 인지 양식을 가지고 있다면 다양한 상황에서 그것이 뚜렷이 드러나야 한다. 두 번째, 인지 양식은 필연적이어야 한다. 그 사람이 하는 일에서 인지 양식이 중요한 의미를 지녀야 한다. 순차적으로 생각하는 사람도 있고 통합적으로 생각하는 사람도 있다는 주장이 성립하려면 두 사람이 수학이나 역사나 문학을 이해하는 방식이 달라야 한다. 마지막으로, 인지 양식은 능력 척도가 아님을 분명히 해야 한다. 앞에서 인지 양식은 개인이 선호하는 방식이라고 설명했다. 인지 양식은 그 사람이 얼마나 잘 생각하는지를 보여 주지 않는다.

여기서 마지막에 제시한 방법은 당연한 것처럼 보이지만 표 7-1의 몇 가지 항목에서는 해당되지 않는다. 예를 들어 어떤 대상을 다른 대상과 독립적으로 평가하는 사람을 장 독립적이라고 하는 반면에, 대상을 다른 대상과의 관계로 파악하는 사람을 장 의존적이라고 한다.(그림 7-2)

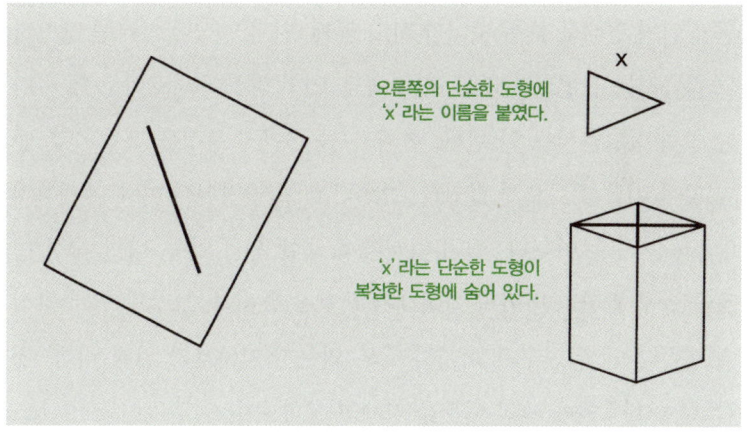

그림 7-2 | 장 의존적이라거나 장 독립적이라고 판단하는 2가지 방법. 왼쪽 그림은 막대와 틀 검사다. 막대와 틀은 빛이 나서 어두운 방에서도 잘 보인다. 피험자는 막대를 세로로 똑바르게 놓아야 한다. 막대를 놓을 때 틀에 영향을 많이 받으면 장 의존적이고 그렇지 않으면 장 독립적이다. 오른쪽 그림은 잠입도형 검사 중 하나로, 복잡한 도형 안에 숨어 있는 단순한 도형을 찾아내는 검사다. 단순한 도형을 잘 찾아내면 장 독립적이라는 뜻이다. 막대와 틀 과제와 마찬가지로 시각 경험에서 하나의 대상을 다른 모든 대상과 구별하는 능력을 알아보는 과제다.

장 의존적이라거나 장 독립적이라고 분류할 때는 인지 검사로 보기 어려운 시각 검사만 기준으로 삼는다. 하지만 장 의존적인 사람은 관계를 보고 장 독립적인 사람은 각 대상의 세부 사항을 본다는 시각 검사 결과는 인지 과제에 해당된다. 아무런 문제가 없어 보이지만, 장 독립적인 사람이 장 의존적인 사람보다 대부분의 인지 척도에서 뛰어난 수행 능력을 보인다는 문제가 있다. 앞에서 장 의존성과 장 독립성은 인지 양식이라 했는데, 그에 앞서 인지 양식은 개인들 사이의 능력 차이로 나타날 수 없다고 전제했기 때문이다. 그림 7-2의 검사는 알고 보면 인지 양식이 아니라 인지 능력을 측정하지만 어떤 기제로 측정하는지는 확인할 방법이 없다.

요컨대 인지 양식 이론에는 3가지 특징이 있다. 첫째, 한 사람이 일관된 인지 양식을 보여 주어야 하고 둘째, 인지 양식이 다르면 생각하고 학습하는 유형도 달라야 하며 셋째, 인지 양식이 다르다고 해서 평균 능력이 달라서는 안 된다. 현재로서는 3가지 특징을 모두 갖춘 인지 양식 이론이 나오지 않았다. 그렇다고 인지 양식이 아예 존재하지 않는다는 뜻은 아니다. 인지 양식이 존재할 수는 있다. 다만 수십 년 동안 연구해 왔지만 아직 찾아내지 못했을 뿐이다. 그러면 인지 양식에 관한 심리학 연구가 어디까지 와 있는지 알아보기 위해 시각, 청각, 운동 학습자에 관한 이론을 자세히 살펴보자.

시각, 청각, 운동 학습자

시각, 청각, 운동 학습자라는 말을 들어봤을 것이다. 우리가 새로운

그림 7-3 | 사람마다 선호하는 인지 양식이 다르면 같은 자료도 각자 다른 방식으로 학습해야 효과를 볼 수 있다. 예컨대 덧셈을 가르칠 때 시각 학습자에게는 물체의 묶음을 보여 주고, 청각 학습자에게는 박자의 묶음을 들려 주고, 운동 학습자에게는 직접 물체를 묶어 보게 한다.

정보를 접할 때 세 감각 중 하나를 선호한다는 이론에서 나온 말이다. 시각(보기)과 청각(듣기)은 쉽게 알 수 있지만 운동 감각은 따로 설명이 필요하다. 운동 감각이란 신체 각 부위가 어디에 있는지 알려 주는 감각이다. 가령 눈을 감고 있을 때 누가 내 팔을 흔들어도 팔이 어디에 있는지 감각으로 알 수 있다. 운동 감각에 관한 정보는 관절, 근육, 피부에 분포한 수용기에서 나온다.

시각-청각-운동 이론에서는 누구나 세 감각을 통해 새로운 정보를 받아들이지만 사람마다 선호하는 감각이 다르다고 설명한다. 시각 학습자는 새로운 정보를 학습할 때 도형으로 그려 보거나 교사의 설명을 종이로 인쇄해서 보고 싶어 한다. 청각 학습자는 대개 말로 설명을 듣고 싶어 한다. 운동 학습자는 학습 자료를 물리적으로 조작하고 싶어 한다. 몸을 움직이면서 학습하는 것이다.〔그림 7-3〕

그러면 시각-청각-운동 이론의 배경을 알아보기 위해 인지과학에서 밝힌 기억에 관한 몇 가지 사실을 살펴보자. 사람마다 시각기억 능력과 청각기억 능력이 다르다.• 기억 체계에는 사물의 모양과 소리가 모두 저장된다. 마음의 눈으로 시각적 심상을 떠올릴 때는 시각기억 표상을 활용한다. 예를 들어 "셰퍼드의 귀는 어떤 모양입니까?"라거니 "교실에 창문이 몇 개입니까?"라고 물으면 시각 심상을 떠올려서 확인한다. 1970년대 실험심리학의 많은 연구에서는 시각적 심상과 시각 사이에 공통점이 많다고 밝혔다. 마음의 눈과 실제로 사물을 지각하는 뇌 영역 사이에 겹치는 부분이 많다는 뜻이다.

일부 기억은 여성 앵커 케이티 쿠릭(Catie Couric)의 목소리, MGM 영화에서 사자가 포효하는 소리, 휴대전화 벨소리처럼 소리로 저장된다. 예를 들어 "누구 목소리가 더 중후할까? 교장 선생님일까, 교육감일까?"라는 질문을 받으면 두 사람의 목소리를 떠올려서 비교한다. 한 사람이 시각기억과 청각기억을 모두 저장할 수 있지만, 다른 인지 기능과 마찬가지로 얼마나 효과적으로 저장하는지는 각자 다르다. 어떤 사람은 아주 구체적인 수준까지 또렷이 저장하는 반면에 그렇지 못한 사람도 있다.

한편 모든 기억이 장면이나 소리로 저장되지는 않는다고 밝힌 연구도 있다. 기억은 자신에게 주는 의미에 따라 다르게 저장되기도 한다. 예를 들어 누군가 동료에 관해 험담한다면(성인서적 전문점에서 나오는 것을 보았다고 한다.) 이야기의 시각적, 청각적 요소를 저장할 수도 있지만(예를 들어 이야기를 전하는 사람의 생김새와 목소리), 그런 요소는 전혀 기억하지 않고 내용(성인서적 전문점)만 기억할 수도 있다. 의미가 감각에서 떨어

• 사람마다 운동 감각이 다르지만 현실적으로 연구가 복잡해서 설명하기 어렵다. 여기서는 시각과 청각 위주로 설명하겠다.

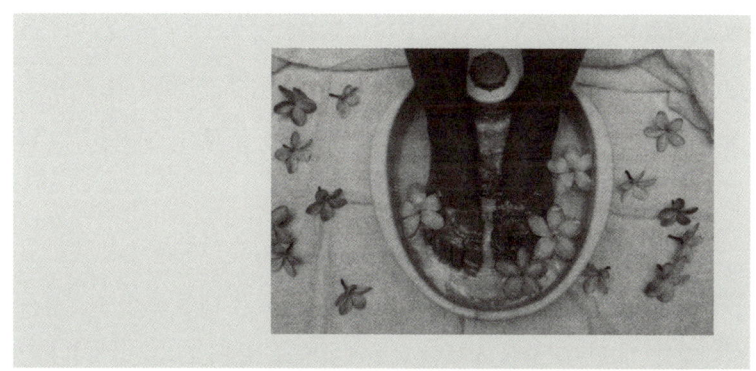

그림 7-4 | '족욕'은 무슨 뜻일까? 발이 아플 때 발을 담그는 행위나 목욕의 한 방법이라고 알고 있을 수 있다. 이때 족욕이라는 말은 의미로 기억되지, 족욕하는 사람을 보거나 그것에 관한 설명을 듣거나 실제로 발을 담그는 행위로 기억되지 않는다. 이와 마찬가지로 교사가 가르치는 내용은 주로 의미로 저장된다.

져 나와 자체의 생명력을 갖는 셈이다.〔그림 7-4〕

 이번에는 시각-청각-운동 이론의 핵심으로 들어가 보자. 물론 시각기억이나 청각기억이 유난히 뛰어난 사람이 있다. 그런 점에서는 시각 학습자와 청각 학습자가 따로 존재한다. 하지만 시각-청각-운동 이론에서 강조하는 측면은 그것이 아니다. 이 이론의 핵심은 교수법이 학생의 인지 양식과 일치할 때 학습 효과가 높아진다는 것이다. 예를 들어 청각 학습자인 앤과 시각 학습자인 빅터가 있다. 두 학생에게 학습할 어휘 목록 2가지를 나눠 준다. 첫 번째 목록을 학습할 때는 단어와 정의를 녹음한 테이프를 반복해서 듣게 한다. 두 번째 목록을 학습할 때는 슬라이드로 단어를 설명하는 그림을 보게 한다. 시각-청각-운동 이론에 의하면 앤은 첫 번째 목록의 단어를 더 많이 학습하고 빅터는 두 번째 목록의 단어를 더 많이 학습할 것이다. 이 논리를 바탕으로 수많은 연구가 진행되었고, 개중에는 실제 교실에서 쓰이는 학습 자료를 이용한 연구도 있었다. 그러나 시각-청각-운동 이론을 전체적으로 뒷받침해 주는 결과는 나오지 않았다. 학생이 '선호하는' 학습 양식에 맞는 수업을 제공한다고 해서 큰 효과가 나타나지는 않았다.

왜 그럴까? 청각 학습자인 앤에게 청각 자료로 가르치는데 학습 능력이 향상되지 않는 이유가 무엇일까? 답은 평가 대상이 청각 정보가 아니라는 데 있다. 청각 정보란 테이프에 녹음된 목소리다. 그러나 정작 학생이 평가하는 대상은 단어의 의미다. 앤은 청각기억이 뛰어나지만, 의미를 찾아내는 평가에서 청각기억은 도움이 되지 않는다. 마찬가지로 빅터의 경우 슬라이드로 본 구체적인 시각 정보를 인식하는 능력이 뛰어나지만, 평가 대상은 의미이지 시각기억이 아니다.

학교 수업도 마찬가지다. 학생들은 사물의 의미를 기억해야지 소리나 모양을 기억할 필요가 없다. 물론 소리나 모양 같은 정보가 중요할 때도 있다. 예를 들어 시각기억이 뛰어난 학생은 지도를 보면서 각 나라의 모양을 잘 기억하고 청각기억이 뛰어난 학생은 외국어 억양을 잘 알아듣는다. 하지만 학교에서는 주로 의미를 가르치지 모양이나 소리를 가르치는 데 목표를 두지 않는다.

그렇다면 경우에 따라 시각-청각-운동 이론이 적용되기도 한다는 뜻일까? 이를테면 외국어 억양을 익히거나 지도에서 나라 모양을 파악할 때는 적용된다는 뜻일까? 꼭 그렇지도 않다. 시각-청각-운동 이론의 핵심은 동일한 수업 자료를 학생의 학습 유형에 맞게 다양하게 제시해야 한다는 것이다. 이에 따르면 지도에서 국가를 찾는 방법을 가르칠 때 시각 학습자에게는 국가의 형태를 보여 주고 청각 학습자에게는 국가의 형태를 설명해 주어야 한다. 또 외국어 억양을 가르칠 때 청각 학습자에게는 원어민의 발음을 들려주고 시각 학습자에게는 소리를 글로 적어서 보여 주어야 한다. 요컨대 결코 효과적이지 않은 방법이다.

시각-청각-운동 이론이 잘못된 이론인데도 그럴듯해 보이는 이유는 무엇일까? 실제로 교사의 90퍼센트 정도가 시각 학습자나 청각 학습자, 운동 학습자가 있다고 믿는다. 버지니아대학교 학생들의 90퍼센트 정도도 그렇게 믿는다. 이처럼 시각-청각-운동 이론이 그럴듯해 보이는 데는 몇 가지 이유가 있다. 첫째, 상식으로 널리 퍼져 있기 때문이다. 모두가 믿기 때문에 진실이라고 간주하는 것이다.

둘째, 이 이론과 유사한 다른 이론이 사실로 입증되었기 때문이다. 학생마다 시각기억과 청각기억이 다르다는 이론이다. 가령 어떤 학생이 현장학습을 다녀와서 그림으로 생생하게 그릴 때 "와, 넌 정말 시각 학습 능력이 뛰어나구나."라고 감탄한 적이 있을 것이다. 이때 이 학생은 실제로 시각기억이 뛰어날 수 있지만, 시각-청각-운동 이론에서 말하는 시각 학습자라고 보기는 어렵다.

시각-청각-운동 이론이 그럴듯해 보이는 마지막 이유는 '확증편향(confirmation bias)'이라는 심리 현상 때문이다. 사람들은 어느 한 가지를 믿으면 자기도 모르게 모호한 상황을 기존의 믿음과 일치하는 방향으로 해석한다. 예를 들어 어떤 학생이 뉴턴의 첫 번째 법칙을 이해하지 못해 애를 먹고 있다. 온갖 방법을 동원해 설명하다가 마술사가 접시와 포크와 나이프를 건드리지 않고 식탁보를 빼는 사례를 제시한다. 그러자 학생이 갑자기 법칙을 이해한다. 그러면 교사는 '그렇군.

그림 7-5 | 첫딸을 낳았을 때 간호사가 "오, 며칠 있으면 여기도 난리가 날 거예요. 얼마 있으면 보름이잖아요."라고 말했다. 사람들은 보름달이 뜰 때 온갖 흥미로운 일이 일어난다고 믿는다. 살인 사건도 많아지고, 응급실에 들어오는 환자도 많아지고, 경찰서와 소방서로 걸려오는 전화량도 늘어나고, 무엇보다도 아기가 많이 태어난다고 믿는다. 실제로 이 가설을 철저히 검증해 본 결과 잘못된 것으로 드러났다. 그런데 사람들은 왜 그렇게 믿는 걸까? 확증편향이 한 가지 원인이다. 보름달이 뜨고 분만실이 분주했던 날을 간호사가 알아채고 기억한 것이다. 사람들은 분만실이 분주하고 보름달이 뜨지 않은 날에 관심을 두지 않는다.

시각적 심상이 도움이 되었어. 저 학생은 분명 시각 학습자야.'라고 생각한다. 그러나 실상은 마술사 사례가 누구에게나 도움이 되는 좋은 사례였을 수 있고, 어떤 사례든 하나만 더 들으면 이 학생이 법칙을 이해했을 수도 있다. 학생이 마술사 사례를 듣고 뉴턴의 첫 번째 법칙을 이해한 이유는 명확하지 않다. 따라서 모호한 상황에서 기존의 믿음과 일치하는 방향으로 해석하는 경향 때문에 시각 학습자라고 판단했을 수 있다.(그림 7-5) 작가 톨스토이는 이렇게 말했다. "사람들은 지극히 복잡한 문제를 잘 받아들이면서도 평소에 자신 있게 가르치고 일생 동안 하나씩 쌓아 온 결론을 부정해야 한다면 단순하고 명쾌한 사실조차 인정하려 하지 않는다."[1]

시각-청각-운동 이론을 자세히 설명한 이유는 심리학에서 잘못된 이론으로 밝혀진 지 오래지만 아직도 많은 사람이 믿고 있기 때문이다. 그리고 지금까지 지적한 부분은 다른 인지 양식 이론에도 적용된다. 아직은 어떤 이론에 관해서도 확실한 증거가 없다고 말할 수 있는 수준이다.

앞에서 양식과 능력의 중요한 차이를 설명했다. 또 인지 양식이란 특정한 방식으로 생각하거나 학습하는 편향 또는 경향이라고 설명했다. 이제부터 능력에 대해 설명하고 학생들의 능력 차이를 어떻게 이해할지 살펴보겠다.

능력과 다중지능

정신 능력이란 무엇일까? 정신 능력이 있는 사람을 어떻게 규정할 수 있을까? 머리를 써야 할 과제는 많고, 사람마다 잘하는 일도 있고 못하는 일도 있다. 따라서 정신 능력이 단일한 대상이 아니라 여러 가지일 가능성을 고려해 보아야 한다. 주위를 둘러보면 언어에는 소질이 있지만 수표장을 결산할 때는 간단한 계산에도 쩔쩔매는 사람, 어떤 악기로든 정확한 음을 내지만 운동에는 젬병인 사람을 흔히 볼 수 있다.

정신 능력의 기본 논리는 이렇다. 다양한 정신 능력이 단일한 능력('지능'이라고 하자.)에서 나온다면 하나(수학)를 잘하는 사람은 모든 정신 활동에 뛰어나야 한다. 그러나 어떤 사람이 하나(수학)를 잘하고 다른 것(독해)을 못한다면 두 활동이 일어나는 정신 과정도 달라야 한다. 지난 100여 년 동안 심리학에서는 정신 능력이 하나라는 가정하에 생각의 구조를 연구해 왔다. 어느 유명한 연구에서는 피험자 100명을 대상으로 대수, 기하, 문법, 어휘, 독해 시험을 실시했다. 이런 실험에서는 영어 시험(문법, 어휘, 독해)의 각 점수가 서로 상관되리라고 기대할 수 있다. 말하자면 영어 문법 시험에서 좋은 점수를 받았으면 영어를 잘하는 사람이므로 다른 영어 어휘 시험이나 독해 시험에서도 좋은 점수를 받아야 한다. 마찬가지로 수학 대수 시험에서 좋은 점수를 받았으면 수학을 잘하는 사람이므로 수학 기하 시험도 잘 봐야 한다. 반면에 수학과 영어 점수는 상관이 크지 않을 것으로 예측할 수 있다. 지금 다시 실험을 실시해도 대체로 비슷한 결과가 나올 것이다.•

어찌 보면 아주 당연한 말이다. 내가 대학원에 다닐 때 교수 한 분은 상식적인 결과를 확인하는 연구를 버브 심리학(bubbe psychology)이라고 불렀다. 이디시어로 할머니라는 뜻인 버브(bubbe)를 붙여서 버브 심리학이라고 하자 할머니가 들려줬을 법한 것에 복잡함이 더해졌다. 마찬가지로 정신 능력의 기본 논리도 얼핏 보기에는 명쾌한 이야기 같다. 하지만 구체적으로 따지고 들어가면 훨씬 복잡해질 수 있다.(통계 기법 역시 매우 복잡하다.) 실제 학교에서도 거의 비슷한 현상이 나타난다. 수학을 잘하는 학생, 음악을 잘하는 학생, 운동을 잘하는 학생이 있지만 셋이 꼭 같은 학생은 아니다.

1980년대 중반에 교육자들은 버브 심리학 계통의 연구에 관심이 많았다. 이 무렵 하버드대학교 교수 하워드 가드너(Howard Gardner)가 다중지능 이론을 발표했다. 가드너는 처음에 7가지 지능을 제시했다가 나중에 여덟 번째 지능을 추가했다. 가드너의 8가지 지능을 표 7-2로

• 수학과 영어 점수가 전혀 상관없는 것은 아니다. 한 과목에서 좋은 점수를 받은 학생은 대체로 다른 과목 점수도 좋다. 그러나 대수와 기하 점수 사이의 관계에 비하면 상관이 크지 않다.

정리했다.

앞서 언급했듯이 가드너가 인간의 정신 능력을 최초로 정리한 것도 아니고 다른 학자들의 제안과 크게 다르지도 않다. 게다가 심리학계에는 가드너의 이론에 문제가 있다는 의견이 많다. 가드너가 선배 학자들의 이론은 근거가 부족하다고 판단하고 자신의 다중지능 이론을 정립하면서 기존 연구 성과를 충분히 반영하지 않았기 때문이다. 가드너는 과거의 연구를 폄하하면서 당시 잘못된 이론으로 알려진 몇 가지 주장을 내세웠다. 여러 가지 지능이 비교적 독립적이라는 주장을 펼쳤다가 나중에 철회하기도 했다.

교육학자들은 과거에도 그렇고 지금도 그렇지만 가드너 이론에서 구체적인 내용에는 관심이 없고 3가지 핵심 주장에만 관심이 있다.

주장 1 표 7-2의 내용은 능력이나 재능이 아니라 '지능'이다.
주장 2 8가지 지능은 모두 학교에서 가르쳐야 한다.
주장 3 8가지 지능의 대부분 또는 전부는 새로운 자료를 접할 때 통로 역할을 한다. 가장 뛰어난 지능을 통해 새로운 자료를 경험하면 이해력이 최대로 향상된다.

첫 번째 주장은 가드너가 처음 제기한 것으로 매우 흥미롭지만 논란의 여지도 많다. 나머지 두 주장은 다른 연구자들이 가드너의 연구를 바탕으로 펼친 주장이지만 가드너의 동의를 얻지는 못했다. 그러면 3가지 주장이 흥미로운 이유를 살펴보고 교사에게 어떤 의미를 주는지 평가해 보자.

표 7-2의 내용이 능력이나 재능이 아니라 '지능'이라고 지적하는 주장 1부터 살펴보자. 가드너는 주장 1을 자세히 설명했다. 그는 논리수학이나 언어를 비롯한 몇 가지 능력의 중요성이 부풀려진 경향이 있다고 주장한다. 이들 능력을 지능이라고 부르고 특별 대접을 해 주는데 반해 다른 능력에는 재능이라는 덜 매력적인 이름이 붙는 이유는 무엇일까? 사실 음악 재능을 음악 지능이라고 불러야 한다는 주장을 시작으로 다중지능 이론이 크게 부각되기 시작했다. 가드너도 7가지 지능이 아니라 7가지 재능이라고 이름을 붙였다면 지금처럼 큰 호응을 얻지 못했을 것이라고 여러 번 언급했다.

그러면 가드너가 말하는 8가지 항목은 지능일까, 재능일까? 나 역시 인지과학자로서 가드너의 손을 들어 주고 싶은 마음이 있다. 인간 정신에는 여러 가지 능력이 있고 지능과 재능을 나누어서 어떤 건 지

지능	설명	각 지능의 높은 수준을 요하는 직업
언어	단어와 언어를 다루는 능력	변호사, 소설가
논리수학	논리, 귀납법, 연역법, 숫자를 다루는 능력	컴퓨터 프로그래머, 과학자
신체운동	운동이나 춤에서 신체 움직임을 관장하는 능력	운동선수, 무용수, 마임 배우
대인관계	다른 사람의 정서, 욕구, 관점을 이해하는 능력	영업 사원, 정치가
자기이해	자신의 동기와 정서를 이해하는 능력	소설가
음악	음악을 창작하고 표현하고 감상하는 능력	연주자, 작곡가
자연탐구	식물 또는 동물을 식별하고 분류하는 능력	동(식)물 학자, 요리사
공간	공간을 활용하고 조직하는 능력	건축가, 조각가

표 7-2 | 가드너의 8가지 지능.

능이라고 부르고, 또 어떤 건 다르게 불러야 한다는 뚜렷한 근거는 없다. 하지만 적어도 서구에서는 지능이 특정한 의미로 굳어져 있기 때문에 갑자기 용어를 바꾸면 부작용이 생길 것이다. 지능에 대한 가드너의 정의와 기존의 정의가 충돌해서 펼쳐진 혼란상을 들여다보면 다른 연구자들이 나머지 두 주장을 내세운 이유를 알 수 있다. 비록 가드너는 동의하지 않았지만 말이다.

주장 2에 따르면 가드너의 8가지 지능은 모두 학교에서 가르쳐야 한다. 주장 2가 나온 배경에는 학교에서는 모든 학생의 지능이 존중받아야 한다는 원칙이 있다. 자기이해 지능이 뛰어난 학생이라면 자기이해를 강화하고 개발해 주어야 하며, 학교 공부에서 비중이 큰 언어나 논리수학 지능이 낮은 학생이라면 스스로 낙오자라고 생각하지 않도록 이끌어 주어야 한다. 꽤 그럴듯한 원칙처럼 들린다. 무엇보다 모든 지능을 대등하게 존중하자는 취지라서 공정해 보인다.

하지만 가드너는 이에 반대한다. 그는 우선 공동체의 가치를 기준으로 교과 과정을 결정하고, 다중지능 이론은 교과 과정의 목표를 달성하기 위한 지침이 되어야 한다고 주장한다.

학교에서 모든 지능을 가르쳐야 한다는 주장은 재능을 지능으로 부르는 시도에서 나온 듯하다. 누구나 알다시피 지능이 높은 사람이 학교 성적도 좋다.● 일각에서는 이런 현상을 다음과 같이 이해하는 것 같다.

● 오늘날의 지능 검사는 19세기 말 프랑스에서 학교 성적이 뛰어난 학생과 그렇지 않은 학생을 예측하기 위해 개발된 방법이다.

아이들은 타고난 지능을 개발하기 위해 학교에 간다.
아이들에게서 새로운 지능이 발견되었다.
따라서 학교에서는 새로운 지능을 개발해야 한다.

    일부 교육자는 가드너가 음악 지능이나 공간 지능 따위를 발견했지만 음악 지능은, 할머니라면 음악 재능이라고 말했을 능력일 뿐이라고 여긴다. 개인적으로 나 역시 교과 과정에 음악을 넣어야 한다는 입장이지만 인지과학에서는 나와 같은 입장이 잘못이라는 근거를 제시할 수 있다.
    주장 3에서는 새로운 개념을 가르칠 때 다중지능을 통하는 것이 유용하다고 설명한다. 예를 들어 쉼표 사용법을 배우면서 쉼표에 관한 노래를 만들거나(음악 지능), 숲 속에서 쉼표 모양의 동물 또는 식물을 찾거나(자연탐구 지능), 발언한 내용의 부분, 부분에 어울리는 자세를 취할 수 있다.[2] (신체운동 지능) 아이들은 자신의 뛰어난 지능에 따라 제각각 쉼표를 이해한다. 가령 자연탐구 지능이 높은 아이는 숲을 돌아다니면서 새로운 개념을 이해한다.
    가드너는 주장 3에도 반박하면서 그럴 만한 이유를 제시한다. 정신의 여러 가지 능력(지능)은 서로 대체되지 않는다. 수학 개념을 배울 때는 수학적으로 배워야지 음악 재능은 도움이 되지 않는다.[•] 예를 들어 골프채로 그리는 호에 관한 시를 짓는다고 해서 스윙을 잘하게

• 수학 공식과 같은 개념을 외울 때 음악과 박자가 도움이 될 수도 있지만, 공식을 어떻게 적용할지 이해하는 데는 도움이 되지 않는다. 음악으로 개념을 암기할 수 있다는 흥미로운 주장이 있긴 하지만 여기서 논의하기에는 동떨어진 주제다.

되는 것은 아니다. 8가지 능력이 서로 완벽하게 독립되어 있지도 않지만, 하나의 능력이 뛰어나다고 해서 다른 부족한 능력이 채워지는 것도 아니다.

학생의 강점을 활용해서 공부에 흥미를 느끼게 할 수 있다는 주장도 있다. 과학 신동에게 독서의 즐거움을 심어 주려면 에밀리 디킨슨(Emily Dickinson)의 시집이 아니라 물리학자 리처드 파인만(Richard Feynman)의 전기를 읽히면 된다는 얘기다. 기발하지는 않아도 타당한 주장이긴 하다. 지금까지 이 책에서 말한 것과도 비슷하다. 또 1장에서 제시한 학생 개개인의 관심사에 호소하자는 주장과도 매우 흡사하다.

이 장을 요약해 보자. 학생들은 저마다 다르다. 교사는 어떻게 해야 할까? 아마도 학생들의 차이를 이용해 교육적 효과를 끌어내고 싶을 것이다. 이 장에서는 2가지 기본 방법을 소개했다. 첫 번째는 인지 양식의 차이에 바탕을 둔 방법이다. 학생의 인지 양식에 맞게 가르치면 학습 효과가 나타난다는 논리다. 하지만 안타깝게도 아무도 타당한 근거를 갖춘 인지 양식 이론을 내놓지 못했다.

학생들의 차이를 활용하는 두 번째 방법은 능력 차이에 바탕을 두고 있다. 학생에게 한 가지 인지 능력이 부족하면 다른 뛰어난 능력으로 부족한 능력을 메우거나 적어도 향상시킬 수 있다는 논리다. 그러나 이렇게 보완하는 것은 불가능하다는 타당한 증거가 있다. 정확히 말해서 능력을 대체할 수 있다는 논리가 잘못된 것이다. 학생들은 각자의 인지 능력에 따라 다르게 수행한다.(비록 가드너의 다중지능 이론이 다른 이론에 비해 정확하지 않은 것으로 간주될지라도 말이다.)

학교 수업에 주는 함의

솔직히 이 장을 쓰면서 왠지 판을 깨는 기분이 들었다. 모두 학생들의 개인차를 긍정적으로 바라보는데 나 혼자 인상을 쓰면서 "틀렸어, 틀렸어, 틀렸어."라고 외치는 기분이었다.

앞에서도 밝혔듯이 학생에 따라 교수법을 다르게 적용하지 말라는 얘기는 아니다. 오히려 그렇게 해 주길 바란다. 하지만 교수법에 변화를 주더라도 그것이 효과가 있다는 과학적 근거는 없다는 사실을 알고 있어야 한다. 학생마다 인지 양식이 다르므로 그에 맞게 교수법을 바꾸면 효과적이라는 과학적 근거가 있으면 좋겠지만, 아무리 연구해도 아직 그런 결론은 얻지 못했다. 그리고 나 역시 다른 과학자들처럼 그런 근거가 발견되리라고 기대하지 않는다. 다만 교사들에게 학생들을 만나면서 어떤 방법이 효과적일지 계속해서 고민하라고 말해 주고 싶다. 학생들의 차이를 구분할 때는 장인의 지혜가 과학보다 앞선다.

실상이 그렇다 하더라도 학교 수업에 적용할 수 있는 몇 가지 긍정적인 제안이 있다.

학생이 아니라 수업 내용에 초점을 맞춰라

학습 양식 이론을 학생들에게 적용하면 효과가 없지만 수업 내용에 적용하면 유용할 수 있다. 시각-청각-운동 이론을 예로 들어 보자. 학습 내용에 따라 다양한 방법으로 접근할 수 있다. 가령 미국 켄터키 주의 군부대 포트 녹스(Fort Knox)의 그림을 보여 주거나 투르크메니스탄의 국가를 들려주기도 하고 교사가 직접 (사하라 사막 부족들이 햇볕과 바람을 막기 위해 두르는) 세셰 터번을 두를 수도 있다.

앞에 나온 표 7-1은 수업 계획을 세울 때 유용하다. 수업 시간에 학생들이 연역적으로 생각하길 바라는가, 자유연상에 따라 창의적으로 생각하길 바라는가? 새로 나오는 개념들 사이의 유사성에 초점을 맞춰야 할까, 개념들을 구별하는 구체적인 차이점에 초점을 맞춰야 할까? 표 7-1은 교사가 학생들에게 가르쳐야 할 내용에 초점을 맞추고 목표를 달성하도록 도와준다.

변화를 이용해서 학생들의 관심을 끌어라

수업 시간에 변화를 주면 학생들이 활기를 띠면서 다시 수업에 관심을 보이기 시작한다. 교사가 말을 많이 했으면 다음에는 비디오나 지도 같은 시각 자료를 제시하는 방법도 있다. 표 7-1에서 수업 중에 변화를 시도하는 다양한 방법을 찾을 수도 있다. 논리적이고 연역적인 사고를 요하는 과제를 냈다면 다음번에는 풍부한 연상을 떠올리는 과제를 내줄 수 있다. 순발력을 요하는 과제를 냈다면 다음번에는 차분히 생각해야 하는 과제를 내줄 수 있다.

학생에 따라 다른 방법으로 접근하려 하기보다는 모든 학생을 수업에 끌어들여서 변화가 일어날 때마다 마음가짐을 새롭게 하고 정신을 집중하도록 유도해야 한다.

'어느 한 가지에서 뛰어나지' 않아도 아이는 모두 소중한 존재다

사람들이 "모든 학생은 어느 한 가지에서 똑똑하다."라고 말하거나 학생들에게 "너는 어떤 것을 잘하니?"라고 묻는 것을 누구나 흔히 보았을 것이다. 교사는 학생들을 평등하게 대하고 싶어서 "누구나 잘하는 게 있다."라고 말한다.

그러나 이런 태도는 몇 가지 이유에서 솔직하지 못하다. 첫째, 이런 말 속에는 지능만이 가치 있다는 의미가 깔려 있다. 아이들은 지능이 높든 낮든, 정신 능력이 뛰어나든 뛰어나지 않든 저마다 고유하고 소중한 존재다. 어쩌면 내 딸이 중증 정신지체아라서 내가 민감하게 반응하는지도 모르겠다. 하지만 내 딸은 똑똑하지는 않아도 사람들에게 기쁨을 안겨 주는 유쾌한 아이다.

둘째, 모든 아이가 어느 한 가지에서 똑똑하다는 말은 사실이 아니다. 똑똑한 아이의 비율은 지능을 몇 가지로 정의하는지에 따라 다르고 똑똑하다는 기준이 상위 10퍼센트인지, 상위 50퍼센트인지에 따라 다르다. 경험상 아이에게 없는 능력을 칭찬해 준다고 해서 좋은 효과가 나타나는 것도 아니다.(한순간 아이를 속일 순 있어도 친구들이 기꺼이 아이의 현실을 일깨워 줄 것이다.)

셋째, 다음 장에서 설명하려는 이유 때문에라도 아이에게 똑똑하다고 칭찬해 주는 것은 결코 현명한 처사가 아니다. 믿거나 말거나 똑똑하다고 말해 줄수록 아이는 덜 똑똑해진다. 정말이다.

인지 양식에 얽매이지 마라

교사로서 학생 개개인의 인지 양식을 제대로 살피지 못해서 죄책감을 느끼거나 학생의 인지 양식을 알면서도 적절한 교수법을 적용하지 못했다고 걱정할 필요는 없다. 그런 방법이 효과적이라는 근거는 없다. 그리고 학습 양식에 따른 교수법을 다룬 책을 사거나 전문가 양성 프로그램에 누군가를 초대할 생각이라면 돈 낭비하지 말라고 조언하고 싶다.

인지 양식과 다중지능이 학생들 간의 차이를 정확히 설명하지 못한다면 어떤 방법이 좋을까? 수학을 곧잘 하는 학생이 있는가 하면 어려워하는 학생도 있는 이유는 무엇일까? 누구는 역사를 좋아하고 또 누구는 지리를 좋아하는 이유는 무엇일까? 1장에서 배경지식이 흥미를 끌어내는 데 결정적인 역할을 하며, 어려워도 풀 수 있는 정도의 난이도가 호기심을 불러일으킨다고 했다. 2장에서는 배경지식이 학교 성적에 중요한 요인이라고 설명했다. 분석, 종합, 비판과 같은 인지 과정은 홀로 작동하지 않는다. 배경지식이 있어야 인지 과정이 돌아간다.

그렇다고 배경지식의 차이만으로 학생들 간에 차이가 생기는 것은 아니다. 정말 똑똑한 학생이 존재한다. 다음 장에서는 이 문제를 자세히 살펴보고 개개인의 지능과 상관없이 모든 학생의 잠재력을 극대화하려면 어떻게 해야 할지 알아보자.

학습부진아는
어떻게 가르쳐야 할까?

Q 인지과학자에게 묻다

냉정한 말일지 몰라도 공부에 소질이 없는 아이가 있다. 물론 공부를 못한다고 해서 아무런 재능이 없는 건 아니다. 유명 기업가들 중에도 학창 시절에 공부를 못했다고 알려진 사람들이 있다. 하지만 공부를 잘하건 못 하건 학교에서 배울 수 있는 건 다 배워야 한다. 그러면 지능이 높지 않은 학생에게도 최적의 학습 환경을 마련해 주기 위해 어떻게 해야 할까?

------------------------------- 답하다 **A**

　　　　　　미국인들은 다른 서구인들과 마찬가지로 지능을 눈동자 색깔처럼 변하지 않는 속성이라고 믿는다. 복권에 당첨되듯이 유전자를 잘 타고나면 똑똑하고 그렇지 못하면 똑똑하지 않다고 믿는다.

　지능이 유전자로 결정된다는 믿음은 학교나 직장 생활에도 영향을 미친다. 머리가 좋으면 성적을 잘 받기 위해 열심히 공부하지 않아도 된다고 믿는다. 어쨌든 그들은 똑똑하니까. 반대로 열심히 공부하면 똑똑하지 않다는 사실을 입증하는 것으로 여긴다. 그러다 보니 좋은 성적을 받아 똑똑하게 보이고 싶지만 너무 열심히 공부하면 머리가 나빠 보이므로 공부에 매진하지 못하는, 명백하게 파괴적인 순환이 형성된다.

　그런데 중국과 일본을 비롯한 아시아에서는 지능을 가변적인 것으로 본다. 학생이 시험에서 떨어지거나 새로운 개념을 이해하지 못해도 머리가 나쁘다고 생각하지 않는다. 열심히 공부하지 않은 탓이라고 여긴다. 또 학생들에게 스스로 지능을 개발할 수 있다고 가르친다. 만약 성적이 나쁘다면 더 열심히 공부하면 된다.

　과연 어떤 관점이 옳을까? 서구일까, 아시아일까? 어느 한쪽만 옳다고 보기는 어렵다. 유전이 지능에 영향을 주는 것은 사실이지만 주로 환경을 통해서 영향을 준다. 지능은 분명 변화시킬 수 있다. 이 장의 중요한 인지 원칙은 이렇다.

아이마다 지능이 다르지만
꾸준한 노력으로 지능을 변화시킬 수 있다.

　학생들에게 지능은 가변적이라는 믿음을 심어 주는 것이 바람직하다. 칭찬해 주는 방법도 있고 성공이나 실패 경험을 이야기해 주는 방법으로도 가능하다.

　학생들의 능력이 모두 같다면 훨씬 수월할 것이다. 학생들의 성적 차이는 오로지 그들이 얼마나 열심히 했느냐에 달려 있기 때문이다. 학교도 더욱 공정하게 비쳐질 것이다. 그러나 이런 생각은 한낱 몽상일 뿐이다. 현실에서는 남보다 똑똑한 학생이 엄연히 존재한다. 똑똑한 아이는 가르치기 쉽다. 남보다 어려운 과제를 내주면 된다. 그런데 남보다 뒤처지는 학생은 어떻게 가르쳐야 할까? 학교에서 가르칠 수 있는 걸 다 가르치려면 어떻게 해야 할까?

　우선 '지능'이 무엇을 의미하는지 명확히 할 필요가 있다. 지능에 관해 우리들 자신이 정의하는 바를 몇 분 동안 쓸 기회가 주어진다면 우리는 지능이 높은 사람은 복잡한 개념을 이해하고 다양한 추론 양식을 활용할 수 있다고 할 것이다. 또 획기적인 발상으로 문제를 해결하고 경험을 통해 교훈을 얻을 수 있다고 할 것이다. 이런 정의는 지능에 대한 일반적인 통념과 일맥상통하며 미국심리학회(American Psychological Association)에서 구성한 특별위원회의 제안과도 비슷하다.

그 밖에 구체적인 정의도 많지만, 추론 능력이 뛰어나고 새로운 개념을 빠르게 받아들이는 사람이 따로 있다는 생각은 우리가 흔히 '지능'이라고 말할 때 뜻하는 것과 거의 일치한다.

지능에 관한 앞의 정의에서 주목할 것이 2가지 있다. 첫째, 가드너의 다중지능 이론에서 말하는 음악 지능이나 운동 지능이 없다는 점이다. 7장에서 설명했듯이 학계에서는 음악 능력이나 운동 능력도 물론 지능만큼 중요하지만 재능이 아닌 지능이라고 부르면 학문적 의사소통을 방해하므로 과학 발전에 도움이 되지 않는다고 여긴다. 둘째, 지능이라고 하면 사실상 단일한 지능을 뜻한다. 지능이 높으면 수학과 언어 능력이 모두 뛰어나야 한다. 하지만 2가지를 똑같이 잘하지 못하는 사람은 얼마든지 있다. 그렇다면 이것을 어떻게 올바른 정의라고 할 수 있겠는가?

실제로 일반지능(general intelligence), 곧 '똑똑한 사람은 언제 어디서나 똑똑하다는 의미의 지능이 존재한다는 뚜렷한 증거가 있다. 물론 완벽한 증거는 아니다. 심리학에서 일반지능을 연구한 방식을 살펴보자. 한 연구자가 단일한 일반지능이 있다고 가정하고 그것을 줄여서 g라고 부른다. 반면에 다른 연구자는 언어 지능과 수학 지능이라는 2가지 유형의 지능이 있다고 주장한다. 두 연구자는 학생 100명을 모아서 4가지 시험을 치르게 한다. 수학 시험 2개(계산 시험과 지문 시험)와 언어 시험 2개

• 특별위원회는 「종곡선(The Bell Curve)」이 출간된 후 꾸려졌다. 알다시피 「종곡선」은 사회적으로 큰 파장을 일으킨 책이다. 이 책에서는 IQ 검사 결과 나타난 인종 차이가 주로 유전적 차이라고 주장한다. 말하자면 남보다 머리가 좋게 태어나는 인종이 있다는 것이다. 미국심리학회 지도부는 「종곡선」과 이후에 발표된 논문들에 지능에 관한 잘못된 정보가 담겨 있다고 판단하고 특별위원회를 조직해서 지능에 관해 밝혀진 과학적 정보를 간추려서 발표했다.

(어휘 시험과 독해 시험)를 제시한다. 첫 번째 연구자는 똑똑한 사람은 언제 어디서나 똑똑하다고 믿기 때문에 한 가지 시험에서 점수가 높은 사람은 나머지 세 시험에서도 점수가 높아야 한다(한 가지 시험에서 점수가 낮은 사람은 나머지 세 시험에서도 점수가 낮아야 한다.)고 가정한다. 반면에 다른 연구자는 언어 지능과 수학 지능이 독립적이라고 보기 때문에 독해 시험을 잘 본 사람이 어휘 시험도 잘 볼 수는 있지만 독해 점수로 수학 시험 점수를 예측하지는 못한다고 가정한다.(그림 8-1)

그러면 두 관점 중 어느 쪽이 옳을까? 어느 한쪽만 옳다고 보기는 어렵다. 많은 피험자를 대상으로 조사한 결과를 평가해 보면 두 관점의 공통점을 취하는 양상이 나타난다. 그림 8-1에서 왼쪽 관점은 언어 점수와 수학 점수가 서로 상관된다고 예측하는 반면에 오른쪽 관점은 그렇지 않다고 예측한다. 연구 자료를 분석해 보면 언어 점수는 수학보다는 다른 언어 시험과 상관이 높다. 그림 8-2와 일치하는 양상이다. 언어 지능과 수학 지능에는 서로 다른 인지 과정이 작용하지만 g가 두 지능 모두에 영향을 주기도 한다.

그러면 g는 정확히 무엇을 의미할까? 아직 명확히 알려진 바는 없다. 작업기억의 속도나 용량과 관련 있다고 보기도 하고, 뇌의 뉴런이 작동하는(전하를 내보내는) 속도를 반영한다는 의견도 있다. 이 책에서 g가 무엇인지를 알 필요는 없다. g가 존재하는지 여부가 중요하다. g가 높을수록 학교나 직장에서 성적이 좋다. 많은 지능 연구자들이 g만 주장하는 것은 아니지만(그림 8-2) 누구는 똑똑하고 누구는 덜 똑똑한 이유를 탐구하면서 g를 자주 거론하는 건 사실이다.

지금까지 지능에 관해 설명했으니 다음 질문으로 관심을 돌려 보

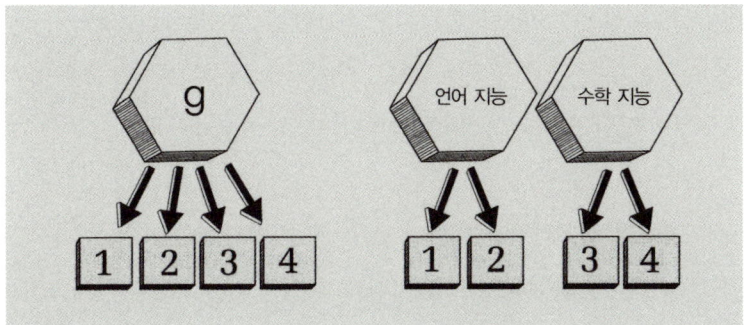

그림 8-1 | 지능에 관한 2가지 관점. 왼쪽 관점에 따르면 단일한 일반지능이 모든 시험에 영향을 준다. 따라서 언어 시험을 잘 보면 g가 높다는 뜻이므로 다른 세 시험 점수도 높아야 한다. 오른쪽 관점에 따르면 어휘 시험을 잘 보면 언어 지능이 높다는 뜻이지만 수학 지능이 어떤지는 예측하기 어렵다. 언어 지능과 수학 지능을 별개로 간주하기 때문이다. 그런데 수백 편의 연구 결과 두 관점 중 어느 것도 옳지 않은 것으로 드러났다. 그림 8-2의 관점을 제안한다.

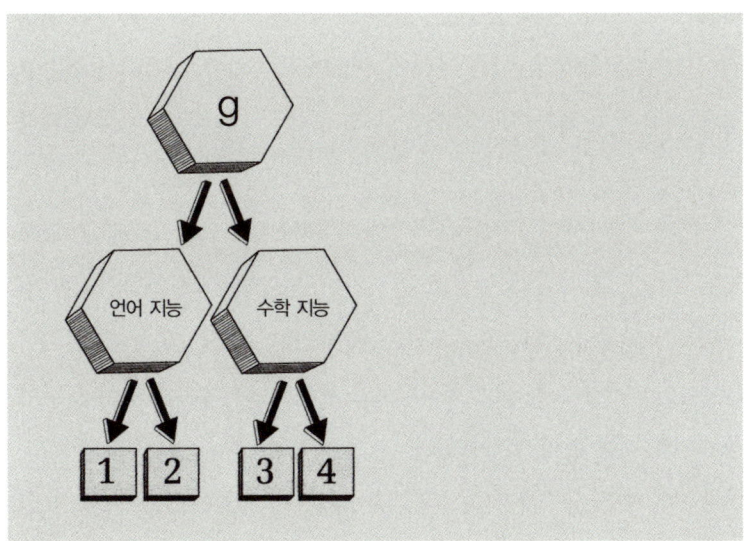

그림 8-2 | 지능에 관한 지배적 관점. 다양한 정신 과제에 영향을 미치는 일반지능이 존재하긴 하지만 일반지능에 영향을 받는 특별한 유형의 지능도 존재한다. 대체로 언어 지능과 수학 지능이 있다는 데 동의하지만 더 구체적으로 분류해야 한다는 의견도 있다.

자. 무엇이 사람을 더 똑똑하게 또는 덜 똑똑하게 만드는 걸까?

무엇이 사람을 똑똑하게 만드는가?

5장과 6장에서는 인지 과제를 숙달하려면 연습과 노력이 필요하다고 강조했다. 이런 관점에서 보면 머리가 좋은 사람은 지능 평가에 포함된 유형의 과제를 많이 연습해서 똑똑해진 것이다. 다시 말해서 복잡한 개념(그리고 개념에 관한 설명)을 자주 접하고 지지적인 환경에서 추론할 기회를 자주 접한 사람이다.

반면에 연습과 노력만으로 머리가 좋아지는 것이 아니라 부모를 잘 만나야 한다고 주장하는 관점도 있다. 지능이 주로 유전에 의해 결정된다고 보는 것이다. 이런 관점에서 보면 똑똑하게 태어나서 연습을 통해 더욱 똑똑해지기도 하지만, 사실 똑똑한 사람은 노력하지 않아도 똑똑하다.

"지능은 어디서 오는가?"라는 질문에 대한 앞의 2가지 관점은 다소 극단적이다. 오직 천성(유전)의 영향인지, 양육(경험)의 영향인지만 따진다. "천성이냐, 양육이냐?"라는 질문이 제기될 때마다 거의 언제나 둘 다 중요하다는 견해로 정리되므로 유전과 경험이 서로 어떤 영향을 미치는지를 설명하기 어렵다.

지능에 대한 질문에 이와 같은 답이 이어지다가 지난 20년 동안 연구자들의 관점에 큰 변화가 나타났다. "둘 다 영향을 주지만 유전의 영향이 크다."는 쪽에서 "둘 다 영향을 주지만 환경의 영향이 크다."라는 쪽으로 바뀐 것이다. 이제 두 견해에 관한 증거를 찾아보자. 사

그림 8-3 | 일란성 쌍생아 제임스와 올리버 펠프스(영화 〈해리포터〉에서 프레드와 조지 위즐리를 연기했다.)는 한집에서 자랐고 유전자가 100퍼센트 일치한다. 많이 닮은 이란성 쌍생아 메리 케이트와 애슐리 올슨은 한집에서 자랐고 일반 형제자매처럼 유전자의 50퍼센트만 공유한다. 일란성 쌍생아의 지능과 이란성 쌍생아의 지능이 어느 정도 비슷한지 비교하면 유전이 지능에 미치는 영향을 알아볼 수 있다.

람이 똑똑해지는 이유를 이해했으면 다음으로 지능이 떨어지는 학생을 어떻게 도와줄지 알아보아야 한다.

앞에서 지능은 유전과 환경이 복잡하게 결합된 결과라고 설명했다. 그렇다면 복잡한 결합을 어떻게 분석할 수 있을까? 흔한 방법으로 두 사람의 지능이 어느 정도 비슷한지 알아볼 수 있다. 예를 들어 일란성 쌍생아는 유전자를 100퍼센트 공유하고 이란성 쌍생아는 보통의 형제자매처럼 50퍼센트 공유한다. 따라서 일란성 쌍생아가 이란성 쌍생아보다 지능이 더 유사한지 알아보면 유전의 영향을 확인할 수 있다.(그림 8-3) 또 한집에서 자란 형제자매가 각자 다른 집에서 자란 경우보다 지능이 더 비슷한지 알아보는 방법도 있다. 태어나자마자 헤어져 각자 다른 집으로 입양된 형제자매를 조사해 보면 된다. 물론 한 집에서 자랐다고 해서 환경이 완벽하게 일치하지는 않는다. 하지만 부모도 같고 책이나 텔레비전 같은 문화적 환경에 비슷하게 노출되며

관계	서로 공유하는 유전자 백분율	환경
일란성 쌍생아, 한집에서 자람	100	비슷함
이란성 쌍생아, 한집에서 자람	50	비슷함
일란성 쌍생아, 떨어져 자람	100	다름
이란성 쌍생아, 떨어져 자람	50	다름
입양된 형제자매	0	비슷함

표 8-1 | 이 표는 다양한 형제관계에서 유전과 환경을 어느 정도 공유하는지 나타낸다. 한 가지 유형의 형제자매 수백 쌍을 검사하여 쌍생아가 지능을 비롯한 여러 가지 면에서 얼마나 유사한지 평가했다. 일란성 쌍생아와 이란성 쌍생아가 각자 다른 집에 입양되어 떨어져 자랄 수 있다. 몇몇 연구소에서는(특히 미네소타대학교 연구소) 떨어져 자란 쌍생아 수백 쌍을 만났다. 피험자 중 많은 이들이 이 연구를 통해 형제나 자매를 처음 만났다.[1]

같은 학교에 다닐 가능성이 크다.

표 8-1은 몇 가지 관계를 비교하면서 유전과 환경이 어느 정도 중요한 영향을 미치는지 보여 준다.

연구 결과는 매우 흥미롭다. 유전이 일반지능에 큰 영향을 미친다고 볼 수 있다. 50퍼센트 정도 기여하는 것으로 보인다. 50퍼센트는 사실 평균을 의미하고 연령에 따라 퍼센트가 달라진다. 어릴 때는 20퍼센트 정도 기여하다가 청소년기에는 40퍼센트로 올라가고 성인기 이후에는 60퍼센트 이상으로 높아진다. 우리의 예상과 정반대의 결과가 나온 셈이다. 흔히 유전은 어릴 때 더 큰 영향을 미친다고 생각한다. 어릴 때는 환경이 달라도 환경에 노출되는 시간이 길지 않지만 나이가 들수록 오랜 시간 서로 다른 환경에서 살기 때문에 환경이 더 큰 영향을 미칠 것이라고 보는 것이다. 하지만 연구 결과가 정반대로 나와서 환경이 지능에 거의 영향을 주지 않는 게 아닐까 하는 의심까지 든다.

쌍생아 연구를 다른 관점으로 접근하면 환경이 미치는 영향도 뚜렷이 드러난다. 가난한 집에서 살던 아이가 부유한 집으로 입양되면 지능이 높아진다. 가정환경이나 학교 교육의 질, 영양 상태 등이 좋아지고 부모의 관심을 많이 받기 때문이다. 다른 연구에서도 환경이 아이의 지능에 어느 정도 영향을 미치는 것으로 나타났다. 취학 전에 적절한 프로그램을 실시해서 지능을 조금 끌어올릴 수 있었다. 그러나 환경 효과는 약 10퍼센트 정도로 유전 효과에 비해 크지 않았다.

적어도 20년 전까지는 이처럼 지능의 범위가 주로 유전에 의해 결정되고 주어진 범위 안에서 환경에 따라 지능이 조금 높거나 낮아진다고 보았다. 그런데 1980년대에 반세기 넘게 조사해 온 IQ 점수가 크게 높아졌다는 결과가 나오면서 지능 연구가 새로운 국면을 맞았다.[2] 일례로 네덜란드 군대의 신병 지능 검사 결과에 따르면 30년 만에(1952~1982년) IQ 점수가 21점이나 올랐다. 이것은 결코 예외적인 사례가 아니다. 미국을 비롯해 10여 개국에서도 같은 결과가 나타났다.〔그림 8-4〕모든 국가의 자료를 확인할 수는 없지만(어쩌다 나타난 예외가 아닌지 확인하려면 다수의 사람들을 조사한 결과가 필요하다.) 일단 확보할 수 있는 조사 자료에서는 같은 현상이 관찰되었으며, 이를 처음 발견한 제임스 플린(James Flynn)의 이름을 따서 플린 효과라고 부른다.

플린 효과가 흥미로운 이유는 이렇다. 지능이 주로 유전에 의해 결정된다면 한 국가의 IQ 점수가 크게 오르거나 내려가지 않아야 한다. 전체 유전자 풀은 아주 서서히 변하기 때문이다. 하지만 실제 조사 자료에서는 큰 변화가 나타났다. 유전자의 변화로 인한 결과라고 설명할 수 없을 만큼 IQ 점수가 크게 상승한 것이다. 그중 일부는 영양 상태와 건강이 좋아진 결과로 볼 수 있다. 또 갈수록 생활 양식이 복잡해져서 사람들이 추상적으로 생각하고 새로운 문제를 해결해야 하는 상황에 자주 놓이기 때문일 수도 있다. IQ 검사는 주로 추상적인 유형의 문제로 구성된다. 원인이 무엇이든 그것은 환경의 영향임에 틀림없다.

그러면 쌍생아 연구와는 얼마나 일치할까? 지금까지 조사한 수많은 쌍생아 연구에서는 유전이 지능에서 많은 부분을 설명한다는 일관된 결과가 나왔다. 그러나 짧은 기간에 IQ 점수가 크게 상승한 현상은 유전만으로 설명하기 어렵다. 이와 같은 모순된 현상을 어떻게 해소할 수 있을까?

누구도 확신하긴 어렵지만, 플린은 종종 그와 함께 연구하는 빌 디

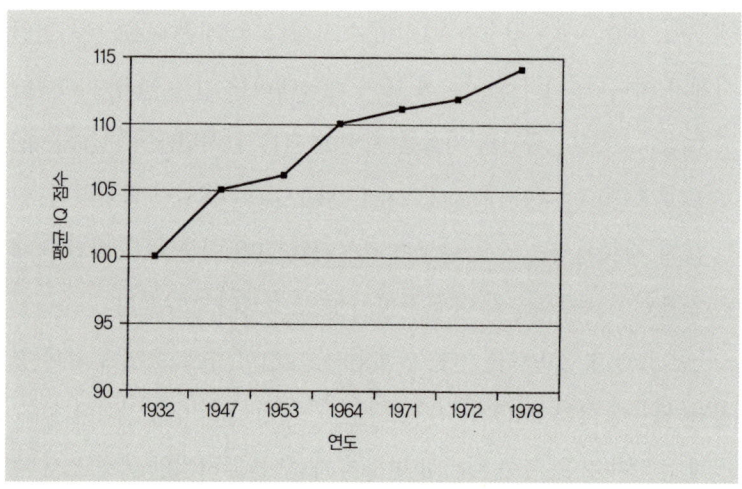

그림 8-4 | 1932년에서 1978년까지 미국인의 IQ 점수가 높아진 현상을 보여 주는 그래프다. 플린 효과는 환경이 지능에 큰 영향을 미친다는 강력한 증거다. 유전학자들도 IQ 변화가 일어날 만큼 유전자 풀이 급격히 변하지 않는다는 데 동의한다.

킨스(Bill Dickens)와 마찬가지로 합리적인 의견을 제시한다. 플린은 유전 효과가 크지 않다고 주장한다. 유전의 영향으로 특정 환경을 '추구'할 수 있기 때문에 유전의 영향이 커 보일 뿐이라고 설명한다. 디킨스는 이런 예를 든다. 일란성 쌍생아가 태어나자마자 헤어져 각자 다른 가정에 입양된다. 유전의 영향으로 둘 다 어릴 때부터 남달리 키가 크다. 두 사람 모두 키가 커서 동네 농구대회에서 두각을 나타낸다. 둘은 부모에게 집에 농구 골대를 설치해 달라고 부탁한다. 그리고 꾸준한 연습으로 실력이 향상돼서 중학교 농구팀에 들어간다. 그 후 더욱 연습해서 실력을 쌓고 고등학교를 졸업할 무렵에는 프로 선수로 활약할 정도는 아니어도 인구의 98퍼센트보다 잘 뛰게 된다. 예를 들자면 그렇다는 얘기다.

이런 경우는 어떻게 설명할 수 있을까? 둘은 일란성 쌍생아이지만 서로 떨어져 자랐다. 그런데 각 쌍생아를 추적해서 농구 실력을 평가해 보니 둘 다 실력이 뛰어났다. 연구자는 둘이 떨어져서 자랐다는 이유를 들어 유전 효과라고 결론짓고 농구 실력은 유전에 의해 결정된다고 설명할 수 있다. 그러나 이런 결론은 오류다. 실제로는 유전에 의해 둘 다 키가 컸을 뿐이고, 키가 크기 때문에 농구 연습을 많이 하는 환경을 찾아다녔을 것이다. 따라서 뛰어난 농구 실력은 연습(환경 효과)의 결과이지 유전의 결과가 아니다. 정리하자면 '유전 효과로 각자 다양한 환경을 찾거나 선택'한다고 볼 수 있다.

그러면 유전이 지능에는 어떻게 적용되는지 살펴보자. 유전이 지능에 약간의 영향을 미친다고 볼 수도 있다. 유전의 영향으로 정보를 더 빨리 이해하거나 기억을 조금 더 잘할 수 있다. 인지 과제에 끈질기게 매달리거나 호기심을 더 많이 느낄 수 있다. 부모가 아이의 이런 강점을 알아채고 호기심을 키워 주고 은연중에 격려해 줄 수 있다. 부모의 역량에 따라 수준 높은 대화를 나누면서 풍부한 어휘를 사용할 수도 있다. 그리고 아이 역시 자라면서 스스로 똑똑하다고 생각할 수 있다. 똑똑한 친구들과 어울리고 최고의 성적을 받으려고 선의의 경쟁에 뛰어들 수 있다. 게다가 유전의 미묘한 영향으로 다른 활동은 시도하지 않았을 수 있다. 그러니까 머리는 좋지만 몸이 남보다 둔하고 서투를 수 있다. 그래서 길거리 농구 시합처럼 운동 능력을 키울 수 있는 상황을 피하고 주로 집 안에서 책을 읽을 수 있다.

　문제의 핵심은 유전과 환경이 상호 작용한다는 데 있다. 유전적으로 조금만 달라도 각자의 환경에서 서로 다른 경험을 추구하고, 환경에서의 경험이 오랫동안 축적되면서 인지적으로 큰 차이를 나타낸다. 따라서 쌍생아가 각각 다른 집에서 자랐다고 해서 전혀 다른 환경에 있었다고 보기는 어렵다. 유전자가 같아서 비슷한 환경을 추구하기 때문이다.

　이 책에서 지능에 관해 이처럼 길게 설명하는 이유는 무엇일까? 지능의 본질이 무엇이냐에 따라 조금 덜 똑똑해 보이는 학생들을 가르치는 방법이 달라지기 때문이다. 지능이 전적으로 유전에 의해 결정된다면 학생들을 똑똑하게 만들려고 힘쓸 필요가 없다. 그저 유전으로 결정된 지능의 범위 안에서 최선을 다하도록 이끌어 주면 된다. 게다가 똑똑하지 않은 학생은 어차피 단순 노동을 택할 것이므로 교과 과정을 쉽게 편성해 주면 된다. 그러나 현실은 다르다. 지능은 가변적이다. 지능은 끌어올릴 수 있다!

자, 그럼 지능을 어떻게 끌어올려야 할까? 우선 학생들에게 지능을 높일 수 있다는 믿음을 심어 주어야 한다.

학생 스스로 지능을
어떻게 생각하는지가 중요할까?

펠리시아와 몰리라는 학생이 있다고 하자. 펠리시아는 다른 사람들에게 자신이 똑똑해 보이는지를 지나치게 의식한다. 과제를 고를 때는 성공하기 쉬운 것만 택한다. 어려운 과제를 만나면 처음 실패할 때 얼른 손을 떼면서 피곤하다는 등 온갖 핑계를 댄다. 반면에 몰리는 실패해도 개의치 않는다. 과제를 고를 때는 어려워 보여도 새롭고 재미있게 배울 수 있는 것을 선택한다. 힘들어도 물러서지 않고 새로운 방법을 찾아 끈질기게 시도한다. [그림 8-5]

그림 8-5 | 트리비아 게임(단순 질문에 답하는 퀴즈게임)을 할 때 어렵거나 쉬운 질문 중에서 선택할 수 있다면 어떨까? 펠리시아는 쉬운 질문을 골라 정답을 많이 맞혀서 똑똑하게 보이고 싶어 하는 반면에, 몰리는 어려운 질문을 택해서 새로운 내용을 배우고 싶어 할 것이다. 여러분은 어떤 질문을 택하겠는가?

어느 교실에나 펠리시아와 몰리 같은 학생이 있다. 두 학생의 이런 차이는 어디서 비롯되는 걸까? 우선 두 학생은 생각하는 관점이 다르다. 펠리시아는 지능이 고정되어 있고 태어날 때 결정된다고 믿는다. 지능은 변하지 않는다고 믿기 때문에 남들에게 좋은 평판을 얻고 싶어서 쉬운 과제만 고른다. 결국에는 지능에 대한 믿음 때문에 스스로 궁지에 몰린다. 이를테면 똑똑한 사람은 머리가 좋아서 열심히 노력하지 않아도 성공하고, 열심히 노력하는 사람은 머리가 나빠서라고 생각하는 것이다. 그래서 똑똑해 보이고 싶지만 머리가 나빠 보일까 봐 열심히 공부하지도 못한다.

한편 몰리는 지능을 가변적이라고 믿는다. 새로운 내용을 배울수록 자신이 점점 똑똑해진다고 생각한다. 실패해도 펠리시아만큼 좌절하지는 않는다. 한 번의 실패로 능력이 결정되는 것이 아니라고 생각하기 때문이다. 몰리는 실패하면 자신이 충분히 공부하지 않았거나 주어진 주제를 아직 배우지 않아서라고 생각한다. 실패해도 더 열심히 노력하면 만회할 수 있기 때문에 스스로 성공과 실패를 통제한다고 여긴다. 몰리는 모른다고 대답하거나 엉뚱한 답을 내놓을 때도 창피해하지 않는다. 쉬운 과제만 고르지 않고 더 많이 배우고 싶어서 어려운 과제를 택한다. 자신이 열심히 공부하는 이유는 머리가 나빠서가 아니라 더 똑똑해지기 위해 노력하는 것이라고 생각한다.

몰리가 펠리시아보다 좋은 성적을 올릴 것으로 예상되었으며 실제로 그렇다는 연구 결과가 나왔다. 열심히 노력하면 지능을 끌어올릴 수 있다고 믿는 학생은 지능을 고정된 특질로 여기는 학생보다 성적이 좋다.

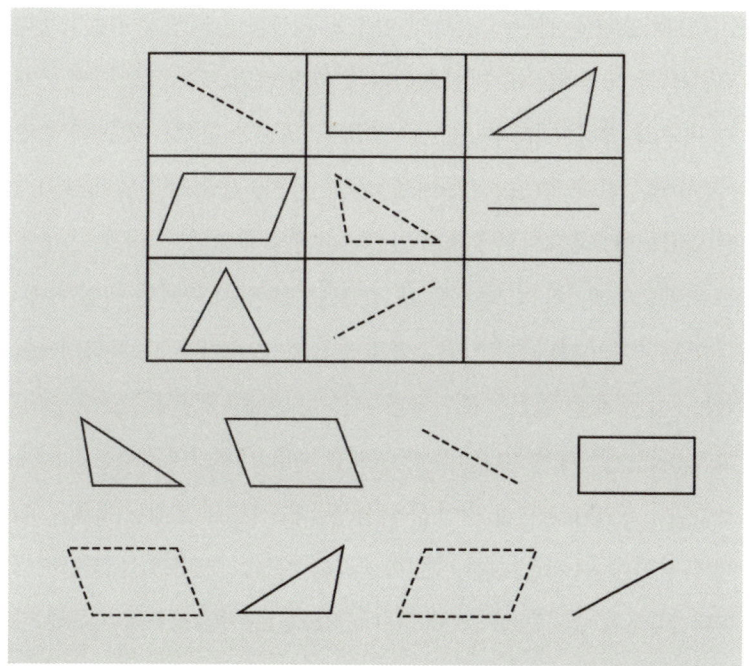

그림 8-6 | 지능 검사에는 그림과 같은 패턴 완성 문제가 포함되어 있다. 피검자는 위의 그림 배열에서 패턴을 찾아내서 아래 6개 그림 중 어떤 그림이 배열을 완성하는지 추론한다.

    교사로서는 아마도 몰리 같은 학생만 있으면 좋을 것이다. 그런데 학생들은 지능과 능력에 대한 믿음을 어떻게 형성할까? 지능에 대한 믿음에는 다양한 요인이 작용한다. 능력이 결과에 영향을 준다는 사실을 이해해야 하고 자신의 능력에 대한 자신감을 길러야 하며 과제 유형에 따라 발휘할 수 있는 능력이 다르다는 사실도 이해해야 한다. 어떻게 해서 이와 같은 이해가 깊어지는지는 자세히 설명하기 어렵다. 여러 요인이 작용하지만, 특히 한 가지 요인에 관해 집중적인 연구가 이루어졌다. 아이를 칭찬하는 방식에 관한 연구가 바로 그것이다.

칭찬의 효과에 관한 고전적인 연구 중에 5학년 학생들에게 일정한 패턴을 찾는 문제를 몇 개 내주는 실험이 있다.[그림 8-6] 첫 번째 문제는 비교적 쉬워서 누구나 풀 수 있었다. 성공한 학생은 칭찬해 주었다. 우선 성공한 학생들 모두에게 "와, 이 문제 정말 잘 풀었네. ( )개나 맞췄구나. 점수가 아주 높구나."라고 말해 주었다. 그러고 나서 일부 학생들에게 "이 문제를 잘 푼 걸 보니 넌 정말 똑똑한 아이구나."라고 칭찬해 주었다. 학생의 능력을 칭찬해 준 것이다. 다른 학생들에게는 "이 문제를 열심히 풀었구나."라고 노력을 칭찬해 주었다. 그런 다음 다른 연구자가 학생들을 만나서 지능을 어떻게 생각하는지 알아보았다. 그 결과 능력을 칭찬받은 학생들은 지능을 고정된 특질로 이해한 반면에, 노력을 칭찬받은 학생들은 지능을 가변적 특질로 이해했다. 이러한 결과는 4세 아동을 대상으로 조사한 연구를 비롯해 다양한 연구에서 나타났다.

물론 낯선 연구자의 칭찬만으로 지능에 대한 평생의 믿음이 결정되는 것은 아니다. 하지만 적어도 실험 기간에는 작은 차이(능력을 칭찬하느냐, 노력을 칭찬하느냐)가 아이의 생각에 영향을 주었다. 따라서 오랜 시간에 걸쳐 부모, 교사, 친구에게 들은 말과 행동에 의해 지능에 대한 믿음이 형성된다고 볼 수 있다.

이 연구가 특히 흥미로운 이유는 칭찬에 관한 연구이기 때문이다. 왜 아이에게 똑똑하다고 말해 주는 방법이 바람직하지 않을까? 아이의 지능을 칭찬해 주면, 아이는 자기가 똑똑해서 문제를 풀었지 노력해서 풀었다고 생각하지 않는다. 역으로 문제를 풀지 못하면 자신이 멍청하다고 생각한다.

학교 수업에 주는 함의

학습부진아를 위해 무엇을 할 수 있을까? 이 장에서는 학습부진아라고 해서 바보가 아니라고 강조했다.* 다만 잠재력이 남들과 조금 다를 뿐이다. 지능은 변할 수 있다.

그렇다고 해서 이런 학생들이 쉽게 따라올 수 있다는 뜻은 아니다. 학습부진아들도 똑똑한 학생들만큼 잠재력이 풍부하지만 배경지식, 동기, 실패를 견디는 힘, 자아상은 다를 수 있다. 나는 학습부진아들이 따라올 수 있다고 진심으로 믿는다. 하지만 그들이 많이 뒤처져 있고 다른 학생들과의 차이를 좁히려면 엄청난 노력이 필요하다는 점은 인정해야 한다. 교사는 이런 학생들을 어떻게 도와주어야 할까? 우선 학생들에게 자신이 발전할 수 있다는 믿음을 심어 주어야 한다. 그리고 열심히 노력하도록 이끌어 주어야 한다.

능력이 아닌 노력을 칭찬하라

앞에서 소개한 연구에 따르면 능력이 아닌 노력을 칭찬해야 한다는 원칙은 분명하다. 교사들은 학생들에게 스스로 지능을 통제할 수 있다는 믿음을 심어 주고, 열심히 노력하면 지능을 개발할 수 있다고 격려해 주고 싶을 것이다. 그러려면 능력보다는 '과정'을 칭찬해야 한

---

* 학습장애가 존재하지 않는다는 말은 아니다. 학습장애가 있는 학생도 있다. 이 장의 결론은 학습장애가 있는 학생에게는 적용되지 않는다.

다. 가급적이면 노력을 칭찬하는 것이 좋고 어려움에 직면했을 때 끈기 있게 해내려는 자세를 칭찬해도 좋다. 다만 거짓 칭찬은 삼가야 한다. 오히려 역효과만 나기 때문이다. 학생 스스로 잘하지 못한 걸 아는데도 "와, 과제를 정말 열심히 했구나!"라고 칭찬해 주면 교사로서 신용만 잃는다.

노력은 결실을 맺는다고 말해 주라

능력이 아니라 과정을 칭찬하면 학생들에게 스스로 지능을 통제할 수 있다는 무언의 메시지를 전달할 수 있다. 그렇다고 아무 말도 하지 않고 전달되기만 바랄 수는 없다. 특히 초등학교 고학년에 올라가는 아이에게는 말로 명확히 설명해 줘야 한다. 유명한 과학자, 발명가, 작가를 비롯해 천재들이 똑똑해지려고 얼마나 열심히 노력했는지 말해 준다. 특히 위인들의 교훈을 학생들의 공부에 실제로 적용해 보는 것이 중요하다.

자신은 열심히 공부하지 않는다고 떠벌리는 학생이 있다면 얼마나 잘못된 생각인지 일깨워 주고, 누구나 열심히 노력해야 공부를 잘할 수 있다고 말해 주어야 한다. 잘못된 믿음을 일깨워 주기가 결코 쉽지 않다. 예전에 내 제자 하나는 축구부에 들어가는 바람에 공부할 시간이 부족했다. 그 학생은 스스로 돌대가리라서 성적이 나쁘다고 믿었다. 나는 그 학생과 이런 대화를 나누었다.

나 혹시 너희 축구부에서 재능은 뛰어난데 열심히 노력하지 않고 연습 시간에 빈둥거리는 친구 없니?

학생 있어요. 그런 애는 어느 팀에나 있잖아요.

나 다른 아이들이 그 애를 높이 평가하니?

학생 에이, 설마요. 재능이 있는데 갈고닦지 않으니까 다들 멍청이라고 생각해요.

나 그래도 제일 잘하니까 부러워하지 않아?

학생 제일 잘하지 않아요. 잘하는 편이지만 더 잘하는 애도 있어요.

나 공부도 마찬가지야. 누구나 열심히 해야 잘하는 거야. 노력하지 않는데 성적이 좋은 애들도 있기는 해. 그래도 많진 않아. 그리고 아무도 그런 애들을 좋아하거나 존중하지 않아.

매번 공부를 운동에 비유할 수 있는 것은 아니지만 여기서는 괜찮을 듯하다. 그리고 어떤 이유에선지 공부를 운동에 비유하면 굳이 운동선수가 아니어도 잘 알아듣는다.

실패를 학습의 자연스러운 과정으로 여겨라

지능을 높이려면 어려운 과제에 도전해야 한다. 자기 능력보다 약간 어려운 과제를 택해야 한다. 물론 처음에는 실패할지도 모른다. 실패에 대한 두려움이 어려운 과제를 해결하는 데 큰 장애가 되기도 하지만 실패 자체는 중요하지 않다.

내가 대학을 졸업하고 구한 첫 직장은 국회의원 사무실이었다. 나는 의원님을 자주 보지 못했으며 그분의 그림자만 보고도 바짝 긴장

했다. 나는 처음으로 바보 같은 실수를 저질렀고(어떤 실수였는지는 기억나지 않지만) 의원이 그런 나를 쳐다보았다. 나는 웅얼거리면서 죄송하다고 말했다. 의원은 나를 뚫어져라 보더니 "이봐, 실수하지 않는 사람은 아무것도 시도하지 않는 사람이야."라고 말했다. 그때 막힌 속이 뻥 뚫리는 기분이 들었다. 실수를 하고도 혼나지 않아서가 아니라 성공하려면 실패를 감수해야 한다는 사실을 난생처음 진심으로 이해했기 때문이다. 마이클 조던(Michael Jordan)이 이런 말을 한 적이 있다. "나는 지금까지 농구를 하면서 9000번 넘게 골대에 공을 집어넣지 못했다. 300번 가까운 경기에서 졌다. 내 인생은 실패하고, 실패하고, 또 실패하는 과정이었다. 그래서 성공할 수 있었다."

실패가 꼭 좋은 건 아니지만, 학생들이 실패를 부끄럽거나 잘못된 것이 아니라고 생각할 수 있는 수업 분위기를 만들어 줘야 한다. 실패했다는 건 뭔가 배웠다는 뜻이다. 적어도 실패를 통해 어떻게 풀지 모르는 문제가 있다는 사실을 발견할 수 있다. 교사 역시 학생들 앞에서 실패를 인정하는 태도를 보여 줘야 한다. 실패한(그러지 않는 사람이 어디 있는가?) 후 긍정적인 마음으로 배우려는 자세를 보여 줘야 한다.

모든 학생이 학습 방법을 안다고 단정하지 마라

수업 시간에 숙제로 내주는 문제를 정리해 보자. 숙제 안에 또 다른 문제가 있는지 찾아보고, 학습부진아도 그런 문제를 푸는 방법을 아는지 확인해야 한다. 고학년 학생은 쪽지시험을 예고하면 대개 시험공부를 한다. 그런데 학습부진아도 그러한 공부 방법을 알까? 수업 시간에 읽고 듣고 본 갖가지 자료 중에 무엇이 중요한지 판단할 수 있을까? 쪽지시험을 준비하려면 얼마나 오래 공부해야 하는지 알까?(대학에서 성적이 안 좋게 나오면 "그래도 시험공부를 서너 시간이나 했다고요!"라고 항의하는 학생들이 있다. 하지만 좋은 성적을 받은 학생은 스무 시간이나 공부했다.) 시간을 계획하는 데 유용한 기법을 알까?

학습 방법에 대한 이런 질문은 어려운 숙제를 시작하는 중학교 1학년 학생들에게 특히 중요하다. '마당에서 돌 3개 주워 오기'와 같은 숙제만 하다가 '4장을 읽고 연습문제에서 짝수 문제 풀어 오기'와 같은 숙제를 해야 한다면 적응 기간이 필요하다. 자기 관리, 시간 관리, 자원 활용 능력(막혔을 때 어떻게 풀어 나갈지 아는 능력)과 같은 어려운 기술을 요하는 숙제를 하려면 누구나 새로운 기술을 익혀야 한다. 저학년 때부터 뒤처진 학생들은 혼자 숙제하면서 더 큰 어려움에 부딪히고 새로운 기술을 익히지 못해 쩔쩔맬 수 있다. 그러므로 교사는 이전 학년에서 배운 내용이라고 해서 학습부진아들도 당연히 알 거라고 단정해서는 안 된다.

학습부진아들이 수업을 따라오게 하는 것은 장기적 목표다

수업을 따라오도록 도와줄 때는 현실적인 목표를 세워야 한다. 2장에서 배경지식이 풍부할수록 새로운 정보를 학습하기 수월하다고 설명했다. 학업에 뒤처진 학생이 공부 잘하는 학생과 같은 속도로 공부해서는 결코 따라잡지 못한다. 시간이 갈수록 뒤처지기만 할 뿐이다. 결국 더 열심히 공부하는 수밖에 없다.

다이어트에 비유해도 좋다. 목표 체중에 도달하기까지 오랜 기간 의지를 꺾이지 않기란 쉽지 않다. 다이어트의 고충은 매번 어려운 선택을 해야 하고, 올바른 선택을 한다고 해서 그때마다 보상이 주어지는 것도 아니라는 데 있다. 체중은 원하는 만큼 줄어들지 않는다. 게다가 한두 번 선택을 잘못하면 패배감에 젖어 다이어트 자체를 포기하고 만다. 연구에 따르면 다이어트에 성공한 사람은 다이어트만 하지 않았다. 그보다는 작은 생활 습관을 바꿔 나가면서 장기간 꾸준히 실천할 수 있도록 훈련했다. 예를 들어 보통 우유 대신 저지방 우유를, 카페라테 대신 블랙커피를 마셨으며, 아침마다 개를 데리고 산책을 나갔다.

학습부진아를 가르칠 때는 단기간에 성취할 수 있는 임시 목표를 정하고 실행에 옮겨야 한다. 예를 들어 매일 정해진 시간에 숙제를 하거나 주간 시사 잡지를 읽고 매주 과학 교육 DVD를 시청하도록 한다. 물론 부모가 도와주면 큰 효과를 거둘 수 있다.

학생들을 향한 믿음을 보여 주라

사람들에게 "인생에서 가장 중요한 스승이 누구인가?"라고 물어보라. 나는 10여 명에게 이 질문을 던지면서 2가지 흥미로운 사실을 발견했다. 첫째, 누구나 바로 대답한다. 둘째, 교사에게 강한 인상을 받은 경우는 대부분 정서적 이유 때문이다. "그 선생님이 수학을 잘 가르쳐 주셔서요."라고 대답하는 사람은 없다. "저 자신을 믿게 해 주셨어요."라거나 "제게 지식을 사랑하도록 가르쳐 주셨어요."라고 말한다. "높은 기준을 세우고 그 기준을 뛰어넘을 수 있다는 믿음을 심어 주었다."라고 답하는 사람도 있다. 학생들에 대한 믿음을 보여 주는 방법을 찾다 보면 다시 칭찬이라는 주제로 돌아가게 된다. 조금 뒤처지는 학생이라고 해서 부족한 성과를 칭찬하지 않도록 조심해야 한다.

예를 들어 평소에 과제를 제대로 하지 못하는 학생이 있다. 시간 안에 제출하긴 해도 완성도가 떨어진다. 예전에 비하면 과제를 낸 것만도 발전이므로 칭찬해 주고 싶을 것이다. 하지만 잘하지 못한 과제를 칭찬하면 학생에게 어떤 메시지가 전달될지 생각해 보자. "잘했다."라고 말하지만 알고 보면 '너 같은 학생치고는' 잘했다는 뜻이다. 학생이 이 말을 듣고 정말 잘했다는 뜻으로 받아들일 만큼 순진하지 않을 수 있다. 일정 수준에 미치지 못하는 과제를 칭찬하면 애초에 그 학생에 대한 기대치가 낮았다는 의미로 전달될 수 있다. 차라리 이렇게 말하는 편이 낫다. "과제를 제시간에 낸 것도 잘했고 서론도 흥미롭더구나. 하지만 구성에 조금 더 신경 쓰면 좋았을걸 그랬다. 어떻게 하면 좋을지 같이 얘기해 보자."

지금까지는 학생의 인지 체계에 초점을 맞추고 교사의 인지 체계에 대해서는 가끔 한 번씩 거론했다. 하지만 교사의 마음도 학생의 마음과 질적으로 다르지 않다. 학생의 인지 체계에 맞게 교수법을 조정하는 방법 말고도 교수법을 개발할 방법이 있을까?

9

학교 수업을 맡아 하는 교사는 어떠해야 할까?

Q 인지과학자에게 묻다

이 책에서는 주로 학생의 인지에 초점을 맞추었다. 그렇다면 교사의 인지는 어떨까?

------------------------------- 답하다 **A**

　　　　　　1장에서는 학생들이 효과적으로 사고하는 데 필요한 인지 요건을 간략히 소개했다. 작업기억에 공간이 있어야 하고 배경지식이 필요하며 주어진 주제에 관한 경험도 있어야 한다고 설명했다. 1장부터 8장까지 인지 원칙을 하나씩 소개하면서 필요한 요건을 어떻게 충족시킬지 설명했다. 그런데 교사의 인지도 학생의 인지와 다르지 않다. 이 장의 중요한 인지 원칙은 이렇다.

 학생들을 가르치는 기술도 다른 복잡한 인지 기술처럼 연습해야 발전할 수 있다.

　　지금까지 인지과학에서 밝혀낸 다양한 연구 결과를 소개했다. 모두 학생의 인지에 초점을 맞춘 것들이었다. 그런데 교사는 어떨까? 학생을 가르치는 일 역시 인지 기술이 아닌가? 그렇다면 인지과학의 연구 결과를 교사의 인지 체계에도 적용할 수 있지 않을까?
　　교수법은 진정한 인지 기술이다. 지금까지 학생에 관해 설명한 내용이 교사에게도 모두 적용된다. 1장에서 소개한 마음 모형을[그림 9-1] 다시 한 번 살펴보면서 바람직한 교육을 비롯해 효과적인 생각을 끌어내는 데 필요한 인지 장치를 알아보자.

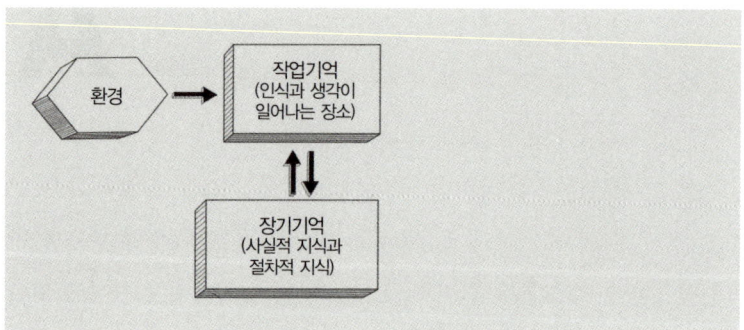

그림 9-1 | 마지막으로 다시 한 번 가장 단순한 마음 모형을 살펴보자.

생각이란 정보를 새로운 방식으로 통합하는 과정이다. 예를 들어 태양계 구조를 원자 구조와 비교해 보고 비슷한 구조라는 사실을 알아낼 수 있다. 정보를 조작하는 과정이 작업기억에서 일어나므로 흔히 작업기억을 사고가 일어나는 무대라고 한다. 정보는 환경(보거나 듣는 정보. 예를 들어 교사가 원자의 구조를 설명해 준다.)에서 입력되기도 하고 장기기억(이미 알고 있는 정보. 예를 들면 태양계의 구조)에서 올라오기도 한다.

교사는 절차에 따라 정보를 조작한다.(가령 태양계와 원자 같은 대상의 특징을 비교하는 절차) 장기기억에는 2가지 대상의 특징을 비교하는 단순한 절차뿐 아니라 중간에 여러 단계를 거치면서 풀어야 하는 복잡한 절차도 저장된다. 예를 들면 팬케이크를 만드는 절차나 자동차 오일을 교체하는 절차, 구성이 완벽한 문단을 쓰는 절차가 저장된다.

효과적으로 생각하려면 한정된 작업기억 안에 여유 공간이 있어야 한다. 더불어 장기기억에 올바른 사실적 지식과 절차적 지식이 저장되어 있어야 한다. 이제 학생을 가르치는 일이 이 구조에 어떻게 들어맞는지 살펴보자.

인지 기술로서의 교수법

나는 교사들에게 인지과학자들이 작업기억에 대해 어떻게 말하는지 설명했다. 즉 작업기억은 여러 가지 정보를 동시에 조작하는 공간이며 한 번에 지나치게 많은 정보를 처리하면 한두 개는 빠트린다고 설명했다. 그러면 교사들은 항상 "맞아요! 우리가 늘 겪는 일이에요."라고 답했다. 공식적인 연구들이 강한 직관을 재확인해 주었을 뿐이다. 그만큼 가르치는 일은 작업기억에 부담을 준다.

학생들을 가르칠 때는 물론 사실적 지식이 중요하다. 지난 10여 년 동안 학계 일부에서는 교사가 담당 과목에 관한 배경지식을 풍부하게 갖추어야 한다고 강조해 왔다. 특히 중고등학교 수업이나 수학 시간에 배경지식이 풍부한 교사에게 배운 학생들이 높은 학습 효과를 보인다는 연구 결과도 있다. 지금까지 널리 알려지지는 않았지만 교과교육학적 지식(pedagogical content knowledge)이 중요하다고 제안하는 연구도 있다. 이에 따르면 곧 수학 교사가 대수를 잘 아는 것만으로는 부족하고 대수를 가르치는 방법도 잘 알아야 한다. 교과교육학적 지식에는 주로 대수에서 기울기 개념을 설명하는 방법, 연습해야 하는 개념과 그러지 않아도 되는 개념을 구분하는 방법 등이 포함된다. 만약 교과교육학적 지식이 중요하지 않다면 대수만 알면 누구나 잘 가르칠 수 있어야 한다. 그러나 알다시피 현실은 그렇지 않다.

교사들은 또한 장기기억에 저장된 절차를 자유자재로 꺼내 쓴다. 교사들의 장기기억에는 학생들에게 숙제를 내주거나 국기에 대한 맹세를 외우게 하거나 한 사람씩 돌아가면서 책을 읽히는 방법과 같은 일상적인 절차가 들어 있다. 그리고 훨씬 복잡한 절차도 들어 있다. 예를 들면 함수에서 극한 개념을 설명하는 방법이나 학생 식당에서 아이들이 치고받고 싸울 때 어떻게 해결할지에 관한 절차가 들어 있다.

교수법이 다른 인지 기술과 다르지 않다면 지금까지 설명한 원칙을 교실에서 적용할 수 있을까? 첫째, 작업기억 공간은 어떻게 늘리고 둘째, 배경지식은 어떻게 쌓으며 셋째, 절차적 지식은 어떻게 확보할 수 있을까? 5장에서 '집중적으로 연습하지 않으면 정신 작업을 능숙하게 처리하기가 거의 불가능'하다는 인지 원칙을 제시했다. 마찬가지로 교수법을 개발하는 가장 좋은 방법은 교수법을 연습하는 것이다.

연습의 중요성

지금까지 연습을 비교적 단순하게 설명했다. 연습을 경험과 같은 의미로 다루었다. 그러나 2가지가 꼭 같지는 않다. 경험은 단순히 어떤 일을 해 봤다는 의미이고 연습은 좋은 성과를 내기 위해 노력한다는 뜻이다. 예를 들어 보자. 나는 30년 정도 운전을 해 왔지만 딱히 잘한다고 말하긴 어렵다. 내 나이대의 다른 사람들처럼 경험은 많지만(운전을 오래 하긴 했지만) 연습을 많이 한 것은 아니다. 나는 30년 동안 운전을 잘하려고 노력한 적이 없다. 운전을 처음 배울 때 기술을 연습한 건 사실이지만 50시간 정도 연습하자 어느 정도 할 수 있게 돼서 기술을 갈고닦으려는 노력을 중단했다. 나만 그런 것이 아니라 누구나 운전이든, 골프든, 타이핑이든 한번 기술을 익히면 연습을 중단하기 마련이다.

교사도 마찬가지다. 학생들의 수학 능력을 기준으로 평가해 보면 교사가 교직에 몸담은 처음 5년 동안 가르치는 기술이 발전하는 것으로 나타났다. 하지만 5년이 지나면 그 곡선이 평편해진다. 경력 20년의 교사가 10년 된 교사보다 (평균적으로) 더 잘하지도, 못하지도 않는다. 처음에는 열심히 교수법을 개발하지만 어느 수준에 오르면 익숙한 방식에 안주하는 것이다.• "교사라면 항상 발전하려고 노력해야죠!"라며 비난하기는 쉽다. 사람은 누구나 발전을 도모해야 한다고 생각하고 싶을 것이다. 하지만 현실적으로 바라볼 필요가 있다. 이 장에서 설명하려는 '연습'은 결코 쉽지 않다. 업무 시간의 대부분을 차지할 뿐 아니라 가족과 함께 지내거나 다른 일을 할 시간을 희생해야 한다. 다만 여기까지 읽은 독자라면 힘든 일도 감수할 준비가 되어 있으리라 믿는다. 자, 그럼 시작해 보자.

먼저, 연습이라는 말부터 정의하자. 연습은 단순히 어떤 활동을 해보는 것 이상의 의미를 지닌다. 더욱 발전하려고 노력하는 행위다. 그러면 어떻게 노력해야 할까? 우선 지식이 풍부한 사람에게서 의견을 들어야 한다. 작가는 기꺼이 편집자에게 비판을 듣는다. 농구 팀에서는 감독을 영입한다. 나 같은 인지과학자는 동료 연구자에게 실험 논문 등을 통해 평가받는다. 평가받지 않고 어떻게 발전할 수 있겠는가? 남의 의견을 듣지 않으면 훌륭한 인지과학자나 골프 선수, 교사가 되기 위해 어떤 변화를 시도해야 할지 알 수 없다.

• 변할 수는 있다. 항상 발전하려고 애쓰는 사람이 있는가 하면 갈수록 게을러지는 사람이 있다. 교사도 보통 사람과 다르지 않다. 게다가 지방정부의 학교 정책이나 학교 지도부의 방침 등 갖가지 가변적 요인 때문에 교사의 직업 목표가 흔들리고 교수법 개발에 집중하지 못하는 경우도 있다.

교사는 학생들에게서 평가를 받는다. 학생들의 즉각적인 반응을 보고 수업을 잘 진행했는지 파악할 수 있지만 구체적인 반응을 얻기는 어렵다. 예를 들어 학생이 따분한 표정을 지으면 수업에 집중하지 않고 있다는 뜻이지만, 그렇다고 교사가 어떤 변화를 시도해야 할지는 알 수 없다. 게다가 교사는 수업 중에 교실에서 일어나는 일들을 생각보다 많이 놓친다. 가르치느라 바빠서 교실에서 벌어지는 상황을 관찰할 여력이 없다. 한창 수업할 때는 교실 분위기가 어떤지 정확히 알아채기 어렵다.

교사가 자신의 교수법을 스스로 평가하기 힘든 이유는 자신의 행동을 객관적으로 바라보기 어려워서다. 자신감이 부족해서 스스로에게 가혹한 교사가 있는가 하면 보통의 우리들처럼 지나치게 관대한 교사도 있다. 사회심리학에서는 스스로에게 관대한 성향을 자기위주편향(self-serving bias)이라고 한다. 대부분의 사람들은 일이 잘 풀리면 자신의 능력이 뛰어나고 열심히 해서 그렇다고 해석한다. 반면에 일이 안 풀릴 때는 운이 따라 주지 않았거나 남이 잘못해서라고 여긴다. 그러므로 교사는 다른 사람의 관점에서 자신의 수업 시간을 관찰해야 풍부한 정보를 얻을 수 있다.

평가받는 방법 이외에도 연습이란 대개 목표 과제를 잘 해내기 위해 투자하는 시간을 의미한다. 예를 들어 체스 선수는 단순히 게임을 많이 해 보는 데 그치지 않고, 체스 오프닝을 연구해서 외우거나 다른 선수들의 경기를 분석하는 데 많은 시간을 투자한다.[그림 9-2] 어떤 종목의 운동선수든 웨이트트레이닝과 심혈관 훈련을 병행함으로써 지구력을 키우는 연습을 게을리하지 않는다.

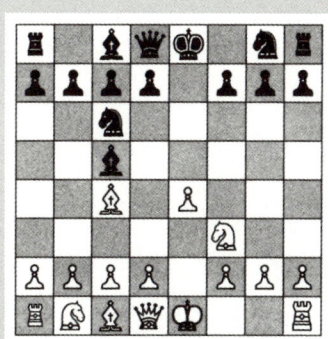

지우코 피아노
(일명, 이탈리아식 오프닝)

그림 9-2 | 체스 선수는 체스만 많이 두어서는 안 된다. 게임을 연구할 뿐 아니라 기본 오프닝을 머릿속에 넣어 두어야 한다. 상대 선수가 지우코 피아노(Giuoco Piano)를 시도할 때 이 방법에 익숙하지 않으면 함정에 걸려서 지고 만다.

요컨대 좋은 교사가 되려면 그저 세월이 흘러 경력이 쌓이기만 기다려서는 안 된다. 연습에 매진해야 한다. 첫째, 교수법을 개발하려고 의식적으로 노력하고 둘째, 자신의 교수법에 관한 평가를 확인하며 셋째, 교수법과 직접 관련은 없어도 간접적으로 도움이 되는 활동을 게을리하지 말아야 한다.

물론 연습 방법은 여러 가지다. 지금부터 그중 한 가지를 단계별로 소개하겠다.

평가를 주고받는 방법

내가 아는 한, 교사가 연습할 수 있는 방법 중에서 효과가 확실하다고 입증된 것은 없다. 여기서는 일단 시도해 볼 만한 방법을 제안할 뿐이고 나머지는 직접 해 보길 바란다. 우선 이 방법에서 중요한 특징 몇 가지를 살펴보자. 첫 번째, 두 사람 이상이 함께 연습해야 한다. 자기 눈에는 보이지 않는 부분을 다른 사람은 볼 수 있다. 남이라서 더 공정하게 볼 수 있다.(더욱이 사람마다 배경지식과 경험이 달라서 서로 다른 시각으로 볼 수도 있다.) 그뿐 아니라 연습해 본 사람은 알겠지만 함께하는 사람이 있으면 아무리 힘들어도 포기하지 않는다.

두 번째, 교수법을 개발하려다가 자존심에 상처를 입을 수도 있다는 점을 각오해야 한다. 각자의 교수법은 지극히 사적인 영역이므로 누군가 꼼꼼히 관찰하면(한두 사람을 불러서 관찰하게 하면) 두려움이 생길지도 모른다. 두려운 마음을 대수롭지 않게 넘기기보다는 대처할 방법을 찾아야 한다.

1단계: 함께 연습하고 싶은 교사를 찾는다

같은 학년 교사가 좋다. 하지만 그보다는 서로 믿고 각자의 역할에 최선을 다할 수 있는 사람을 찾는 것이 중요하다.

2단계: 수업을 녹화한 뒤 혼자 수업 비디오를 본다

수업을 녹화하는 과정은 반드시 필요하다. 수업 시간에는 가르치는 데 신경 쓰느라 교실 분위기를 살피기 어렵다. 나중에 한가할 때 비디오테이프를 돌려 보면서 중요한 부분을 반복해 살펴볼 수 있다. 비디오카메라가 없으면 학교에서 빌리면 된다. 학부모에게 가정통신문을 보내서 자녀를 카메라로 촬영할 것이고, 테이프는 오직 교수법 개발을 위한 자료로만 쓸 뿐 다른 용도로 쓰지 않을 것이며 한 학년이 끝나면 없앨 거라고 알릴 수도 있다.(이 문제는 교장과 상의해야 한다.)

학생들을 잘 찍을 수 있는 위치에 삼각대를 놓고 카메라를 설치한 후 수업을 시작할 때 스위치를 누른다. 몇 번 찍어 보면 카메라 조작에 금방 익숙해진다. 여건상 교실 전체 모습을 담지 못할 수도 있다. 예를 들어 카메라가 한 대밖에 없어서 교실 일부만 찍을 수 있다. 게다가 오디오를 녹음하는 문제도 까다로워서 소음이 심한 수업은 촬영하지 못할 수도 있다.

맨 처음에는 순조롭게 진행되는 수업을 촬영하는 것이 좋다. 자신을 관찰하는(그리고 나중에 비판하는) 작업이 결코 쉽지 않으므로 잘 진행된 수업부터 보는 편이 낫다. 잘 진행되지 않은 수업은 나중에 봐도 늦지 않다.

촬영 수업이 한두 회는 지나야 학생들이 촬영에 적응하겠지만 큰 문제는 아니다. 교사 역시 테이프에 담긴 자신의 목소리와 모습에 익숙해지려면 테이프를 두어 개는 봐야 한다.•

몇 가지 실무 문제가 해결되면 내용에 집중할 수 있다. 테이프를 돌려 볼 때는 기억할 사항을 꼭 기록해야 한다. 평가부터 하지 말고 우선 흥미로운 부분에 집중한다. 학생들의 모습 가운데 지금까지 몰랐던 새로운 면은 무엇인가? 교사 자신의 새로운 모습은 무엇인가? 처

• 우리 아버지는 마흔 무렵부터 머리카락이 빠지기 시작했다. 앞에서는 잘 보이지 않았지만 뒤통수가 훤해졌는데 쉰다섯 정도가 되자 그 부분이 더 넓어졌다. 그즈음 단체 사진에 아버지의 뒤통수가 찍혔다. 아버지는 사진을 보고 자신을 가리키면서 "이 대머리 아저씨는 누구냐?"라고 물었다. 카메라에 찍힌 자신의 모습을 받아들이기는 쉽지 않다.

그림 9-3 | 열성적인 골프 선수는 자신의 모습을 비디오로 촬영해서 스트로크 자세를 연구한다. 처음에는 이상해 보일 수 있다. 어떻게 선수가 자기 자세를 모른단 말인가? 놀랍게도 모를 수 있다. 골프 선수의 스트로크 자세는 오랜 연습의 결과라서 일반인이 보기에는 편안해 보인다. 하지만 선수 자신은 나쁜 자세인 줄 알면서도 등을 뒤로 젖히는 자세를 취할 수 있다.

음부터 비판하려 들지 말고 천천히 시간을 들여 관찰하라.[그림 9-3]

3단계: 동료 교사와 함께 다른 교사들의 수업 비디오를 관찰한다

비디오카메라에 찍힌 자기 모습에 익숙해졌다면 그다음에는 동료 교사와 함께 테이프를 보며 연구해야 한다. 처음부터 서로의 수업을 볼 필요는 없다. 다른 교사들의 수업을 먼저 관찰한다. 교육 관련 인터넷 사이트에서 수업 장면을 촬영한 비디오테이프를 구할 수 있다.

모르는 교사들의 수업 비디오를 먼저 보는 이유는 동료 교사와 함께 건설적인 의견을 나누면서 연습하기 위해서다. 나아가 두 사람이 이러한 작업을 조화롭게 할 수 있는지 알아보기 위해서다.

　비디오를 보면서 무엇을 관찰해야 할까? 영화 감상하듯이 가만히 앉아서 무언가 일어나기를 기다려서는 안 된다. 수업을 진행하는 모습 관찰, 교실의 정서적 분위기 관찰 등 구체적인 목표에 집중해야 한다. 웹사이트에 올라온 비디오는 특정 목적을 위해 제작됐기 때문에 작성자의 의도가 분명히 드러난다.

　수업을 관찰하고 의견을 나누는 연습을 할 수 있는 좋은 기회로 삼아야 한다. 비디오에 나오는 교사에게 무슨 말을 해 줄지 생각해 본다. 비디오 속 교실에 자신이 들어가 있다고 상상해 본다. 일반적으로 의견을 개진할 때는 아래 2가지 요소를 갖추어야 한다.

1　'도움이 되는 의견'을 말해 주어야 한다. 무조건 좋은 말만 해 주라는 뜻이 아니다. 부정적인 의견도 당사자에게 도움이 된다. 다만 연습의 핵심이 결점 찾기는 아니므로 긍정적 의견이 부정적인 것보다 많아야 한다. 물론 듣는 사람에게는 진부한 칭찬처럼 들릴지도 모른다. 긍정적인 의견을 듣고 '저 사람은 좋은 말을 해 줘야 한다는 생각 때문에 저런 말을 하는구나.'라고 생각할 수 있다. 그래도 긍정적인 말을 들으면 대체로 잘하고 있다는 자신감을 가질 수 있으며, 자신이 특히 잘하는 부분을 알아채고 더욱 발전시킬 수 있다.

2　'관찰한 행동에 관한 구체적인 의견'을 말해야지 교사의 자질을 운운해서는 안 된다. 말하자면 "알아듣게 설명을 잘하는 사람이군."이라고 하는 대신에 "세 번째 예를 들어 주니까 학생들이 개념을

잘 이해하는군."이라고 말해야 한다. "교실 분위기가 엉망이군."이라고 하지 말고 "교사가 앉으라고 해도 학생들이 말을 듣지 않는 것 같아."라고 말하는 편이 낫다.

4단계: 동료 교사와 함께
각자의 수업 비디오를 보면서 의견을 나눈다

동료 교사와 함께 모르는 교사의 비디오를 편하게 볼 정도가 되기 전에 섣불리 이 단계로 넘어와서는 안 된다. 자신도 편하게 의견을 말할 수 있고 상대 교사도 지지적으로 말한다는 믿음이 생겨야 한다. 동료 교사가 모르는 누군가가 아닌 나에게 비판적인 언급을 해도 기분 상하지 않을 정도가 돼야 한다. 모르는 교사의 수업 장면을 보고 의견을 나누면서 지켜야 할 원칙이 여기서도 적용된다. 즉 상대에게 도움이 되는 의견, 행동에 초점을 맞춘 구체적인 의견을 나눠야 한다. 다만 이것은 쌍방향으로 오가는 작업이기 때문에 몇 가지 추가할 사항이 있다.〔그림 9-4〕

자신의 수업 비디오를 보여 줄 때는 목표를 정하고 동료 교사에게 특히 주의 깊게 관찰해 주길 바라는 부분을 미리 알려 준다. 관찰하는 교사는 비디오를 보다가 다른 중요한 특징을 발견했다고 해도 상대의 요청을 존중해야 한다. 예를 들어 수학 시간에 분수를 가르치면서 학생들을 주목시킬 방법을 찾으려고 테이프를 보여 주었는데, 동료 교사가 "이봐, 아이들 관리 문제가 심각하던데."라고 말한다면 불시에 일격을 당한 기분이 들어서 계속 작업하고 싶지 않을 것이다.

동료 교사가 계속 사소한 문제에만 매달리고 정작 중요한 문제는 보지 못하는 것 같으면 어떻게 해야 할까? 비디오 작업을 오래 함께 하다 보면 다른 문제를 이야기하는 중에 이 문제를 거론할 때가 자연스럽게 올 것이다. 또 여러 개의 테이프를 본 다음에 아직 일어나지 않은 다른 일에 대해 제안을 하면서 이에 대해 생각해 보게 될지도 모른다.

끝으로, 수업 비디오를 함께 보는 이유는 자신의 수업을 돌아보고 교수법을 개발하는 데 도움을 얻기 위해서다. 두 교사는 관찰한 내용을 설명하면서 서로에게 도움을 준다. 상대가 요청하지 않았는데도 섣불리 이래라저래라 해서는 안 된다. 정답을 다 알고 있다는 듯한 태도를 보여서도 안 된다. 문제를 해결하고 싶으면 상대가 의견을 구할 것이고, 그때 자신의 생각을 말해 주면 된다. 요청받기 전에는 신중하고 지지적인 관찰자 입장을 유지해야 한다. 아무리 좋은 의견이 떠올

그림 9-4 | 동료 교사의 수업이 담긴 비디오를 보면서 의견을 나눌 때는 내용과 어조에 모두 신경 써야 한다. 비판할 뜻이 없어도 상대에겐 그렇게 들릴 수 있는데, 그러면 대개 마음을 닫아 버린다.

라도 전문가 행세를 하면서 고쳐 주려고 나서서는 안 된다.

5단계: 수업에 적용하면서 후속 조치를 취한다

수업을 촬영하는 목적은 교실에서 일어나는 상황을 정확히 파악하고 교사 자신이 어떤 행동을 하는지, 또 학생들이 어떻게 행동하는지 새로운 시각으로 바라보기 위해서다. 일단 새로운 관점에서 보면 누구나 변화를 시도하고 싶어진다.

교사가 변화를 줄 수 있는 방법은 이렇다. 특정 수업 시간에 문제라고 보이는 상황을 해결할 방법 하나를 계획한다. 3가지를 하고 싶어도 우선 하나만 시도한다. 단순하게 접근해야 한다. 나머지 2가지는 나중에 얼마든지 추가할 수 있다. 그리고 수업을 비디오로 촬영해서 어떤 변화가 일어났는지 확인한다.

이 프로그램은 이 책에서 설명한 인지 원칙에 뿌리를 두고 있다. 예를 들어 1장에서 생각을 가로막는 가장 큰 한계는 작업기억 용량이라고 설명했다. 그래서 수업 모습을 비디오로 촬영하라고 제안한 것이다. 학생들을 가르치면서 다른 한편으로 교수법까지 고민하기는 어려우니 말이다. 게다가 사람은 생각하는 것을 기억하기 때문에(3장) 수업 중에 어떤 일이 벌어졌는지 세세하게 기억하지 못한다. 수업 시간에 관심을 둔 내용만 기억할 뿐이다.

6장에서 전문가는 초보자와 다르게 세상을 본다고, 즉 표층구조가 아닌 심층구조를 본다고 설명했다. 전문가가 심층구조를 볼 수 있는 이유는 자신의 분야에서 깊고 풍부한 경험을 쌓았기 때문이다. 마찬가지로 다양한 수업 장면을 관찰하면 교실의 역동을 파악할 수 있고, 자신의 수업을 주의 깊게 관찰하면 자신의 교실에서 주로 일어나는 역동을 알아챌 수 있다.

2장에서 효과적인 문제해결에 배경지식이 중요한 역할을 한다고 강조했다. 여기서 배경지식이란 해당 과목에 관한 지식만 의미하지 않는다. 학생에 관한 지식은 물론이고 학생이 교사나 다른 학생, 수업 내용과 소통하는 방식에 관한 지식도 포괄한다. 수업을 자세히 관찰하면, 특히 친한 동료 교사와 함께 관찰하면 배경지식을 쌓는 데 도움이 된다.

마지막으로 8장에서는 인간의 지능을 희망적으로 그려 보았다. 꾸준히 노력하면 지능을 향상시킬 수 있다고 했는데, 이런 견해가 학생들을 가르치는 데 도움이 된다는 이론적 근거는 충분하다.

발전하기 위한 의식적 노력: 자기 관리

앞에서 좋은 교사가 되기 위한 연습에는 3가지가 있다고 설명했다. 첫째, 정보가 담긴 평가를 받아야 하고 둘째, 교수법과 직접 관련이 없을지라도 가르치는 기술 개발에 도움이 되는 활동들을 찾아야 하며 셋째, 의식적으로 교수법을 개발하려고 노력해야 한다. 특히 마지막 요소는 교사라면 누구나 당장 실천하고 싶을 것이다. 나 역시 지금 당장 교수법을 개발하고 싶다. 하지만 새해 첫날 신년 계획을 세우고 나서 둘째 주가 되면 '내 생일이 2월 4일이니까 2월 5일부터 진짜 다이어트에 도전할 거야.'라고 다짐하는 사람이 얼마나 많은가. 아무리 어려운 일도 도전하겠다고 결심하기는 쉽다. 실천하기가 어려울 뿐이다. 우선 행동으로 옮기는 데 도움이 될 만한 몇 가지 방법을 살펴보자.

우선, 필요하다면 추가 작업을 계획할 수 있다. 1장에서는 사람들이 자동조종장치로 운행하듯 대부분의 시간을 흘려보낸다고 지적했다. 어느 순간에 꼭 필요한 행동을 찾지 않고 과거의 기억만 더듬는 것이다. 교육도 마찬가지다. 어느 정도 경험을 쌓으면 수업 시간에 자동조종장치에 앉아서 가르칠 때가 있다. 이런 태도가 꼭 나쁘다고 할 수는 없지만 교수법 개발에 힘쓰면 자동조종장치에 의지하는 시간이 줄어든다. 물론 피곤해질 수는 있다. 평소에 하고 싶었지만 지금은 실천하지 못하고 있는 일에 대해 진지하게 고민하다 보면 심리적으로 지칠 수 있다. 배우자와 가족에게 좀 더 많은 지지를 받아야 하고 여가 시간을 신중히 계획해야 한다.

다음으로, 학생들을 가르치는 데 더 많은 시간을 들여야 한다. 집에서 성적을 매기고 수업을 계획하는 시간 외에도, 수업에서 잘한 점과 잘못한 점을 돌아보고 지금까지와 다르게 시도할 방법을 찾아보는 시간을 가져야 한다. 만약 매주 5시간(3시간도 좋고 1시간도 좋다.)을 더 써야 한다면 그 시간을 어디서 끌어와야 할까? 추가로 필요한 시간을 확보할 수만 있으면 실천 가능성도 높아진다.

마지막으로, 한 번에 다 할 필요는 없다. 한두 해 안에 갑자기 우수한 교사로 발돋움하기는 어렵다. 모든 문제를 한 번에 다 바로잡을 수 없으므로 우선순위를 정해야 한다. 가장 중요한 목표를 정하고 구체적이고 실천 가능한 세부 단계에 집중해야 한다.

작은 발걸음

이 프로그램에는 시간이 많이 들어간다. 어떤 이들은 이렇게 말할지도 모른다. "이상적인 세계라면 훌륭한 방법이겠지요. 하지만 애들 돌보랴, 집안일 하랴, 그 밖에도 할 일이 얼마나 많은데요. 전혀 짬이 안 난다니까요." 충분히 공감한다. 그러니까 작은 발걸음부터 내딛자는 얘기다. 시간을 적게 들이고도 교수법을 개발할 방법 몇 가지를 소개하겠다.

교육일지 쓰기

수업 계획과 결과를 기록한다. 수업이 전체적으로 잘 진행됐는가? 그렇지 않다면 그 이유는 무엇일까? 시간이 날 때마다 일지를 읽어 본다. 수업이 잘된 날과 안 된 날의 양상을 살펴보고, 좌절한 순간도 찾아보고, 아주 잘 풀린 날도 찾아본다.

일지는 처음 시작하기는 쉬워도 꾸준히 쓰기가 어렵다. 일지를 꾸준히 쓰는 데 도움이 되는 방법이 있다. 첫째, 차분히 글을 쓸 수 있는 시간을 찾아서 일지 쓰는 시간으로 정한다.(예를 들어 아침형 인간인 내가 잠들기 전에 일지를 쓰겠다고 계획을 세우면 아마도 지키지 못할 거다.) 둘째, 매일 뭐든지 쓰려고 노력한다. 하다못해 "오늘은 평범한 날이었다."라고만 써도 괜찮다. 매일 무엇이든 쓰려고 노력하면서 일지 쓰는 습관을 들이는 것이 중요하다.[그림 9-5] 셋째, 일지는 '나'만 보는 것으로 한다. 글솜씨에 신경 쓸 필요도 없고 길게 쓰지 않아도 괜찮으며 며칠 혹은

그림 9-5 | 자기반성은 기술 개발 과정에서 꼭 필요한 부분이다. 꾸준히 일지를 쓰면서 자신을 돌아보아야 한다.

몇 주 밀렸다고 자책할 필요도 없다. 한참 쓰지 않았다고 해서 밀린 일지를 채워 넣을 필요도 없다. 기억날 리 없고 오히려 그 생각에 사로잡혀 다시 시작하지 못할 수 있다. 넷째, 스스로 솔직하게 비판하고 칭찬해야 한다. 뿌듯한 순간을 만끽하지 말아야 할 이유는 없다.

동료 교사들과 집단토론 하기

2주에 한 번도 좋고, 시간을 정해서 동료 교사들과 만나는 자리를 만든다. 교사 모임에는 적어도 2가지 목적이 있다. 하나는, 사회적 지지를 주고받기 위해서다. 학생을 가르치는 사람들과 함께 고민을 털어놓고 성공담을 나눈다. 서로 연결되어 있으며 지지하고 있다는 느낌을 나누기 위한 자리다. 다른 하나는, 공개 토론의 장에 문제를 꺼내 놓고 여럿이 함께 해결책을 찾기 위해서다.

집단으로 모여서 첫 번째 목적을 추구할지, 두 번째 목적을 추구할지, 아니면 둘 다 추구할지는 시작할 때 명확히 해 두어야 한다. 구성원 각자가 모임의 목적을 다르게 생각하고 있으면 나중에 마음 상하는 일이 생길 수 있다. 모임의 목적이 정해졌으면 교육 관련 책이나 전문 학술지 등을 읽고 토론하는 것도 좋은 방법이다.

교실 밖에서 아이들 관찰하기

학생들은 왜 그렇게 행동하는 걸까? 학생들의 동기는 무엇일까? 저희들끼리는 어떻게 대화하며 어떤 활동에 열의를 보일까? 교사라면 자기 반 아이들에 대해 잘 알고 있겠지만, 과연 교실에 있을 때 모습이 그들의 진짜 모습일까? 학생들이 교실 밖에서 어떻게 행동하는지, 동네 친구들과 놀 때는 어떤 모습인지 관찰하면 학생들을 이해하는 데 도움이 되지 않을까?

현재 가르치는 학생들과 같은 또래의 아이들을 관찰할 수 있는 장소를 찾는다. 유치원 아이들을 관찰하려면 공원에 가 본다. 10대 청소년을 관찰하려면 쇼핑몰에 있는 식당가에 가 본다. 관찰자가 드러나서는 안 되므로 다른 동네나 도시로 나갈 필요도 있다.• 관찰할 때는 아이들을 가만히 지켜봐야 한다. 특별한 계획을 세우거나 목적을 정

• 내 친구의 부인은 중학교 1학년 교사다. 친구는 부인과 함께 다니다 보면 유명인사와 있는 것 같다고 한다. 많은 사람이 부인을 알아보는데 심지어 말썽쟁이들까지도 먼저 와서 인사를 건네고 이쪽에서 알은척하면 좋아한다고 한다. 친구는 부인이 교사의 권위를 이용하는 것도 마다하지 않는다면서 이렇게 말했다. "아내가 교사 특유의 말투로 말썽쟁이들에게 그만두라고 말하면 다들 그러더라고."

하지 않고 그냥 관찰한다. 처음에는 다소 지루할 수도 있다. '음, 전에 다 본 거잖아.'라는 생각이 들지도 모른다. 하지만 성실히 관찰하면 전에 보지 못한 것들이 눈에 띌 것이다. 아이들의 사회적 관계, 다양한 성격 특질, 사고방식에서 미묘한 단서가 눈에 들어올 것이다. 관찰할 시간과 공간만 마련하면 놀라운 결과를 얻을 수 있을 것이다.

결론

　　　　　　　내가 듀크대학교에 다니던 1980년대에 우리 학교에는 레이놀즈 프라이스(Reynolds Price)라는 유명 작가가 교수로 있었다. 그는 커다란 선홍색 스카프를 두르고 교정을 천천히 걸어 다니곤 했다. 사람들이 자신을 쳐다보는 걸 모르지 않는 눈치였다.
　창의적 글쓰기 수업 강의를 하던 프라이스 교수는 학생들이 예술가에게 기대하는 범접하기 어려운 분위기를 풍겼다. 언제나 깍듯이 예의를 차리면서 그가 만난 유명인들에 관한 이야기보따리를 풀었다. 학생들은 그를 단순히 존중한 것이 아니라 경외심을 갖고 우러러보았다. 그럼에도 불구하고 그는 정중한 태도로 학생 하나하나를 진지하게 대해 주었다. 자기 자신을 소중히 여기듯 우리를 진지하게 대해 주었다.
　그런 프라이스 교수가 어느 날, 작가라면 독자가 진짜 원하는 것은 당장 책을 내던지고 텔레비전을 켜거나 맥주를 마시거나 골프를 치는 거라는 사실을 인정하고 책을 써야 한다고 말했다. 그를 경외하던 학생들은 모두 당황했다. 성대한 파티에서 악취탄을 터트린 격이었다. 텔레비전을 본다니? 맥주를 마신다니? 교양 있는 독자, 박식한 사람들을 위해 글을 쓰는 게 아니란 말인가? 프라이스 교수가 우리에게 대중의 저속한 취향에 영합하라고 말하는 것인가? 그러나 한 학기가 끝날 무렵 우리는 프라이스 교수의 의도를 깨달았다. 그가 말한 요지는 재미없는 책을 누가 읽겠냐는 것이었다.

세월이 흐른 뒤 나는 문학이 아닌 인지심리학의 관점에서 프라이스 교수의 말이 무슨 뜻인지 깨달았다. 읽기는 독자의 사고 과정을 변화시키는 정신적 행위다. 산문이든, 운문이든 다음과 같이 제안한다. "내가 여러분의 정신 여행을 안내하겠습니다. 나를 믿고 따라오세요. 길이 험하고 가파를 수도 있지만 값진 모험이 되리라 믿습니다." 독자가 초대를 받아들인다고 해서 의사 결정이 끝나는 것은 아니다. 독자는 언제라도 길이 험하다거나 풍경이 지루하다는 이유로 여행을 중단할 수 있다. 따라서 작가는 독자가 들인 시간과 노력만큼 보상해 줄 수 있는지 늘 염두에 두어야 한다. 보상에 비해 노력이 많이 들수록 작가 혼자 여행길에 남을 가능성이 커진다.

교육도 마찬가지다. 교사는 학생의 생각을 특정한 길로 안내하거나 새로운 지역의 더 넓은 길로 이끌어 주는 역할을 해야 한다. 교사에게도 새로운 지역이라 학생과 나란히 여행할 수도 있다. 교사는 여행길에서 늘 학생을 격려하면서 장애물을 만나도 좌절하지 말라고 응원해 주어야 한다. 자신의 여행 경험을 되살려 길을 닦아 주고 웅장하게 펼처진 아름다운 풍경을 감상할 수 있도록 이끌어 주어야 한다. 작가가 독자로 하여금 책을 내려놓지 않도록 끌어당기듯이 교사는 학생들이 여행을 중단하지 않도록 설득해야 한다. 가르치는 일은 곧 설득하는 일이다.•

학생들이 계속 따라오게 하려면 어떻게 해야 할까? 사람은 존경하고 영감을 주는 사람을 따르게 마련이다. 학생이 교사를 존경하면 그를 기쁘게 해 주고 싶어 하며, 또 진심으로 신뢰하기 때문에 수업에 집중한다. 교사가 꼭 기억해야 할 정보라고 가르치면 학생은 곧이곧대로 믿는다.

문제는 학생(그리고 교사)이 자신의 마음을 온전히 통제하지 못한다는 데 있다. 의식 차원에서 집중할 대상을 결정한다고 믿고 싶지만 사실 우리의 마음은 나름의 소망과 욕구에 따라 집중할 대상을 결정한다. 예를 들어 가만히 앉아서 좀 따분하더라도 꼼꼼히 읽고 싶은 보고서 등의 글을 읽으려 할 때가 있다. 그러나 아무리 의지가 강해도 자꾸 딴생각이 나고 결국엔 눈으로만 글자를 훑을 때도 있다. 마찬가지로 정말 좋은 사람이지만 잘 가르치지는 못하는 교사가 있을 수 있다. 친절하고 진지하지만 수업 구성이 엉성하거나 조금 따분할 수 있다. 1장에서 지적했듯이 내용이 흥미롭다고 해서 꼭 학생들이 주목하는 것은 아니다.(중학교 1학년 선생님이 들려준 섹스 이야기를 기억하는가?) 또 학생이 진심으로 이해하고 싶거나 교사를 기쁘게 해 주고 싶다고 해서 수업

• 프라이스 교수도 그의 조언이 교육에도 적용된다는 데 동의할 것이다. 훗날 그가 쓴 글에서 확인할 수 있다. 그의 책 『마음의 향연(Feasting of the heart)』 81쪽에는 "지금의 수업 방식으로 공부를 잘하는 학생들만 가르칠 수 있다면 새로운 방법을 개발하거나 실패를 자인해야 할 것이다."라고 적혀 있다.

에 집중할 수 있는 것도 아니다.

학생이 수업에 집중하게 하려면 어떻게 해야 할까? 대학 시절 작문 강사 한 분은 내게 이렇게 대답해 주었다. "글쓰기의 대부분은 독자가 어떻게 반응하는지 예측하는 것이다." 독자를 정신 여행으로 안내하려면 한 문장 한 문장이 어디로 향하는지 명확해야 한다. 독자가 흥미로워할지, 혼란스러워할지, 시적이라고 생각할지, 불쾌해할지 알아야 한다. 독자의 반응은 작가의 글뿐 아니라 독자의 개성에 따라서도 달라진다. "가르치는 것은 글쓰기와 같다."라는 한 문장에도 유치원 교사와 영업 사원이 다르게 반응한다. 독자의 반응을 예측하려면 독자의 성격, 취향, 편견, 배경지식을 알아야 한다. 우리는 모두 "상대를 파악하라."라는 조언을 들어 왔다. 다만 나의 작문 강사는 글쓰기에 빗대어 설명했고 나는 교육에 적용했을 뿐이다.

요컨대 학생들의 주목을 끌려면 흥미를 잃지 않도록 이끌어 주어야 한다. 학생들의 반응을 예상해야 하고, 그러려면 학생들을 잘 알아야 한다. "학생들을 파악하라."라는 말은 이 책의 내용을 한 줄로 요약한 것이다. 그런데 어째 버브 심리학처럼 들린다. 만에 하나 당신이 교사로서 학생들을 파악해야 한다는 사실을 몰랐다면 할머니라도 나서서 그렇게 일러 주었을 것이다. 그런데 인지과학이라면 보다 과학적인 조언을 해 줘야 하지 않을까?

인지과학이 할 일은 앙상한 뼈대에 살을 붙이는 작업이다. 학생들에 관해 꼭 알아야 할 내용도 있지만 몰라도 괜찮은 내용도 있다. 학생에 관한 지식으로 실행할 수 있는 방법도 있지만, 그럴듯해 보여도 화를 불러올지 모를 방법도 있다. 표 10-1은 이 책의 각 장에서 제시한 인지 원칙, 그것을 효율적으로 활용하는 데 필요한 지식의 유형, 학교 수업에 주는 중요한 함의를 요약한 것이다.

장	인지 원칙	학생에 관한 필수 지식	수업에 주는 중요한 함의
1	인간은 본래 호기심이 많지만 생각하는 재주는 뛰어나지 않다.	학생들의 지식과 능력을 넘어서는 일은 무엇인가?	자료를 '답변'으로 간주하고 질문을 설명하는 데 필요한 시간을 배정한다.
2	사실적 지식이 기술보다 앞선다.	학생들이 무엇을 아는가?	한 주제에 관한 사실적 지식이 없으면 깊이 생각하기란 불가능하다.
3	기억은 생각의 잔여물이다.	학생들이 수업 시간에 무슨 생각을 할까?	모든 수업 계획에서 가장 중요한 기준은 '이 수업에서 학생들이 무엇을 생각할 것인가?' 이다.
4	우리는 아는 것에 비추어 새로운 개념을 이해한다.	학생들이 이미 아는 지식 중에 새로운 자료를 이해하기 위한 기반이 될 만한 지식은 무엇인가?	말로 설명하든, 무언으로 전달하든 심오한 지식을 목표로 삼지만 얕은 지식이 먼저라는 사실을 인식해야 한다.
5	숙달하려면 연습이 필요하다.	지루하지 않게 연습하도록 가르치는 방법은 무엇일까?	학생들이 어떤 자료를 자유자재로 활용하고 오랜 시간 연습해야 할지 신중히 생각한다.
6	훈련 초반의 인지는 훈련 후반의 인지와 근본적으로 다르다.	학생과 전문가의 차이는 무엇인가?	학생들이 새로운 지식을 창조하는 것이 아니라 깊이 이해하도록 이끌어 준다.
7	학생들은 생각하고 학습하는 방식에서 서로 다르기보다는 비슷하다.	학생들 각각의 학습 양식을 알아야 할 필요는 없다.	학생들의 차이가 아니라 수업 내용을 중심으로 어떻게 가르칠지 결정한다.
8	지능은 꾸준한 노력으로 변화시킬 수 있다.	학생들이 지능을 어떻게 이해하는가?	능력이 아니라 노력의 관점에서 성공과 실패를 말한다.
9	학생들을 가르치는 기술도 다른 복잡한 인지 기술처럼 연습해야 발전한다.	교수법 중에서 학생들에게 효율적으로 작용하는 것은 무엇이고, 개선해야 할 것은 무엇일까?	개선하려면 경험 이상의 것이 필요하다. 의식적인 노력과 평가가 필요하다.

표 10-1 | 이 책에 제시한 9가지 인지 원칙, 그것을 효율적으로 활용하는 데 필요한 지식의 유형, 학교 수업에 주는 중요한 함의.

인지과학에는 9가지 이상의 다양한 인지 원칙이 있다. 9가지 원칙을 선택한 이유는 아래 4가지 기준을 충족하기 때문이다.

1 서론에서 밝혔듯이 9가지 인지 원칙은 실험실이든 교실이든, 개인이든 집단이든 언제 어디서나 적용할 수 있다. 인간의 마음이 복잡한 이유는 마음의 속성이 맥락에 따라 바뀌기 때문이다. 하지만 9가지 원칙은 항상 적용된다.
2 9가지 원칙은 논문 한두 편이 아니라 방대한 연구를 근거로 한다. 어느 하나가 옳지 않다고 해도 비슷한 다른 원칙이 옳다. 앞으로 5년 안에 결론을 뒤집는 획기적인 연구가 나와서 이 책의 한 장을 들어내야 하는 일은 없을 것이다.
3 9가지 원칙을 수용하느냐 마느냐에 따라 학생들의 수행에 큰 영향을 줄 수 있다. 9가지 원칙 말고도 수업에 적용할 만한 원칙은 많지만 효과가 크지 않으므로 일부러 적용할 필요는 없다.
4 1가지 원칙을 찾아서 포함시키려면 그 원칙을 어떻게 적용할지 명확히 알아야 한다. 예를 들어 "집중은 학습에 꼭 필요하다."라는 원칙은 위의 3가지 기준을 충족하지만 이 책에 포함시키지 않았다. 교사에게 새로운 교수법에 대한 방향을 제시하지 않기 때문이다.

이 책에서 제시한 9가지 원칙은 위의 4가지 기준을 모두 충족시킨다. 9가지 중 3가지는 새로운 문제를 만나면 무슨 일이 일어나는지에 관한 것이다. 우리는 중간 난이도인지에 관심을 갖고, 배경지식을 바탕으로 이해하고, 다른 경험과 마찬가지로 우리가 생각하는 내용을 기억한다. 다른 3가지 원칙은 전문성에 관한 것이다. 전문가의 생각은 사실적 지식을 바탕으로 하고, 연습을 요하고, 초보자의 생각과 달라야 한다. 나머지 2가지는 학생들의 차이에 관한 원칙이다. 학생들의 기본 학습 양식은 대체로 비슷하고, 지능(지능의 정의와 상관없이)은 학생마다 달라도 열심히 노력하면 끌어올릴 수 있다. 이상 8가지 원칙은 학생의 인지는 물론 교사의 인지에도 적용된다. 이 책에서 특히 강조하는 원칙은 마지막 아홉 번째로 교수법을 연습해서 개발해야 한다는 것이다.

9가지 원칙은 큰 변화를 이끌어 낼 수 있지만 실제 교육 현장에서 적용하기가 쉽지 않다. "이 비법을 쓰세요! 훌륭한 교사가 될 수 있어요!"라고 외치고 싶진 않다. 표 10-1의 원칙은 모두 신중히 음미해야 한다. 어떤 원칙이든 본래 의미에서 너무 멀리 가거나 왜곡될 소지가 있기 때문이다. 인지과학이 확실한 처방을 제시하지 못한다면 교육 현장에서 인지과학의 역할은 과연 무엇일까?

과학적 발견이 쓸모는 있지만 결정적이지 않다는 점에서 교육학도 다른 학문과 다르지 않다. 건축가는 물리학 법칙을 기준으로 건물을 설계하지만 과학을 넘어선 미학적 원칙도 따른다. 마찬가지로 인지과학이 교과 내용과 교수법을 계획하는 데 도움은 되지만 절대적인 기준이 되지는 않는다.

절대적이지는 않지만, 인지과학은 2가지 면에서 교사에게 도움을 준다. 첫째, 인지과학은 상반된 관심사들 사이에서 균형을 잡도록 도와준다. 교실을 단순히 인지적 공간이라고 하기는 어렵다. 정서적 공간이자 사회적 공간이자 동기적 공간이기도 하다. 다양한 측면이 공존하는 만큼 학생들의 관심사도 다양하고 때로는 서로 충돌하기도 한다. 말하자면 인지적 측면에서는 최선이지만 동기 면에서는 바람직하지 않은 방법일 수도 있다. 9가지 인지 원칙을 이해하면 다양하고 모순된 관심사들 사이에서 균형을 잡을 수 있다.

둘째, 인지과학의 원칙은 교육 현장에 유용한 경계를 제시한다. 토목기사가 물리학 원칙만 가지고 다리를 건설할 수는 없지만 그것에 의거해 다리를 설계하면서 구조를 예측할 수는 있다. 마찬가지로 인지과학 원칙만으로 교수법을 개발하지는 못하지만 학생들이 얼마나 배우는지 예측할 수는 있다. 인지과학 원칙을 지키면 학생들의 발전 가능성을 최대로 끌어올릴 수 있다.

교육은 여러 세대를 거치면서 축적된 지혜를 후세에 물려주는 과정이고, 교육이 중요한 이유는 아이들에게 더 나은 삶을 약속하고 사회 전체의 발전을 이끌어 주기 때문이다. 그러므로 지금까지 쌓아 온 인지과학의 지혜를 활용해서 아이들을 가르칠 방법을 제시하지 않는다면 부끄러운 일이다. 이것이 바로 『왜 학생들은 학교를 좋아하지 않을까?』라는 책을 쓴 목적이다. 교육은 인간의 마음을 발전시키고 인간의 마음에 관한 지식은 교육을 발전시킨다.

주

1장

1 K. Duncker(1945), On problem-solving, *Psychological Monographs*, 5, p. 113.

2 D. J. Townsend & T. G. Bever(2001), *Sentence comprehension: The integration of habits and rules*(MIT Press, Cambridge, MA), p. 2.

3 H. A. Simon, *Sciences of the artificial*, 3rd ed.(MIT Press, Cambridge MA), p. 94.

2장

1 In Everett's preface to his English translation of A. P. Deschanel(1898), *Elementary Treatise on Natural Philosophy*(Appleton, New York).

2 D. R. Recht & L. Leslie(1988), Effect of prior knowledge on good and poor readers' memory of text, *Journal of Educational Psychology*, 80, pp. 16-20.

3 J. D. Bransford & M. K. Johnson(1972), Contextual prerequisites for understanding: Some investigations of comprehension and recall, *Journal of Verbal Learning and Verbal Behavior*, 11, pp. 717-726.

4 P. C. Wason(1968), Reasoning about a rule, *Quarterly Journal of*

Experimental Psychology, 20, pp. 273-281.

5 R. A. Griggs & J. R. Cox(1982), The elusive thematic-materials effect in Wason's selection task, *British Journal of Psychology*, 73, pp. 407-420.

6 J. P. Van Overschelde & A. F. Healy(2001), Learning of nondomain facts in high-and low-knowledge domains, *Journal of Experimental Psychology: Learning, Memory, and Cognition*, 27, pp. 1160-1171.

7 A. Bischoff-Grethe, K. M. Goedert, D. T. Willingham & S. T. Grafton(2004), Neural substrates of response-based sequence learning using fMRI, *Journal of Cognitive Neuroscience*, 16, pp. 127-138.

3장

1 I'm not trying to be funny. College student really do remember jokes and asides best. W. Kintsch & E. Bates, Recognition memory for statements from a classroom lecture, *Journal of Experimental Psychology: Human Learning and Memory*, 3, pp. 150-159.

2 D. E. Dinges, W. G. Whitehouse, E. C. Orne, J. W. Powell, M. T. Orne & M. H. Erdelyi(1992), Evaluating hypnotic memory enhancement (hypermnesia and reminiscence) using multitrial forced recall, *Journal of Experimental Psychology: Learning, Memory, and Cognition*, 18, pp. 1139-1147.

3 R. S. Nickerson & M. J. Adams(1979), Long-term memory for a common object, *Cognitive Psychology*, 11, pp. 287-307.

4 T. S. Hyde & J. J. Jenkins(1973), Recall for words as a function of semantic, graphic, and syntactic orienting tasks, *Journal of Verbal Learning and Verbal Behavior*, 12, pp. 471-480.

5 J. R. Barclay, J. D. Bransford, J. J. Franks, N. S. McCarrel & K. Nitsch(1974), Comprehension and semantic flexibility, *Journal of Verbal Learning and Verbal Behavior*, 13, pp. 471-481.

6 M. Dowd(1990, June 2), Summit in Washington: Reporter's notebook;

Masters of the sound bite cede match to Gorbachev, *New York Times*.

4장

1 J. Searle(1980), Minds, Brains and Programs, *Behavioral and Brain Sciences*, 3, pp. 417-457.

2 M. L. Gick & K. J. Holyoak(1980), Analogical problem solving, *Cognitive Psychology*, 12, pp. 306-355.

5장

1 A. N. Whitehead(1911), *An Introduction to Mathematics*(Holt, New York), p. 61.

2 J. A. Ellis, G. B. Semb & B. Cole(1998), Very long-term memory for information taught in school, *Contemporary Educational Psychology*, 23, pp. 419-433.

3 H. P. Bahrick & L. K. Hall(1991), Lifetime maintenance of high school mathematics content, *Journal of Experimental Psychology: General*, 120, pp. 20-33.

6장

1 L. Kaplow(Writer) & P. O'Fallon(Director)(2004), Paternity ⟨Television series episode⟩, In D. Shore & B. Singer(Executive producers), *House MD*(Fox, New York).

2 W. G. Chase & H. A. Simon(1973), Perception in chess, *Cognitive Psychology*, 4, pp. 55-81.

3 M. T. H. Chi, P. J. Feltovich & R. Glaser(1981), Categorization and representation of physics problems by experts and novices, *Cognitive Science*, 5, pp. 121-152.

4 Chi, Feltovich & Glaser(1981), 146.

5 Retrieved June 19, 2008 from http://www.carnegiehall.org/article/the_basics/art_directions.html

6 K. A. Ericsson, R. T. Krampe & C. Tesch-Römer(1993), The role of deliberate practice in the acquisition of expert performance, *Psychological Review*, 100, pp. 363-400.

7 H. Simon & W. Chase(1973), Skill in chess, *American Scientist*, 61, pp. 394-403.

8 "Celebrating jazz pianist Hank Jones" (2005, June 20), Interview on *Fresh Air from WHYY*. http://www.npr.org/templates/story/story.php?storyId=4710791

9 L. J. Cronbach(1954), *Educational psychology*(Harcourt, New York), Brace, p. 14.

10 R. W. Emerson(1883), *Works of Ralph Waldo Emerson*(Routledge, London), p. 478.

7장

1 From opening paragraph of chapter fourteen in Tolstoy's *What Is Art?*

2 T. Armstrong(2000), *Multiple intelligences in the classroom*, 2nd ed., Association for Supervision and Curriculum Development, Alexandria VA.

8장

1 J. R. Flynn(1987), Massive IQ gains in 14 nations: What IQ tests really measure, *Psychological Bulletin*, 101, pp. 171-191.

2 C. M. Mueller & C. S. Dweck(1998), Praise for intelligence can undermine children's motivation and performance, *Journal of Personality and Social Psychology*, 75, pp. 33-52.

참고 문헌

1장

대중적인 문헌

M. Csikszentmihalyi(1990), *Flow: The psychology of optimal experience*(Harper Perennial, New York). 저자는 흥미의 궁극적 상태를 설명하면서 하는 일에 온전히 몰입해서 스스로 멈추는 단계까지 이르는 과정을 소개한다. 이 책은 몰입 상태로 들어가는 방법을 설명하지는 않지만 흥미로운 읽을거리를 제공한다.

S. Pinker(1997), *How the mind works*(Basic Books, New York). 생각뿐 아니라 정서나 시각적 심상을 비롯한 관련 주제를 다룬다. 뛰어난 작가인 저자는 다양한 학문과 대중문화에서 이야깃거리를 끌어온다. 관심 없는 사람에게까지 권할 만하지는 않지만 이 주제에 관심이 있는 사람이라면 재미있게 읽을 것이다.

학술적인 문헌

A. Baddeley(2007), *Working memory, thought, and action*(Oxford University Press, London). 작업기억 이론을 처음 제시한 저자가 직접 쓴 책으로, 이 이론과 일관된 결과를 끌어낸 방대한 양의 연구를 요약한다.

W. Schultz(2007), Behavioral dopamine signals, *Trends in Neurosciences*, 30, pp. 203~210. 학습과 문제해결과 보상에서 신경전달물질인 도파민의 역할을 연구한다.

P. J. Silvia(2008), Interest: The curious emotion, *Current Directions in*

Psychological Science, 17, pp. 57-60. 저자는 호기심 이론을 간략히 살펴보면서 이 책에서 제시한 관점과 유사한 이론을 강조한다. 사람들은 새롭고 복잡하고 이해할 수 있는 상황을 흥미롭게 여긴다는 주장이다.

D. T. Willingham(2007), *Cognition: The thinking animal*(NJ Prentice Hall, Upper Saddle River). 대학 인지심리학 교재 수준으로 인지심리학을 개관한다. 이 분야에 관한 배경지식이 없는 독자를 대상으로 하지만 결국 대학 교재이므로 아무리 자세히 설명했다고 해도 일반 독자가 원하는 수준보다 좀 더 구체적일 수 있다.

2장

대중적인 문헌

J. S. Chall & V. A. Jacobs(2003), Poor children's fourth-grade slump, *American Educator*, Spring, 14. 가정 형편이 어려운 학생들의 독해 점수가 급격히 떨어지는 이유를 배경지식의 부족에서 찾는다.

A. Lareau(2003), *Unequal childhoods*(University of California Press, Berkeley). 사회적, 경제적 수준이 다른 가정의 아이들을 문화기술지 방법론으로 연구한 흥미로운 연구서다.

학술적인 문헌

P. A. Alexander, J. M. Kulikowich & S. K. Schulze(1994), How subject matter knowledge affects recall and interest, *American Educational Research Journal*, 31, pp. 313-337. 해당 분야에 관한 지식이 풍부할수록 새로운 정보를 많이 기억하는 현상을 밝히는 여러 논문 중 한 편이다.

F. Gobet, & N. Charness(2006), Expertise in chess, In K. A. Ericsson, N. Charness, P. J. Feltovich, & R. R. Hoffman(Eds.), *The Cambridge handbook of expertise and expert performance*(Cambridge University Press, Cambridge UK), pp. 523-539. 이 장에서는 지식이 체스 기술의 기본이라는 사실을 밝히는 다수의 주요 연구를 요약한다.

B. Rosenshine, C. Meister & S. Chapman(1996), Teaching students to generate questions: A review of the intervention studies, *Review of Educational Research*, 66, pp. 181-221. 한 가지 독해 전략 유형에 관한 연구들을 검토한

다. 결론적으로 독해 전략이라는 개입이 효과적이긴 하지만 몇 시간만 연습해도 50시간을 연습한 만큼의 효과가 나타나므로, 이 전략은 연습이 필요한 기술이라기보다 빨리 습득할 수 있는(그래서 유용한) 기법이라고 말한다.

K. E. Stanovich & A. E. Cunningham(1993), Where does knowledge come from? Specific associations between print exposure and information acquisition, *Journal of Educational Psychology*, 85, pp. 211-229. 두 저자는 독서를 통해 그 어느 방법으로도 얻지 못하는 엄청난 인지적 효과를 거둔다는 증거를 지난 20년에 걸쳐 수집해 왔다.

3장

대중적인 문헌

M. B. Druxman(1997), *The art of storytelling: How to write a story ⋯⋯ any story*(CA Center Press, Westlake Village). 이야기를 구성하는 방법을 자세히 알고 싶을 때 읽어 볼 만한 자료다.

D. L. Schacter(2002), *The seven sins of memory: How the mind forgets and remembers*(Houghton Mifflin, Boston). 우리가 기억하고 망각하는 이유를 이해하기 쉽게 설명한 책이다. 독자가 이해할 수 있는 사례를 충분히 싣고 뇌손상을 입은 환자에 대한 기술 연구를 덧붙였다.

학술적인 문헌

B. K. Britton, A. C. Graesser, S. M. Glynn, T. Hamilton & M. Penland(1983), Use of cognitive capacity in reading: Effects of some content features of text, *Discourse Processes*, 6, pp. 39-57. 비슷한 정보가 담겨 있어도 이야기로 된 텍스트가 다른 유형의 텍스트보다 흥미로운 이유를 설명한다.

S-i. Kim(1999), Causal bridging inference: A cause of story interestingness, *British Journal of Psychology*, 90, pp. 57-71. 독자가 텍스트를 읽고 수행해야 하는 추론의 난이도를 다양하게 제시한 결과 중간 난이도의 텍스트를 가장 흥미롭다고 평가하는 현상을 발견했다.

A. B. Markman(2002), Knowledge representation. In H. D. Pashler & D. L. Medin(Eds.), *Steven's handbook of experimental psychology*, Vol. 2: *Memory and cognitive processes*, 3rd ed.(Wiley, Hoboken NJ), pp. 165-

208. 기억이 어떻게 마음에 드러나고 기억의 표상이 실제로 어떤 의미인지 철저히 연구한다.

G. M. Meredith(1969), Dimensions of faculty-course evaluation, *Journal of Psychology: Interdisciplinary and Applied*, 73, pp. 27-32. 교수에 대한 대학생의 태도는 주로 교수가 체계적이고 좋은 사람처럼 보이는지에 달려 있다. 이 주제에 관한 모든 연구에서 똑같은 결과가 나오지는 않지만 선형적으로 나오는 결과다.

4장

학술적인 문헌

D. Gentner, J. Loewenstein & L. Thompson(2003), Learning and transfer: A general role for analogical reasoning, *Journal of Educational Psychology*, 95, pp. 393-405. 저자는 학생들에게 다양한 예제를 비교하게 해서 지식의 전이 능력을 향상시킬 수 있다고 주장해 왔다.

K. J. Holyoak(2005), Analogy In K. J. Holyoak & R. G. Morrison(Eds.), *The Cambridge handbook of thinking and reasoning*(Cambridge University Press, Cambridge UK), pp. 117-142. 새로운 개념과 추론을 이해하기 위해 비유를 활용하는 방법을 개관한다.

R. E. Mayer(2004), Teaching of subject matter, *Annual Review of Psychology*, 55, pp. 715-744. 특히 전이에 초점을 맞추면서 특정 주제를 폭넓게 개관한다.

5장

대중적인 문헌

D. Rohrer & H. Pashler(2007), Increasing retention without increasing study time, *Current Directions in Psychological Science*, 16, pp. 183-186. 연습을 분산하면 기억이 오래 지속되어 한꺼번에 연습할 때보다 시간이 덜 걸린다는 결과를 보여 주는 비교적 읽기 쉬운 논문이다.

학술적인 문헌

P. L. Ackerman, M. E. Beier & M. O. Boyle(2005), Working memory and intelligence: The same or different constructs?, *Psychological Bulletin*, 131, pp. 30-60. 작업기억과 지능의 상관이 생각보다 크지 않다고 주장하는 방대한 논문. 하지만 크지 않다면서 제시한 수치가 상당히 크다! 다른 세 연구팀의 의견도 소개한다.

N. J. Cepeda, H. Pashler & E. Vul(2006), Distributed practice in verbal recall tasks: A review and quantitative synthesis, *Psychological Bulletin*, 132, pp. 354-380. 연습을 분산하는 방법이 기억에 미치는 효과를 자세히 다룬다.

J. Cumming & J. Elkins(1999), Lack of automaticity in the basic addition facts as a characteristic of arithmetic learning problems and instructional needs, *Mathematical Cognition*, 5, pp. 149-180. 수학의 기본 지식을 자유자재로 활용하는 수준까지 익히지 못한 학생은 고급 수학을 배울 때 힘들어 한다는 사실을 입증하는 많은 논문 중 하나다.

6장

대중적인 문헌

B. S. Bloom(1985), *Developing talent in young people*(Ballantine Books, New York). 세계적 수준의 전문가 100명을 조사했다. 운동선수, 과학자, 음악가를 비롯해 각종 분야의 전문가를 다룬다. 이 책의 주제는 전문가는 태어나는 것이 아니라 만들어진다는 것이다. 더불어 전문가의 훈련 방법을 설명한다.

P. J. Feltovich, M. J. Prietula & K. A. Ericsson(2006), Studies of expertise from psychological perspectives, In K. A. Ericsson, N. Charness, P. J. Feltovich & R. R. Hoffman(Eds.), *The Cambridge handbook of expertise and expert performance*(Cambridge University Press, Cambridge UK), pp. 41-68. 학술서에 실려 있지만 전문가의 심리적 특징을 이해하기 쉽게 개관한다.

학술적인 문헌

R. Glaser & M. T. H. Chi(1988), Overview, In M. T. H. Chi, R. Glaser & M. J. Farr(Eds.), *The nature of expertise*(Erlbaum, Hillsdale NJ), pp. xv-xxviii. 전문가와 초보자의 주요 인지적 차이를 열거한다. 출간된 지 20년이 지났지만

지금과도 크게 다르지 않다.

T. Hogan, M. Rabinowitz & J. A. Craven(2003), Representation in teaching: Inferences from research of expert and novice teachers, *Educational Psychologist*, 38, pp. 235-247. 신입 교사와 경험 많은 교사의 차이를 인지적 관점에서 살펴본 연구를 검토한다.

H. A. Simon & W. G. Chase(1973), Skill in chess, *American Scientist*, 61, pp. 394-403. 전문 지식에 관한 유명한 논문. 10년 법칙을 제안하고 체스 고수의 머릿속에는 체스판이 5만 가지나 들어 있다고 추정한다.

C. K. Tittle(2006), Assessment of teacher learning and development, In P. A. Alexander & P. H. Winne (Eds.), *Handbook of educational psychology*(Erlbaum, Mahwah NJ), 2nd ed., pp. 953-984. 교사가 어떤 지식을 갖추었는지 알아보고 교사의 지식이 학생들을 가르치는 데 어떤 영향을 미치는지 폭넓게 검토한다.

7장

대중적인 문헌

I. J. Deary(2001), *Intelligence: A very short introduction*(Oxford University Press, London). 제목이 보여 주듯 지금까지 지능에 관해 밝혀진 내용을 152쪽 분량으로 간단히 개관한다.

S. M. Kosslyn(1983), *Ghosts in the mind's machine*(Norton, New York). 마음에서 시각 심상이 어떻게 작용하고, 의미 기반 표상과 어떻게 다른지 알기 쉽게 설명한다.

D. T. Willingham(2004, Summer), Reframing the mind, *Education Next*, pp. 19-24. 다중지능 이론에 관한 학술적인 문제를 다룬다. 심리학에서 가드너의 이론보다 다른 이론들을 선호하는 이유를 설명한다.

학술적인 문헌

F. Coffield, D. Moseley, E. Hall & K. Ecclestone(2004), *Should we be using learning styles? What research has to say about practice*(Learning and Skills Research Center, London). http://www.lsda.org.uk/files/PDF/1540.pdf에서

참조할 수 있다. 학습 양식에 관한 문헌을 검토한다. 성인 교육에 중점을 두긴 하지만 참조할 만하다.

H. Gardner(2006), *Multiple intelligences: New horizons*(Basic Books, New York). 가드너의 지능 이론을 다룬 최신 논문이다.

K. A. Kavale, A. Hirshoren & S. R. Forness(1998), Meta-analytic validation of the Dunn and Dunn model of learning-style preferences: A critique of what was Dunn, *Learning Disabilities Research & Practice*, 13, pp. 75-80. 시각-청각-운동 이론의 심리적 실체를 연구한 논문들을 검토한다.

R. S. Nickerson(1998), Confirmation bias: A ubiquitous phenomenon in many guises, *Review of General Psychology*, 2, pp. 175-220. 비교적 오래전에 발표된 논문이지만 확증편향을 잘 설명해 준다.

S. Rayner & R. Riding(1997), Towards a categorization of cognitive styles and learning styles, *Educational Psychology*, 17, pp. 5-27. 다양한 인지 양식 이론을 포괄적으로 요약하고 분류한다.

J. Rotton & I. W. Kelly(1985), Much ado about the full moon: A meta-analysis of lunar-lunacy research, *Psychological Bulletin*, 97, pp. 296-306. 태음 주기와 이상 행동(정신장애, 살인, 신고전화) 사이의 연관성을 찾는 연구 37편을 검토한다. 결과적으로 아무런 관계가 드러나지 않았다.

8장

대중적인 문헌

C. Dweck(2006), *Mindset: The new psychology of success*(Random House, New York). 드웩의 연구는 지능에 대한 태도가 학습과 교육에 미치는 영향을 심리학적으로 이해하는 데 지대한 공헌을 했다. 드웩이 자신의 연구를 읽기 쉽게 개관했다.

J. A. Plucker(2003), Human intelligence: Historical influences, current controversies, teaching resources. http://www.indiana.edu/~intell에서 참조할 수 있다. 인디애나대학교의 교육 및 인지심리학자들이 운영하는 사이트로 지능에 관한 다양한 정보, 주요 연구자의 전기, 자주 묻는 질문 등을 제공한다.

N. L. Segal(1999), *Entwined lives: Twins and what they tell us about human behavior*(Dutton, New York). 쌍생아 연구를 개관하고 유전이 인간 행동에 미치는 영향을 쉽게 설명한다.

학술적인 문헌

J. B. Carroll(1993), *Human cognitive abilities: A survey of factor-analytic studies*(Cambridge University Press, New York). 방대한 검사 자료를 검토하고 결과를 정리한다. 지능의 계층 모형에서 맨 위에 g가 있고 한 단계씩 내려가면서 특정 능력이 위치한다.

W. T. Dickens(2008), Cognitive ability, In S. Durlauf & L. E. Blume(Eds.), *The new Palgrave dictionary of economics*(Palgrave Macmillan, New York). 유전과 환경이 지능에 미치는 영향을 조율하는 방법을 간략하고 이해하기 쉽게 개관한다.

W. T. Dickens & J. R. Flynn(2001), Heritability estimates versus large environmental effects: The IQ paradox resolved, *Psychological Review*, 108, pp. 346-369. 유전 효과가 특정 환경을 추구하도록 이끌어 준다고 설명함으로써 명백한 유전 효과와 명백한 환경 효과를 조화롭게 포함하는 모형을 제시한다.

I. Lazar & R. Darlington(1982), Lasting effects of early education: A report from the Consortium for Longitudinal Studies, *Monographs of the Society for Research in Child Development*, p. 47(2-3). 환경적 개입(학교 교육의 변화)이 인지 능력에 큰 영향을 미칠 수 있다고 제시하는 연구들 중 하나다.

U. Neisser & others(1995), *Intelligence: Known and unknowns*(American Psychological Association, Washington DC). http://www.lrainc.coni/swtaboo/taboos/apa01.html에서 참조할 수 있다. 미국심리학회 특별위원회에서 제안하는 지능에 관한 설명, 특히 지능을 합리적으로 정의한다.

F. L. Schmidt & J. E. Hunter(1998), The validity and utility of selection methods: Practical and theoretical implications of eighty-five years of research findings, *Psychological Bulletin*, 124, pp. 262-274. (표준검사로 측정한) 지능이 직업 성취도와 상관이 있다는 것을 보여 주는 연구 결과를 검토한다.

9장

대중적인 문헌

J. D. Bransford, A. L. Brown & R. R. Cocking(Eds.), *How people learn: Brain, mind, experience, and school*(National Academy Press, Washington DC). 인간 학습 분야의 주요 연구자들의 모임인 국립연구회의(National Research Council)의 두 위원회에서 출간한 책이다. 누구나 쉽게 읽을 수 있고, 인간 학습 연구와 일치하는 사례가 실려 있다.

학술적인 문헌

K. A. Ericsson, R. T. Krampe & T-R. Clemens(1993), The role of deliberate practice in the acquisition of expert performance, *Psychological Review*, 100, pp. 363-406. '연습'을 정의하고 전문기술 개발에 꼭 필요한 방법을 개관한 대표적인 논문이다.

D. F. Feldon(2007), Cognitive load and classroom teaching: The double-edged sword of automaticity, *Educational Psychologist*, 42, pp. 123-137. 교생 실습에서 자동화의 역할과 자동화 개발의 긍정적 부정적 결과를 검토한다.

R. E. Floden & M. Meniketti(2005), Research on the effects of coursework in the arts and sciences and in the foundations of education, In M. Cochran-Smith & K. M. Zeichner(Eds.), *Studying teacher education*(Erlbaum, Mahwah NJ), pp. 261-308. 미국교육연구학회(교육학 연구자들의 모임)에서 위원회를 구성해서 교사의 수업 준비에 관해 밝혀진 결과를 검토했다. 수업 준비를 다룬 연구를 포괄적이고 가감 없이 검토한다. 여기서는 교사가 담당 과목에 관해 풍부한 지식을 갖출수록 학생의 학습 능력이 높아진다는 증거가 있지만 주로 수학 과목에서 상위권 학생에게만 해당된다는 증거도 있다고 결론지었다. 다른 과목에서는 자료가 충분하지 않아 결과를 확인하기 어렵다.

E. A. Hanushek, J. F. Kain, D. M. O'Brien & S. G. Rivkin(2005), The market for teacher quality, National Bureau of Economic Research working paper no. 11154(National Bureau of Economic Research, Cambridge MA). 학습 능력의 발전을 여러 요인의 함수로 평가한다. 교사의 경험이 학생의 학습 능력에 긍정적으로 기여하지만 1, 2학년에만 해당된다. 교사가 발전하는 기간은 연구에 따라 다르지만 5년을 넘는 경우는 거의 없다.

N. J. Roese & J. M. Olson(2007), Better, stronger, faster: Self-serving judgment, affect regulation, and the optimal vigilance hypothesis, *Perspectives on Psychological Science*, 2, pp. 124-141. 자기위주편향을 개관하는 연구로 정서를 폭넓은 관점으로 바라본다.

http://www.myteachingpartner.net. '나의 교육 파트너(My Teaching Partner)'는 교사들에게 교수법을 돌아보도록 도와주는 프로그램으로, 버지니아대학교에 있는 내 연구소에서 시작했다. 이 프로그램의 안내서에서 착안해 이 책의 다양한 틀을 생각해 냈다.

그림 출처

그림 1-1 A, 할리우드 로봇: Alien cat ⓒ Fotolia

그림 1-1 B, 산업용 로봇: Baloncici ⓒ Fotolia

그림 1-2 B, 수도꼭지: Eduard Stelmakh ⓒ Fotolia

그림 1-3, 스도쿠 게임과 기하 문제: ⓒ Anne Carlyle Lindsay

그림 1-4, 동기 모형의 그림: ⓒ Anne Carlyle Lindsay

그림 1-5, 단순한 마음 모형: ⓒ Anne Carlyle Lindsay

그림 1-6, 하노이의 탑 놀이: ⓒ Anne Carlyle Lindsay

그림 1-7, 하노이의 탑 놀이를 하는 마음 모형: ⓒ Anne Carlyle Lindsay

그림 1-8, 다도 의식 문제: ⓒ Anne Carlyle Lindsay

그림 2-1 A, 매력적인 남자: Memo ⓒ Fotolia

그림 2-1 B, 지저분한 남자: Alexey Klementiev ⓒ Fotolia

그림 2-1 C, 강도: jeanphilippe delisle ⓒ Fotolia

그림 2-2, 단순한 마음 모형: ⓒ Anne Carlyle Lindsay

그림 2-3, 타이핑하는 여자: Monkey Business ⓒ Fotolia

그림 2-4, 읽기 연구의 결과 그래프: "Effect of prior knowledge on good and poor readers' memory of text", D. R. Recht and L. Leslie in *Journal of*

Educational Psychology, 80, pp. 16–20. Copyright ⓒ 1988 by the American Psychological Association

그림 2-5, 와슨 카드 문제: ⓒ Anne Carlyle Lindsay

그림 2-6, 와슨 문제의 맥주 버전: ⓒ Anne Carlyle Lindsay

그림 2-7, 체스 시계: Greywind ⓒ Fotolia

그림 2-8, 지질학자: ⓒ iStockphoto.com/mikeuk

그림 3-1, 변형한 마음 모형: ⓒ Anne Carlyle Lindsay

그림 3-2, 최면 연구 결과를 나타낸 그림: "Evaluating hypnotic memory enhancement (Hypermnesia and Reminiscence) using multitrial forced recall", David F Dinges, Wayne G. Whitehouse, Emily C. Orne, John W Powell, Martin T. Orne, and M. H. Erdelyi in *Journal of Experimental Psychology: Learning, Memory and Cognition*, 18, figure 1, p. 1142. Copyright ⓒ 1992 by the American Psychological Association

그림 3-3, 망각한 것: ⓒ Anne Carlyle Lindsay

그림 3-4, 특별한 이유도 없이 기억하는 것: ⓒ Anne Carlyle Lindsay

그림 3-5, 진짜 동전과 가짜 동전: "Long term memory for a common object" by R. S. Nickerson and M. J. Adams in *Cognitive Psychology*, 11, pp. 287–307. Copyright ⓒ 1979. Reprinted with permission from Elsevier.

그림 3-6 A, 피아노 연주: Friday ⓒ Fotolia

그림 3-6 B, 피아노를 옮기는 사람: ⓒ Kai Harth

그림 3-7, 미하일 고르바초프: ⓒ A. Gilbert/PR Photo

그림 3-8, 미국의 제2차 세계대전 참전: ⓒ Anne Carlyle Lindsay

그림 3-9, 대안 수업, 미국의 제2차 세계대전 참전: ⓒ Anne Carlyle Lindsay

그림 3-10, 정규분포 계층 구조: ⓒ Anne Carlyle Lindsay

그림 4-1 A, 풋볼팀: Sergei Ivanov ⓒ Fotolia

그림 4-1 B, 경마: ⓒ Eric R. Poole

그림 4-1 C, 온도계: Josef F. Stuefer ⓒ Fotolia

그림 4-1 D, 할아버지와 아기: Stuart Monk ⓒ Fotolia

그림 4-2 A, 차: Brad Sauter ⓒ Fotolia

그림 4-2 B, 시리얼 그릇: Marck ⓒ Fotolia

그림 4-2 C, CD: soleg ⓒ Fotolia

그림 4-3, 학급 규칙: ⓒ Shawn Zehnder Lea

그림 4-4, 교재를 보면서 숙제를 하는 학생: Millymanz ⓒ Fotolia

그림 5-1, 단순한 마음 모형: ⓒ Anne Carlyle Lindsay

그림 5-2, 짝이 잘못 맞춰진 그림과 단어: ⓒ Anne Carlyle Lindsay

그림 5-3, 암호: ⓒ Anne Carlyle Lindsay

그림 5-4, 수업 내용 망각 곡선: "Very long-term memory for information taught in school" by J. A. Ellis, G. B. Semb, and B. Cole in *Contemporary Educational: Psychology*, 23, pp. 419-433. Figure 1 on p. 428. Copyright ⓒ 1998. Reprinted with permission from Elsevier.

그림 5-5, Bahrick & Hall 그래프: "Lifetime maintenance of high school mathematics content" by H. P. Bahrick and L. K. Hall in *Journal of Experimental Psychology: General*, 120, pp. 20-33, Figure 1, p. 25. Copyright ⓒ 1991 by the American Psychological Association

그림 5-6, 학습 일정: ⓒ Anne Carlyle Lindsay

그림 5-7, "신발을 신지 않거나 셔츠를 입지 않은 사람은 들어갈 수 없습니다.": ⓒ Dan Klimke

그림 6-1, 2가지 회상 순서에 따른 체스판: "The mind's eye in chess" by W. G. Chase and H. A. Simon in *Visual Information* Processing, edited by W. G. Chase. Copyright ⓒ 1973 Academic Press. Reprinted by permission of Elsevier.

그림 6-2, 카네기홀: ⓒ Mike Lee, Mikelee.org

그림 6-3, 바이올린 연습 시간: "The role of deliberate practice in the acquisition of expert performance by K. A. Ericsson, R. T. Krampe, and C. Tesch-Romer in *Psydwlogical Review*, 100, pp. 363-400. Figure 9, p. 379. Copyright ⓒ 1993 by the American Psychological Association

그림 6-4. 행크 존스: ⓒ Ronald Weinstock

그림 6-5. 안구 운동 자료: From *Fundamental Reading Habits: A Study of Their Development* by Guy T. Buswell, *Supplemental Educational Monographs*, published in conjunction with *The School Review and The Elementary School Journal*, No. 21, June 1922. Copyright ⓒ 1922 by The University of Chicago

그림 7-1 A. 브렛 파브: ⓒ Image of Sport/PR Photos

그림 7-1 B. 페이튼 매닝: ⓒ Image of Sport/PR Photos

그림 7-3 A. 클립아트 그림 덧셈: ⓒ Anne Carlyle Lindsay

그림 7-3 B. 경청하는 아이: ⓒ iStockphoto.com/Steve Stone

그림 7-3 C. 수판을 보는 아이: Photocreate ⓒ Fotolia

그림 7-4. 족욕: Duey ⓒ Fotolia

그림 7-5. 보름달: Cesar Andrade ⓒ Fotolia

그림 8-1. 지능에 관한 2가지 관점: ⓒ Anne Carlyle Lindsay

그림 8-2. 지능에 관한 지배적 관점: ⓒ Anne Carlyle Lindsay

그림 8-3 A. 펠프스 형제: ⓒ Solarpix/PR Photos

그림 8-3 B. 메리 케이트와 애슐리: ⓒ Wildl/PR Photos

그림 8-4. 미국인의 IQ 점수: "The mean IQ of Americans: Massive gains 1932 to 1978" by J. R. Flynn in *Psychological Bulletin*, 95, pp. 29-51. Data are from Table 2, p. 33. Copyright ⓒ 1984 by the American Psychological Association

그림 8-5. 게임하는 모습: ⓒ istockphoto.com/bonniej

그림 8-6. 레이븐 검사: ⓒ Timothy Salthouse

그림 9-1. 단순한 마음 모형: ⓒ Anne Carlyle Lindsay

그림 9-2. 지우코 피아노: ⓒ Anne Carlyle Lindsay

그림 9-3. 자기 동작을 비디오로 촬영하는 골프 선수: ⓒ Anne Carlyle Lindsay

그림 9-4. 말다툼하는 남녀: Ken Hurst ⓒ Fotolia

그림 9-5. 일지 쓰는 여자: Darren Baker ⓒ Fotolia

색인

10년 법칙 191
4C 99, 104
9가지 원칙 279-280
9가지 인지 원칙 12, 279

가드너의 8가지 지능 218
가정법 질문 136
간격 효과 166-167
갈등 100, 121
감정 70
공간 36
관심 88
교과교육학적 지식 257
교수법 255-258, 261, 271
교육 276
교육일지 271
기억 22, 84, 93, 128
기억 검사 94
기억 기관 21-22
기억 연구 87
기억 체계 83
기억술 111-112, 120

기억의 저장고 86

노래법 112-113
노련한 교사 182
논리적 사고 73
뇌 11, 17-18, 23
뇌 영역 25

다중지능 225
다중지능 이론 216, 218
단서 70
단순 암기 135
단순한 마음 모형 30-31, 50, 256
도파민 25
독해 52, 61

말뚝어 방법 111-112
망각 86, 88
머리글자법 111-112
목표 설정 단계 108
문제해결 25, 73
미국심리학회 230

반복 12, 90-91
발견학습 118
배경지식 38, 49, 52, 61, 76
버브 심리학 216
보상 29
복잡성 100
블리츠 토너먼트 64
비유의 유용성 129
비판적 사고 76

사고 과정 51
사고 기술 51
사실적 지식 12, 31, 47, 49, 68, 74, 76, 78
생각 20, 29-30, 93, 256
생각 기관 21-22
생각의 구조 215
생각의 작동 원리 153
생각하는 능력 12
성격 검사 189
수업 계획 103, 114, 120
수업 비디오 262, 264, 266
수학 지능 232
순차적 양식 202
시각 검사 208
시각 기관 20-21
시각 기능 19
시각 학습자 209
시각-청각-운동 이론 209, 211-213
시간 간격 173
실험심리학 205
심리적 특권 99
심오한 지식 136

심층구조 139, 142, 145
심층지식 147
쌍생아 연구 236

얕은 지식 76, 135
언어 지능 232
연결법 112
연습 12, 162, 167, 172, 258-259, 261
운동 감각 209
운동 기능 18
운동 학습자 209
유전 229, 235
유전 효과 237, 239
유전자 풀 237
의미 92, 119
의미 덩이 58
의미 덩이 짓기 57, 66
의식 30, 31
이란성 쌍생아 235
이야기 구조 99, 103
이야기의 힘 99
이해 128, 133
이해력 70
인간 정신 11
인과성 99
인물 100
인지 검사 208
인지 과정 74
인지 과제 38
인지 기술 255, 257
인지 능력 11, 18, 203
인지 양식 203, 205, 225
인지 원칙 17, 47, 83, 127, 151, 177,

201, 229, 255
인지 혁명 11
인지과학 278, 281
인지심리학 276
인지적 조건 17
인지적 한계 38
인지적 혜택 77
일란성 쌍생아 235
일반지능 231

자기이해 지능 219
자기편향위주 260
자동 과정 156-157, 161
자동조종장치 23, 270
자동화 156, 160, 172, 186
작업기억 30-31, 36, 57, 85, 256-257
작업기억 용량 39, 57, 153-154
작업기억의 한계 39
장 독립적 207-208
장 의존적 207-208
장기기억 31, 36, 85, 256-257
장기기억의 구성 184
장소법 111-112
전문 지식 68
전문가 177-178, 183, 188
전문가의 혼잣말 188
전이 138-139, 141
절차 256
절차적 지식 34, 258
정보 31
정보의 양 71
정서적 반응 89
정신 과정 12

정신 능력 215
정신 작업 29
정신 작용 12
정신 활동 25
종곡선 231
지능 229-230
지능 검사 189
지능 평가 234
지식 이해 193
지식 창조 193
지식의 양 71
지식의 효과 77
직관 205

청각 학습자 209
초등학교 4학년 슬럼프 61
초보 교사 182
초보자의 혼잣말 187
최면 86-87
추론 능력 154
추론 유형 101
추상적 개념 127, 138
추상화 127
축약어법 111-112

쾌락 26, 29

통합적 양식 202

평가 260-261
표준 IQ 검사 190
표층구조 139, 142
표층지식 147

플린 효과 237

학습 25-26
학습 능력 25, 202
학습 동기 12
학습 양식 202
학습 양식 이론 201
학습 자료 145
학습부진아 245, 249
확증편향 213
환경 30-31, 36, 85, 229, 235, 238-239, 256
환경 효과 237, 239
훈련 초반의 인지 177
훈련 후반의 인지 177